U0019062

社企力

POWER OF GOOD

HOW SOCIAL ENTERPRISE IS SHAKING THE WORLD!

台灣第一本「社會企業」實戰聖經

做好事又能獲利，邁向永續的社會創新工程

社企流Social Enterprise Insights＝著

CONTENTS目錄

[推薦序] 創造一個共好的未來 嚴長壽 公益平台基金會董事長——6

捲起袖子，加入改善社會的行列 胡哲生 輔仁大學企管系社會企業學程教授——7

社會企業，帶來全新的社會變遷 陳東升 台灣大學社會學系教授——8

社會企業的創業潮 顏漏有 AAMA台北搖籃計畫共同發起人——9

青年圓夢社企・社企改變世界 馮燕 行政院前政務委員——10

[作者序] 邁向永續之路：打造社會創新創業的生態系 林以涵 社企流共同創辦人暨執行長——11

第1章 社會企業考察筆記

●社企流：十二個城市的社會企業考察筆記——14

第2章 翻轉世界的變革力量

●社會企業一次就懂——26

●跨越政府、企業、社會組織的新力量——26

●社會企業的三重基線：社會、財務、環境——27

●社會創業家：變革的推動者——28

●社會企業：新的公民運動——30

●全球社會企業發展趨勢——32

●社會企業Q&A：關於社會企業，你一定要知道——37

●社會企業大事記——40

第3章 社會企業全球亮點：從點子到行動

●好萊塢女星，化身綠色創業家——44

●印度女運將，請妳放心搭乘——46
●藏民犛牛絨，打造溫暖時尚——48
●用故事的力量，發動社會變革——50
●多背一公斤，旅行更有意義——52
●白天踢足球，晚上變綠電——54
●救命水壺，把污水變好水——56
●千元洗衣機，金字塔底層新商機——58
●低價百元保溫袋，搶救貧窮早產兒——60
●一副眼鏡，改善的不只是視力——62
●全世界CP值最高的眼科醫院——64
●手機預付卡，看病也能通——66
●搭可樂便車，送藥到偏鄉——68
●英國街友帶你逛「看不見的倫敦」——70
●打造廉宜的幸福綠住宅——72
●米糠發電，照亮印度鄉村——74

第4章 改變世界的十二堂社企課

經濟發展
●〔日本孟加拉〕Motherhouse 一個有溫度的時尚品牌——78
●〔中東〕Green Olive Tours 大開視界！以巴邊境的另類旅遊——88

教育文化
●〔比利時〕Mobile School 移動的學校，失學孩童在街頭也能上學——97
●〔美英〕Better World Books 打造舊書的第二人生——109

環境醫療
●〔美國〕Patagonia 課徵自己1%地球稅的綠色品牌——118

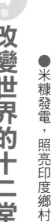

CONTENTS目錄

●〔台灣東南亞〕ELIV以立：國際志工，將技能、資源帶給有需要的地區——127
●〔香港〕長者安居協會：平安鐘，拯救獨居老人的即時雲端服務——136

弱勢就業

●〔德港台〕黑暗中對話：讓視障者發掘自我潛能——146
●〔英國〕Fifteen Restaurant 美食起義！邊緣青少年變身大廚——155
●〔國際〕The Big Issue 街友變身街頭的超級銷售員！——165

農業發展

●〔西非〕Divine Chocolate 西非農民的巧克力夢工廠——174
●〔日印〕Pre-Organic Cotton 支持印度棉農的永續綠色時尚——183

第5章 台灣社企地圖亮點

●看見台灣社會企業——194
●用愛創業：台灣社會企業巡禮——200
●採購特定族群的產品服務——200
●創造特定族群的工作機會——205
●提供滿足社會、環境需要的產品服務——209
●透過研發，更有效地運用資源——213

第6章 Action!加入行動者的隊伍

●我想參與社會企業活動——218
●我想在現有工作崗位上支持社會企業——220
●我想成為社會企業的一分子——222
●我想創立社會企業——224
●社企資源地圖——226

第7章

社會企業：創業實戰手冊

全球頂尖社會企業培育組織UnLtd，心法傳授創業要訣

十個創新法則，教你做好社企創業評估——238

❶ **檢視你想改變社會的模式：界定願景、使命與價值**
〔社會改變模式：台灣大學社會學系教授 陳東升〕——239

❷ **規劃你的商業獲利模式：融入創新，貼近市場**
〔商業獲利模式：台灣大學名譽教授 李吉仁〕——247

❸ **找到適合你的法律地位：立法與認證系統**
〔法律地位選擇：協合國際法律事務所資深顧問 吳必然〕——253

❹ **釐清你的組織治理架構：適才適用，發揮綜效**
〔組織治理架構：活水影響力投資總經理 陳一強〕——262

❺ **建立你的營運計畫：穩紮穩打，步步為營**
〔營運機制規劃：上海AHA社會創新研究中心創辦人 顧遠〕——270

❻ **擬定你的行銷策略：找出品牌的獨門配方**
〔行銷宣傳策略：香港社會創投基金創辦人及行政總裁 魏華星〕——275

❼ **衡量你的績效：評估社會效益和影響力**
〔社會績效評估：活水影響力投資共同創辦人暨董事長 鄭志凱〕——279

❽ **做好你的財務管理：錙銖必較，量入為出**
〔財務預測管理：安侯建業會計師事務所執業會計師 吳惠蘭〕——286

❾ **募集你的資金：為社企注入源頭活水**
〔資金募集管道：活水影響力投資共同創辦人暨董事長 鄭志凱〕——291

❿ **做好你的創業心理準備**
〔個人職涯考量：前社會企業創投諮詢顧問 陳冠學〕——297

推薦序

創造一個共好的未來

文／嚴長壽 公益平台基金會董事長

《社企力》一書的出版，代表了台灣年輕人和社會各界越來越重視所謂的「社會企業」，我認為這是一件非常值得鼓勵的事情。

社會企業表面上看起來理想而浪漫，但真實情形是，社會企業代表了一個事業體已經超越一般公益組織的角色，必須更務實地來看待；因此，我想在這裡分享這幾年我們透過「公益平台」輔導個人或組織轉型社會企業的經驗，希望對年輕人有所提醒與幫助。

以公益領域來說，近年許多年輕人憑著自己的能力和熱情，投入NPO（非營利組織）做志工，透過該組織長期積累的經驗，學習傾聽和調整，這會是非常好的訓練。我一直相信，年輕人做志工不是施捨，而是最好的學習機會，將能幫助你更好地瞭解社會，學習和社會溝通，並探索自己的生命價值。

而對於有了志工經驗，想要進一步直接投入或成立社會企業的年輕人，我想特別給大家一些提醒和叮嚀。

投入社會企業，等於是將自己赤裸裸地曝露在商業機制的競爭環境裡，這和做公益或做志工非常不同；如果你的社會歷練或你對商業市場的瞭解不夠，一不小心就可能變成一個災難，甚至傷害原初的熱情。而即使是很有經驗、已在商場歷練過的朋友，若只憑藉過去的商場歷練，或走到偏鄉還是用自己的城市思維、面對弱勢族群還是用主流社會的價值來經營的話，一定會遇到問題，因為你幫助的對象可能還沒有準備好，直接進入市場競爭有可能造成他們進一步的傷害。

因為，社會企業是站在一個不同的起跑點上——相較於一般企業經營一定是找最棒的人經營，社會企業相對地有它的障礙，一開始可能需要給予較多支持、陪伴或外界的資源協助，消費者也大多是抱著支持的態度而購買產品，因此，社會企業一開始還無法變成一個完全可以獨立、並在主流社會中競爭的模式。

以我們在「公益平台」輔導轉型成功的個案來說，並不是只提供金錢或外部資源就足夠，還需要經過很長時間的陪伴。首先要先觀察被輔導對象本來就具有的特色及可能欠缺的內容，先發揮他們的天賦，進而帶入學界、業界的專業資源加以輔導或協助，讓他們可以從中學習並成長。例如我們在原住民的部落，先是觀察他們的文化特色，引進專人協助做必要的包裝，在共同的參與中讓他們找到自信，最後再廣為宣傳，建立永續經營的機制。對於完全處於弱勢的團體，當找出可以接近成功的模式後，我們有三個階段，第一階段是「我做你看」，第二階段是「我們一起做」，第三階段才是「你做我看」，當準備好進入競爭狀況我們會從主動變被動，讓他們明確地知道從現在開始，你就要完全對自己、對顧客負責。要讓特定族群能夠靠自己的力量站起來，但是在旁邊還是要隨時協助行銷、公關及必要的提醒。然而，這個過程假設沒有NPO長期的陪伴，是很難做到的。

我想提醒對社會企業懷抱熱情的年輕人，歐美等國社會企業的成功模式並不能原封不動、直接移植到台灣。任何一個要在地生根的社會企業，都必須謙虛地傾聽，蹲下來觀察、瞭解環境，抽絲剝繭地找出對方特色並認識自己的能力。另外很重要的一點是，將來的社會企業勢必需要更多擁有不同專業的人才投入，不能只是憑藉熱情，我們必須為社會企業找出一個可以永續發展的未來，才會真正具有競爭力。

《社企力》作者群「社企流」是一群有熱情、有理想也有行動力的年輕朋友，我非常肯定也非常認同。很高興此書能引介各國社會企業的案例和最新資訊，讓社會大眾更瞭解、更關心社會企業的發展，期待我們能攜手創造一個共好的未來。願以此互相勉勵。

推薦序

捲起袖子，加入改善社會的行列

文／胡哲生　輔仁大學企管系社會企業學程教授

當社會沉痾或新奇的社會病，無人可以或願意解決的時候，抱持社會關懷的任何組織，以企業所擁有的創新能力與創業精神，可以拿出帶來正面改變的新行動。社會期待新的技能與新的組織心態，加入改善社會的行列。

推薦序

社會企業，帶來全新的社會變遷

文／陳東升 台灣大學社會學系教授

我們每天面對許多社會、政治、經濟與環境的問題，我們可以選擇批評反省這些問題，或者捲起袖子想辦法去解決這些問題。

《社企力》描述社會企業引發的社會變遷模式，就是告訴我們一些自己動手解決問題的操作方式，不是依靠政府的資源，這樣可以不必因為受補助而失去自主性，而是由公眾組成公民團體從市場上取得永續運作的資源，所以這個公民團體不是一般的非營利組織，而是為了達到公共利益的社會企業。

這一條社會創新的路徑，是在國家、市場或非營利組織之外，找到解決社會問題的第四條路。

雖然透過社會企業改變社會不是萬靈丹，但是社會企業在國際間廣泛受到重視並不是偶然；除了傳統解決社會問題的模式失效了，更重要的是，社會企業跨界、跨領域、跨議題的突出特性。

社會企業結合公民社會互惠和市場效率的原則，發展出一種新的組織模式，也因而吸引來自傳統助人專業領域培育出的各種不同學科的人才、資源，共同參與社會改革；由於不同領域、不同想法的匯流，社會創新、社會創業家精神也變得更為普及。

在台灣，有關社會企業、社會創新的倡議，是來自管理學、社會學兩個不同的軸線，一方面是企業強調社會責任，或是應用管理法則來創設社會企業；另一方面，社會學、社會福利領域則希望在政府補助、捐贈之外，能在市場上找到自主財源的運作方式。

兩者的相互補充、相互平衡，對於台灣社會企業的發展是相當重要的，較不至於因為進入市場而完全受到利益極大化原則與效率原則的支配，反而可以在極簡資源、適當科技、最大多數人可負擔產品等概念的引領下，讓社會企業開展出更多新的可能性。

推薦序

社會企業的創業潮

文／顏漏有 AAMA台北搖籃計畫共同發起人

在台灣，營利事業重視「企業社會責任」已行之有年，過去也有相當多的公益組織如基金會／協會，對解決社會問題扮演關鍵的力量。這幾年「社會企業」在全球蔚為風潮，台灣亦開始在相關機構及人士的推動下，逐步建立社會企業生態圈並關注社會企業的發展。我們也看到更多人投入社會企業的創業，可以說，社會企業在台灣已逐步邁入成長發展的階段。

二〇一一年，我在國際專業會計及顧問公司服務將近三十年後決定退休回到台灣，我深刻感受到台灣正在蓬勃發展的網路、文創及社會企業創業熱潮。以我過去在北京及上海發起成立「AAMA搖籃計畫」的經驗，在數位時代及華鴻創投的支持下，與好友詹宏志先生共同發起設立「AAMA台北搖籃計畫」，希望透過這個創業公益平台，協助台灣的創業家。有感於社會企業在台灣的發展就決定在「AAMA台北搖籃計畫」中，特別包括其中的社會企業創業家，我個人也擔任「AAMA台北搖籃計畫」社會企業的導師；因為對社會企業的關注，讓我有機會認識社企流創辦人林以涵，我個人很佩服她及一群年輕朋友對於推動社會企業的熱情與投入。

《社企力》是社企流出版的台灣第一本探討全球社會企業發展趨勢的專書，書中並報導全球及台灣代表性社會企業案例，同時分享社會企業培育組織UnLtd獨家授權之社企創業要訣，對於想了解社會企業的朋友是一本非常好的入門書，對於一直支持社會企業的朋友是深入了解社會影響力的一本好書，對於想創立社會企業的朋友更是一本非常好的創業實戰手冊。

期待透過這本書的出版，讓台灣有更多人加入關心、支持及創立社會企業的行列。相信透過社會企業的發展能產生更大的社會影響力，並讓我們社會更美好。

推薦序

青年圓夢社企．社企改變世界

文／馮燕 行政院前政務委員

愛因斯坦說：「一個人的價值，在於他貢獻了甚麼，而不在於他能得到甚麼。」我常用這句話鼓勵青年人，在工作上追求成功、自我實現的過程，亦莫忘對於社會的貢獻。在擔任台灣大學學務長期間，我看到許多有理想有抱負的年輕學子，遠赴海外擔任國際志工、關注推廣公平貿易運動、投身社區服務工作，現在的年輕人已經不再是過去媒體常說的「草莓族」、「尼特族」，青年人的創意、熱情與行動力，常常帶給我們無限驚奇。

根據英國二〇一三年的社會企業調查，目前英國約有七萬家社會企業，對英國經濟的貢獻達一百八十七億英鎊，僱用了將近一百萬名員工；社會企業的生產總值大約兩百四十億英鎊，已在英國年度GDP中佔了1.5%，更用創意的企業手法去解決社會問題，培育出無數的優秀青年社會企業家。台灣的社會企業正在萌芽發展階段，過去由非營利組織主導解決社會問題的模式，正逐步改變，越來越多有使命感、有創意的青年社會企業家，開始投入我們過去沒有思考過的市場，不再仰賴政府補助，要用創意與商業力量改變社會，社會企業將成為現代社會的重要社會資本。

青年人擁有想要改變世界的夢想與熱忱，社會企業提供青年人圓夢的舞台。台灣已經有不少青年社會企業家投入其中，關心並嘗試解決各種社會問題，由林以涵跟夥伴們創立的「社企流」正是其中之一。社企流是培育青年人夢想種子的重要推手，無論是透過網路社群媒體、舉辦論壇與工作坊，發揮HUB的角色功能，串連起台灣社企網絡，吸引越來越多青年人關注並投身社會企業。過去，解決社會問題被視為燒錢的工作，但在社會企業家眼中，許多社會問題背後隱藏著你想不到的商機，社會企業不僅能創造利潤和更多就業機會，更能號召民眾用消費改變世界；青年人用創意翻轉社會，讓我們所處的世界更美好。

這次社企流推出《社企力》，是一本深入淺出、內容豐富又實用的創業指引工具書，誠摯推薦給未來的青年社會企業家，和關心未來社會企業發展的人們。

作者序

邁向永續之路：打造社會創新創業的生態系

文／林以涵 社企流共同創辦人暨執行長

「社企流」萌芽於二〇一一年夏天。當時我因工作接觸到英美等國各種社會創新、創業模式而深受感動和啟發，也有幸認識了一些為台灣社會企業發展努力的朋友。

我們發現，社會企業在台灣是一個持續成長、潛力無窮的新興領域，許多創業家已在這塊土地上深耕數年，運用不同的商業模式，改善關於弱勢就業、環境保護、教育文化、農業經營等社會問題，對社會企業有興趣而希望投入的青壯年也益發增加。

但台灣的社會企業，在大中華區、亞洲，甚至全世界的舞台上，交流與能見度都較低。一來國際交流活動皆使用英文溝通，以華文為母語的台灣創業家們參與度有限；二來台灣社會企業尚未形成一個完整的生態系統，創業家多在各領域單打獨鬥，不確定同儕與各種資源（如資金、顧問、研究、產業交流等）何在。

從當下能做的事開始

有感於這個領域的資訊不對稱與缺乏連結，當時便有了「成立一個社會企業主題網站」的想法，專門撰寫、分享與溝通有關社會企業的資訊與資源。與幾位前輩討論，以及有了靖恩、玟成、祖儀、宜萍、博淵、荷傑等熱血夥伴的加入，「社企流」於二〇一二年二月六日正式上線。

諾貝爾和平獎得主，同時也是社會企業先驅尤努斯（Muhammad Yunus）曾說：「從自己開始，做些有開創性意義的事。」這也是我們的初衷。社企流的LOGO傳達了我們的使命：希望透過以華文介紹「社會企業」這個概念，累積大家對於「運用創新商業力量改善社會問題」的知識與智慧，降低知識落差；也希望創造出各種交流圈，讓在不同領域或地區的社會創業家們互相交流，將台灣、兩岸三地、甚至全球社會企業領域串連起來。

社企流於二〇一二年成立後，致力以「推廣、連結、支持社會創新創業的精神與行動」之使命，打造華文界最全面且完整的社會創新創業主題平台，提供民眾更全面與易懂的認識管道、並使有志投入的夥伴具備更堅實的能力採取行動。走過站穩腳步的二〇一三年，我們註冊為正式組織，一步步朝著永續經營邁進；二〇一四年則代表另一個新階段的展開——除了持續提供更優質的內容與活動，我們也積極提倡From Idea to Action（從點子到行動）的實作精神，整合想創立或支持社會企業的資源，讓更多改善社會的好意念與行動，能從這裡萌芽茁壯。

而今，隨著氣候變遷、環境污染、貧富差距等問題加劇，迎來永續發展意識抬頭的時代。「永續發展」是一門通用型知識，亦是一套規範性的世界觀，提出人們應努力的方向——經濟成長需要兼顧社會包容性、環境永續性，發展的同時亦不可影響後代的生存，以期達到世代正義（Intergenerational Justice）的目標。

當聯合國永續發展目標（SDGs）、ESG成為全球共通語言，社企流亦跟著國際趨勢、並發起國內調查，決定轉換過去以「社企力」為核心——為社會企業強化體質、倡議推廣的服務模式，擴大至「永續力」的層次——為公民搜羅國內外永續新知；為組織培養永續人才，提供創業者與從業者增能資源；為企業擔任顧問媒合社會創新組織，共創社會創新工程。

回顧創立十年，社企流發揮了「倡議推廣」、「創業育成」等兩大平台功能，讓社會創新、社會企業、社會創業這些在台灣從相對陌生的名詞，到如今成為每三人中就有一人了解的概念。社會創新精神在台灣從萌芽到茁壯，除了更多社會創新組織成立，越來越多企業也逐漸具有社會創新思維和永續意識，台灣有了相對於過去更成熟的生態圈。

二〇二二年社企流成立滿十歲之際，我們將《社企力》再版，並推出系列新作《永續力》一書，從自我探索、人才培育、企業合作等面向，為「公民、企業、社會創新組織（含社會企業與非營利組織）」培力永續思維與專業。

衷心感謝所有至今參與社企流的朋友，也期望有更多新朋友一起加入這個社群交流學習，並不吝給予我們支持指教。

第1章 社會企業考察筆記

用創新的商業力量改變世界——社會企業，
在全球不同城市落地生根、遍地開花！

從創新、創業的角度出發，針對社會問題提出解決方案，
積極面對機遇和挑戰，勇於把變革帶入我們的生活中付諸實踐。

社會企業，是翻轉世界的變革力量！

社企流：十二個城市的社會企業考察筆記

文・圖／林以涵

在美國念研究所的經驗，加上畢業後在台灣遠端為一家提供「用商業力量改善社會」諮詢服務的美國獨立顧問公司工作，過去四年來有機會走訪許多城市，「社會企業」這個跨領域的新思維如何落實在不同社會中，從新加坡、馬尼拉、越南、香港、上海、南寧、台北、東京、矽谷、波士頓、奧斯汀到倫敦，我觀察到這個概念不分國界的共享價值，也看見它落地生根後在各城市的本土面貌，學習過程充滿感動與啟發。這些寶貴經驗，種下我們於二〇一二年在台灣創立「社企流」的種子。

改變社會的課堂作業

時間拉回二〇〇九年秋天，當時的我在美國德州大學奧斯汀分校攻讀公共事務碩士，那學期修了一門名為「社會創業」（Social Entrepreneurship）的課程。在選課系統中看到這門課時，當下疑惑政策學院怎麼會開設創業相關課程，查詢後發現這是一個跨領域的新概念。當時的我並沒有想到，課程結束後的人生會與它密不可分，繼續

台北
社企流一週年論壇「五百個種子對世界的想像」，超過八百位朋友共襄盛舉。

台北
社企流馬年春酒，志工夥伴們一起做料理交朋友。

投入許多時間在認識、實踐這個主題。

那年秋天戴爾電腦在德州大學舉辦「社會創新挑戰賽」，鼓勵學生們運用創新思維，設計出改善社會問題的產品服務。決賽時我坐在台下，看見台上名為陳珍（Jane Chen）的年輕女孩，手拿著一個很像睡袋的東西，俐落介紹著商業模式，並說道：「我們用不到傳統保溫箱百分之一的價格，要讓全世界的早產兒，都有平等機會擁抱健康人生！」這個名為「Embrace」（「擁抱」，參考第三章3-9）的團隊不負眾望獲得競賽冠軍。當時珍手上的保溫袋，後來經過無數次改良，在印度、中國、索馬利亞等地販售，造福近千名無法負擔昂貴保溫箱的早產兒。Embrace團隊也於之後幾年站穩腳步，陸續在TED與許多創新創業獎項中嶄露頭角，而這一切的開始，僅是四名史丹佛大學生的課堂作業。

同樣是課堂作業，以茱莉亞·席爾文曼（Julia Silverman）為首的四名哈佛大學學生則有了「邊踢球、邊發電」的瘋狂想法，希望用世界上最流行的運動，改善世界上最嚴重的發展問題。他們設計出電力足球sOccket（參考第三章3-6），為超過一萬名家庭帶來穩定電力。這個充滿創意與樂趣的環保發電方式深受歡迎，美國柯林頓、歐巴馬總統踢過電力足球後也大為讚賞。在與茱莉亞·席爾文曼的訪談中，她提到當初創業動機在於「想要從人們既有且喜歡的行為中去創新，用藝術和科學解決問題！」身邊一位電機專業的朋友說，sOccket的原理並

奧斯汀 「戴爾社會創新挑戰賽」得獎者邁出社會創業的第一步。（官網圖片）

奧斯汀 「戴爾社會創新挑戰賽」鼓勵年輕學生以創新思維改善社會問題。（官網圖片）

奧斯汀 「戴爾社會創新挑戰賽」參賽現場。（官網圖片）

不難，電機系畢業的大學生都可製作出類似物品，也許有時候「創新於善」卡關的並非是「做不到」，而是「沒想到」。

尤努斯：推動世界前進的夢想家

碩士畢業後的工作非常特別，我得以「腳踏兩條船」，一邊透過工作學習美國、英國等國家相關趨勢與案例；另一邊實地走訪台灣具有這樣思維的創業者。面對貧窮、歧視、失學等問題的失序社會，他們勇於做夢、勇於實踐，努力彌補社會斷層。有人夢想讓社會大眾看見身心障礙者同等優秀的工作能力，有人夢想入口食材皆來自親愛土地，有人夢想把垃圾變黃金，有人夢想有朝一日所有人能以消費「投票」，讓生活所需貿易皆能公平。

而最讓我驚喜的，莫過於二〇一二年夏天在台北聽到穆罕默德．尤努斯（Muhammad Yunus）博士演講。穿著孟加拉傳統服飾的他，當時已經七十二歲了，依舊神采飛揚，樸實、親切，說起話來眼神堅定。看著台上笑得淡定的尤努斯，我努力想像他經歷過的艱難關卡——放棄教職、妻女求去，甚至被政府從自己一手創辦的組織罷職，只為實踐「將貧窮送進博物館」的理想。從不崇拜偶像的我，覺得有點激動，還起了雞皮疙瘩。

原先在美國大學擔任經濟學教授的尤努斯，於一九七〇年代中期回到剛獨立後的孟加拉，發現窮人被視為金融賤民，傳統銀行不願和

奧斯汀
在德州大學奧斯汀分校「社會創業」課堂上，學生分組提案創業想法和商業模式。

新加坡
亞洲公益創投網絡於二〇一三年舉辦首屆年度論壇。

沒有抵押品的他們打交道，因此窮人往往身陷高利貸的惡性循環。他認為貧窮並不是個人錯誤，而是系統失靈，人類建立了一套制度讓社會運轉更有效率，卻也犧牲了某些人的權益，彷彿將他們置於垃圾桶中。

「為什麼我們不將這系統丟到垃圾桶呢？」「傳統銀行怎麼做，我就做得和他們完全相反就對了！」就是這念頭，讓他開啟了借錢給貧民的創新嘗試，在一九八三年於孟加拉創立「格拉明銀行」（Grameen Bank），小額貸款給無法在一般銀行開戶的窮人，無須抵押品。銀行專往偏遠鄉村設點，因此常被稱為「鄉村銀行」或「窮人銀行」。

很多人覺得他瘋了，也認為他鐵定失敗，但尤努斯運用經濟學專業，設計不同於傳統金融機構的機制，以團體借貸搭配財務與金融訓練課程，讓窮人們相互監督學會財務管理，並運用借款為自己生意融資，進而自力更生。他亦鼓勵極少掌握家中經濟權的婦女申請貸款，送孩子上學，為窮人、女性、下一代賦予信用與尊嚴。

從孟加拉到全世界，尤努斯幫助超過一億人脫貧自立，扭轉「窮人無信用」的刻板印象。格拉明銀行至今已提供超過美金五十億元貸款給孟加拉當地人民，微型信貸（Micro-Credit）的創新模式，結合了傳統企業的動態競爭，與社會良知慈善目的，也在全世界形成極大影響，尤努斯更於二〇〇六年榮獲諾貝爾和平獎。「我只為弱勢的人做

台北
「窮人銀行」先驅尤努斯於台北演講。

上海
上海市「社會創新孵化園」為中國第一處社會創新園區。

香港
「社企民間高峰會」是亞洲社會企業領域最大型聚會。

微小的事。」尤努斯說道，所以他把這項創新取名為Micro-Credit：既是微小資金，也是微小肯定（註：credit有「資金」與「肯定」雙重意思），為最需要的人賦權。

人類因為想登陸月球而發明火箭，是科技實踐科學幻想（science fiction）的好例子，我們也可以從社會幻想（social fiction）出發，想像一個沒有貧窮的社會，便能發展出實踐這個理想的方法。如同蕭伯納的名言：「講理的人要求自己適應世界，不講理的人要改變世界來適應自己。所以，所有進步都有賴於不講理的人（unreasonable people）。」

尤努斯曾提到，推動世界的從來不是專家，而是夢想家，他本人就是最好例子。被問到當初哪來的勇氣時，他說：「我當初根本不知道自己會成功，做了再說，但我從來不放棄。」他教會我的是改變心態與實踐勇氣的數十年貫徹，從曲高和寡到萬人景仰，他依舊親民，古稀之年仍奔走於世界各地演講、寫書，戮力推廣以商業力量改善社會問題的各種可能，也被公認為是以創新、創業思維改變社會的先驅。

不需要標籤，不依賴援助

二〇一三年十一月底在香港造訪「iBakery 愛烘焙麵包工房」，位處熱鬧的新政府總部大樓一樓，一進門大家就被精緻裝潢及美味餐點所吸引，負責人告訴我們，工房由非營利組織「東華三院」設立，提

香港
iBakery愛烘培麵包工房裝潢精緻，餐點美味。

香港
社企流赴香港參訪用心經營的社會企業。

供精神康復者就業機會與職業訓練，利潤一方面用來營運餐廳，另一方面用來支持東華三院「不同能力、同一熱愛」的共融理念。餐廳陳列的畫作、手工藝品、有機盆栽等，也都出於精神康復者巧手。「這裡一點都不像印象中非營利組織所經營的餐廳——一開始你會出於愛心支持，但餐點卻很難讓人想再度光臨。」同行朋友這麼說著。我發現餐廳內沒有捐款箱，宣傳品上也沒有募款帳號。大家看到聖誕曲奇餅禮盒的精美包裝，紛紛想掏腰包訂購，卻被告知禮盒早已銷售一空，每年都供不應求，可見消費者對iBakery品牌的肯定。

許多從創新、創業角度出發，試圖改善社會的創革者（Change Maker），徹底落實企業經營管理的思維，而不刻意強調自身的公益價值。在社企流邀請這些創業者來分享的講座中，最常見的觀眾提問便是：「作為一個社會企業創業家（Social Entrepreneur）有何感想？」還記得成功進駐新宿、池袋等多家百貨公司的日本皮件品牌Motherhouse（參考第四章4-1）創辦人山口繪理子小姐，在兩百多名聽眾前直率回答：「我從來都不覺得自己是什麼社會創業家，我只是做自己喜歡的事，在孟加拉工廠和夥伴們一起畫圖設計、製作出有品質的包包，努力在發展中國家打造一流的品牌，如此而已。」

走進台灣大學第二學生活動中心一樓的全家便利商店，顧客大排長龍，收銀員有條不紊地為消費者結帳，另一位店員補貨、清潔、加熱食品十分俐落，他們雖是身障人士，但透過取得全家加盟、經營此

香港
社企流赴香港參加「社企民間高峰會」。

東京・台北
Motherhouse在日本、台灣設有店面，展售孟加拉人民製造的手提包，改善當地就業與經濟。

東京・台北
山口繪理子分享Motherhouse的新書。

超商的「勝利身心障礙潛能發展中心」（參考第五章5-2）訓練，已能獨當一面，克服恐懼而熱愛招呼顧客。中心負責人張英樹主任，也常說自己不瞭解什麼是社會企業，然而經營非營利組織的他不主動募款，十幾年來積極開發符合市場需求，也能整合身障者能力的產品服務，從不斷嘗試中找尋成功的商業模式及有效的營運管理，認為創業就像是自己DNA的他，憑藉這股信念，把賦予身障者工作機會的路走得更長遠。

為他打造舞台，他可以撐起全場目光

被譽為新加坡首屈一指的街舞學院「O School」，演出經常一票難求，無論是熱情奔放的動感舞曲，或是柔美和緩的慢步調情歌，舞者們都十分在行，讓台下觀眾也完全陶醉其中。這個當紅組織，其實是創辦人肯尼．羅（Kenny Law）當初為了協助一位無法找到穩定工作的舞者朋友所設立，他逐漸發現可以運用此力量處理中輟、低收入等邊緣青少年問題，於是招募、培訓對舞蹈有興趣與天分的青少年，並透過學院舉辦的各項展演活動，提供他們展現才能的機會與工作收入，表演邀約供不應求，更是許多國際巨星的指定舞群。

源自德國、在兩岸三地皆有的「黑暗中對話」（參考第四章4-8），培訓視障者擔任講師，在伸手不見五指的環境中，帶領參加者以團隊合作方式完成各項體驗遊戲，視障者更躍上「黑暗演唱會」

東京．台北

日本皮件品牌Motherhouse，創辦人山口繪理子來台與社企流分享創業經驗。

台北

勝利身心障礙潛能發展中心張英樹主任（右一）找到整合身障者能力的成功商業模式。

舞台分享美妙歌喉，毫不怯場。英國倫敦一群年輕人成立「Unseen Tours」（未見之旅）機構（參考第三章3-14），把以觀光勝地為家、對當地文化瞭若指掌的街友，搖身一變成為這個城市的另類導遊。我有幸實際成為「團員」，曾住在倫敦大橋底下的導遊，帶我們一行人遊覽周遭大街小巷，還在知名劇作家莎士比亞故居前，為我們吟唱莎士比亞經典歌劇，是讓我非常驚艷、難忘的一次小旅行。

主流與弱勢，很多時候只是我們的主觀劃分，這些創業者以行動告訴我們，社會普遍認為的「受助者」，其實也可以是「助人」角色，若能為他們打造出適合舞台，他們絕對可以撐起全場目光。

打破悶經濟！社會企業做好事又能獲利

有次參加《天下雜誌》「新創業精神」專題發表會，主辦單位希望探討台灣新一波的創新與創業，鼓勵社會擺脫「悶經濟」，更邀請台灣十大頂尖創業家（如宏碁施振榮、PChome詹宏志、王品戴勝益等），與七千位網友進行全台首次跨世代「創業調查」。被問到創業成功的關鍵原因時，十位創業家一致認為是「時勢造英雄」，民眾卻多認為是「英雄造時勢」。

二〇一三年有幸參加ECSEL易社計畫（Empowering Chinese Social Enterprise Leaders Program）的培訓，此計畫由美國慈善家錢威廉（William Schoenfeld）發起，希望提供教育訓練、顧問諮詢、交流網絡

倫敦
Unseen Tours由街友當起導遊。

倫敦
倫敦街友接受培訓後成為在地導遊，經濟自立又自信。

倫敦
倫敦街友帶你體驗「看不見的倫敦」。

等支持，協助兩岸三地的創業者，運用創新、可持續的商業途徑解決社會與環境問題。我在培訓中認識了綽號「垃圾小王子」的汪劍超，曾是微軟工程師的他，注意到中國環境污染問題嚴重，一大原因來自再生回收未被落實，於是加入「綠色地球」發揮資訊專長，從四川成都開始，將每包垃圾賦予條碼，回收時換算成積分，每個家庭可用積分換取生活日用品，每扔一次垃圾，相當於完成一次微小交易。這個新鮮服務獲得成都市五萬多個家庭共同響應，「我們想用現代方法，推動中國城市垃圾回收的產業革命。」汪劍超相信，綠色地球刷新「丟垃圾」這件事從頭到尾的用戶體驗，蘊含極大的商業潛力。

像綠色地球這樣想讓社會更好的公司，在中國日漸增加，從二手衣物回收、舊家具改造、幫助殘疾人士就業、防止兒童走失的虹膜數據庫建設，到鼓勵閱讀的中文線上實體圖書館，由於在中國成立、經營非營利組織程序較為繁複，易受限制，這些創業者大多將組織登記註冊成公司，也因此在培訓過程中，我們不曾討論如何為所屬組織募集捐款或申請補助，而是在意如何獲得更多投資者支持、如何提高產品競爭力等課題，讓我大開眼界。

提供類似培訓或投資機會的組織，在中國除了易社，還包括英國文化協會（British Council）中國辦公室、友成基金會、南都基金會等，這些組織宛如加油站，為創業家補足所需資源，也像是擴音器，向社會大眾介紹每年培訓的創業家，讓更多人了解原來有些公司

波士頓　易社於哈佛大學進行兩岸三地社會創業者培訓計畫。

波士頓　易社學員，參訪美國東西岸知名大學接受社會創業相關培訓。

波士頓　緊湊充實的易社美國培訓行程，種下兩岸三地社會創新、創業的種子。

能夠一邊做好事、一邊賺錢。類似這樣「先有魚池再有魚」的發展，也對應到美國、英國等地，阿育王基金會（Ashoka）、史考爾基金會（Skoll Foundation）、施瓦布基金會（Schwab Foundation for Social Entrepreneurship），透過每年選拔值得效法的創革者，推廣並累積運用商業力量改善社會的案例與智慧，當草根創業者的數量越來越多，政府也會逐漸重視、參與及支持。

理想中的社會企業：創新、跨域、不求人

反觀東南亞、南亞一帶，「英雄造時勢」的思維相對較為盛行。在一次於新加坡舉辦、探討如何運用資本市場創造社會公益的研討會中，我和來自各國的朋友聊起政府是否應該提供賦稅優惠等政策誘因，鼓勵大眾創業來改變社會問題。聽到韓國政府頒布法規、香港政府設立基金作為支持，尼泊爾、孟加拉、印度的創業者馬上搖頭說不，「政府唯一要做的事，就是別插手！」他們認為所屬國家政府治理的不穩定與官僚性，容易扼殺創新與創業精神，還不如放牛吃草，讓創業者自由發展。一位在印度架設網站為偏鄉小農販賣作物的創業者說：「不需要政府特地歸類我們是什麼企業，哪邊有資源就往哪邊去，像近年政府提供貸款優惠給網路產業的新創公司，我馬上跑去登記為網路業，這才是最有效率的！」大家聽到都笑了，而這樣創新、跨域、不求人的創業精神，正是我理想中的「社會企業」。

新加坡
社企流與亞洲各地的社會企業工作者交流。

馬尼拉
亞洲開發銀行社會企業論壇會場。

馬尼拉
東南亞的社會企業也開始蓬勃發展，企業、非營利組織、社企工作者齊聚一堂。

第2章

翻轉世界的變革力量

社會企業，在全球各地蔚為風潮！

它跨越了政府、傳統企業與非營利組織的界限，成為新興的第四部門；
它形成一波新的公民自覺與自發的運動。

社會企業，讓你一次看懂！

在這一章，你將站在全球的宏觀角度，綜覽社會企業的發展和特色。
社企Q＆A、全球大事記，讓你掌握社會企業的最新趨勢！

2-1

社會企業一次就懂

生活中各式社會問題——教育落差、貧富不均、環境污染、食品安全等，都是由誰來解決或改善？除了政府、公益組織的推動，社會企業為我們提供了更積極、創新的解決方案。

文．圖／林以涵

跨越政府、企業、社會組織的新力量

面對有待解決的社會問題，民眾最先想到的往往是政府，也就是所謂「第一部門」，政府課徵稅金，管理眾人之事，因此有義務提供社會福利、社會救濟等機制給予最需要的人。然而從一九八〇年代起，東西方許多「傳統福利國家」經歷轉型，民眾對政府的期待與要求，不再是樣樣都管的「大政府」，而是只做最基本服務的「小政府」，將許多社會服務項目交由民間團體處理。

第二部門，也就是傳統商業，在市場這雙無形的手引導下，各式公司組織自由競爭與生存，販賣產品或服務，為股東追求最大財務利益。近年來，商業組織開始思考在營運過程中，對所處社會與環境具有責任，因此有了「企業社會責任」（Corporate Social Responsibility，簡稱CSR）概念出現，許多企業因而在賺取利潤後，提撥部分資源投注公益，回饋社會。資本市場也開始評估，有無可能運用風險投資、證券交易等機制，讓資金除了「錢滾錢」產生財務投資報酬率（Return on Investment，簡稱ROI），也能夠改善社會，創造社會投資報酬率（Social Return on Investment，簡稱SROI），也就是社會投資（Social Investment）或影響力投資（Impact Investment）的概念。

第三部門，也就是大家熟知的非營利（not-for-profit）或非政府（non-governmental）部門，包含基金會、協會、合作社等不同型態組織。每個組織成立目的都是想改善或解決某個社會問題，創造公益價值。而為了達成此目的，非營利組織會透過接受捐款、申請政府補助，或是販賣產品或服務等方法籌措資金。然而捐贈、補助等外部資金佔組織收入比例過高，會降低組織的財務自主性，不利於其規劃中長期發展，運用捐款或補助的課責性（accountability）也容易受到質疑。因此許多公益團體也開始思考，有無可能發

三個部門尋求各種社會問題的解決方案

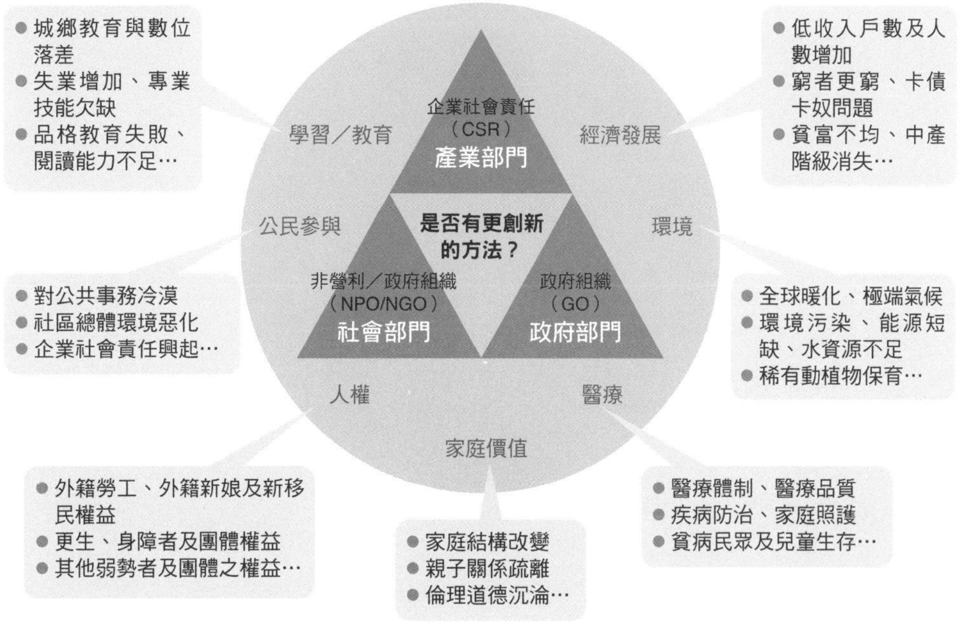

展出可帶來自營收入的事業體，來實現組織的社會使命。

以上三個部門，都在試著讓社會更好，也都各自在反思與調整，是否有更創新的方法來改善目前所遇到的挑戰，而社會企業（Social Enterprise）的概念，就是在如此背景下逐漸成形。

社會企業的三重基線：社會、財務、環境

什麼是「社會企業」（簡稱「社企」）？廣義而言，「社會企業」指的是一個用商業模式來解決某一個社會或環境問題的組織，例如提供具社會責任或促進環境保護的產品／服務、為弱勢社群創造就業機會、採購弱勢或邊緣族群提供的產品／服務等。其組織可以以營利公司或非營利組織之型態存在，並且有營收與盈餘。其盈餘主要用來投資社會企業本身，繼續解決該社會或環境問題，而非為出資人或所有者謀取最大的利益。

社會企業常被稱為是共享價值（Shared Value）、混合價值（Hybrid Value），主要便是因為它是在傳統企業與社會組織這個光譜兩端的平衡點。在追求的

「目的」上，社會企業與非營利組織相似，都是為了改善某個社會問題，創造社會影響力。而在達到目的之「方法」上，社會企業則與傳統企業接近，透過進入市場機制販賣產品或服務，獲得自營收入以支持組織財務自足、永續發展，而非以接受捐贈或補助為主要資金來源。而社會企業在運作上，也重視「三重基線」（Triple Bottom Line）精神，同等重視其組織對社會（people）、財務（profit）、環境（planet）三項基線的責任、投入與回報，而非如同一般企業唯「利」是圖。

社會企業是跨領域的新概念

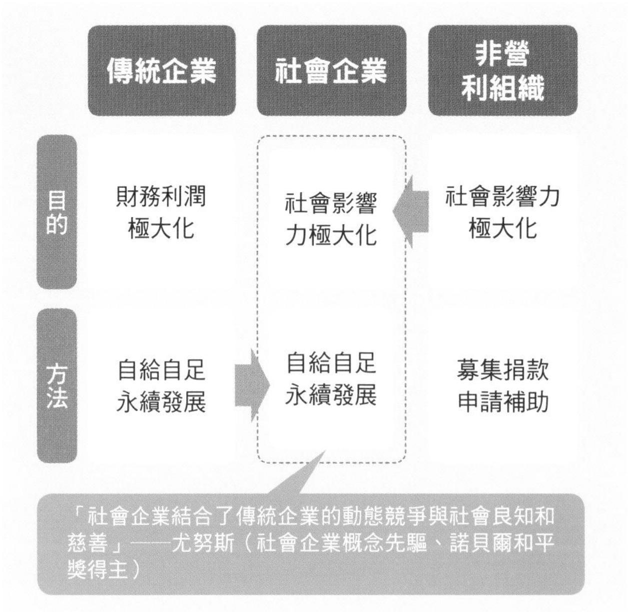

社會創業家：變革的推動者

開創社會企業的個人，通稱為社會創業家（Social Entrepreneur）。面對嚴峻的社會問題，社會創業家認為不應全靠政府或企業界來解決，他們對所關心的社會問題有深入了解，並且「知其不可為而為之」，運用「創新」思維與「創業」行動，在完成彷彿是「不可能的任務」過程中，一步步證明機會確實存在，發展出友善、易懂、合乎良知的解決方案來改變現況，並創造與管理一個組織。

全球最大的社會創業家支持組織阿育王（Ashoka），成立以來協助數千名社會創業家，為他們提供資金、技能、人脈等資源。就像傳統創業家能創造新的產業，阿育王眼中的社會創業家，是策動社會進步的「變革推動者」（Change Agent），胸懷大志而腳踏實地，他／她所設計、提供的產品或服務看起

社會企業必須滿足三重基線

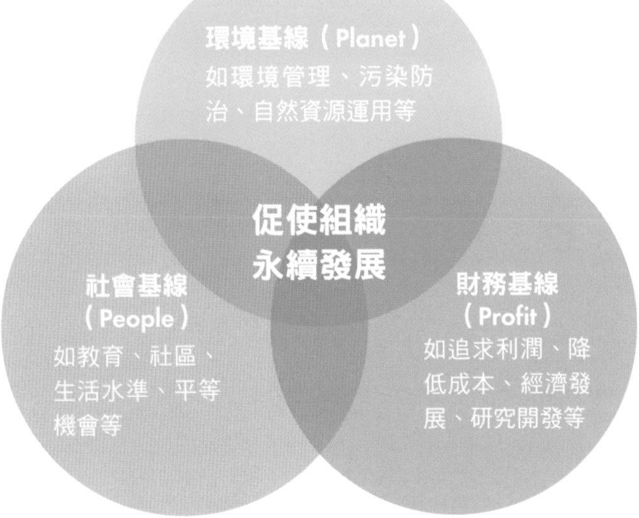

三重基線 Triple Bottom Line

來可能很基本、簡單，但在這行動背後代表的，卻是創業家希望對社會造成根本性、系統性變革的願景與抱負。

另一個鼓勵、支持社會企業發展的施瓦布基金會（Schwab Foundation for Social Entrepreneurship），勾勒出社會創業家的輪廓：

- 以勇於創新與突破現狀的信念，追求降低貧窮、改善環境、縮短教育落差等目標，期望策動大規模的社會創新與變革。
- 以創造社會與環境價值為組織首要顧念，在此前提下試圖優化其財務價值。
- 創新源自於找尋能夠改善某一社會問題的新產品、新服務或新途徑。
- 如同一般創業家，以創業熱忱與商業技能，打造強而有力、能永續發展的組織。
- 廣納回饋以持續調整、採用新模式。
- 是一位有遠見、亦重實效的領導者。

而社會創業家的共通特質，包括相信自己、充滿

社會企業：混合價值

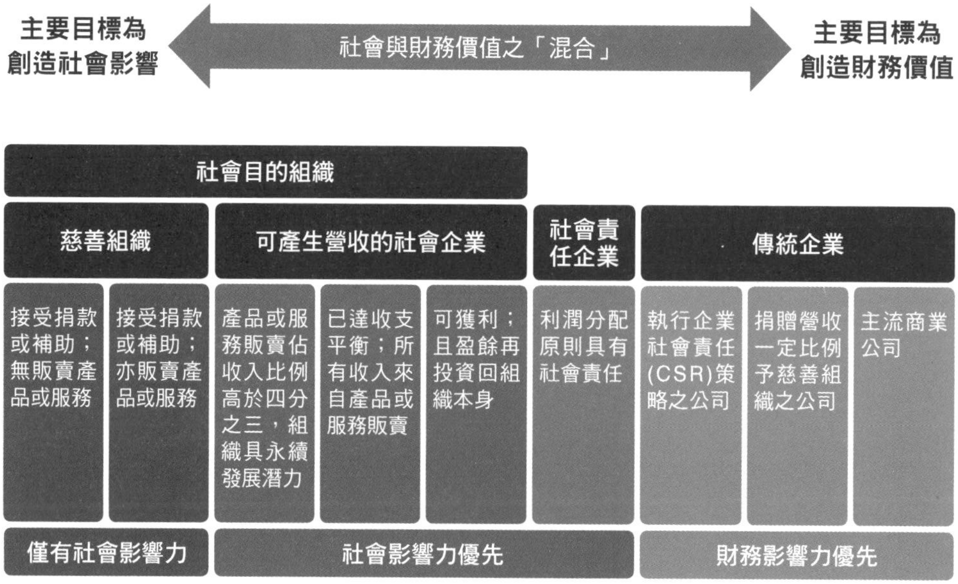

熱忱、把握機會、勇於創新、結果導向、從做中學、自主管理、謹慎冒險、成為行家、善於溝通、富於機智、領導有方、以終為始、擁抱失敗等，在第七章Step 10中有詳細描述。

社會企業：新的公民運動

近年來，社會企業與社會創業（Social Entrepreneurship）在全球蔚為風潮，形成了一波新的公民自覺與自發的運動，不但模糊了社會與企業的界限，轉化了非營利組織的思維，甚至改變了政府的公共政策。

社會企業創業受到矚目的背景因素，跟資本體系的改造及倫理消費的崛起很有關係，可分為以下不同面向：

一、金融海嘯後，資本主義的制度與發展受到抨擊，社會對企業的信任度也降低，對資本體系、企業運作的反思與再造思維出現。

知名管理學大師麥可・波特（Michael E. Porter）在《哈佛商業評論》中提出「共享價值」概念，

指企業家除了賺錢，也應當並且能夠幫助社會解決問題，同時創造財務與社會價值，達到雙贏。

二、非營利的社會部門（Social Sector）中，建立以市場為導向之解決方案的組織益發增加。例如「碳排放交易」把二氧化碳排放權作為一種在市場中的交易商品，藉此改善全球溫室氣體排放與暖化現象；或是「社會效益債券」設計由投資者出錢，以支持某個可改善社會的方案，若目標達成則可拿回本金和分紅。

三、許多成功創業家，如微軟創辦人比爾．蓋茲（Bill Gates）、eBay創辦人傑夫．史考爾（Jeff Skoll）等，都在社會企業領域展開第二人生。他們將過去在矽谷創業所累積的獨特思維與實戰經驗，運用到改善社會問題上，甚至投注他們的財富，創造投資非營利組織或社會企業的新資本——影響力投資——市場，即「公益創投」或「社會創投」。

四、越來越多年輕人認為賺錢不該是生涯的唯一選項與目標，想要同時「做好事」（do good）與「賺錢」（do well）。

根據《哈佛商業評論》二〇一一年的一則統計報導[1]，在美國有六成年輕人於應徵工作時，會評估公司在社會與環境面的表現；在最容易向「錢」看的商學院中，超過八成的企業管理碩士願意以較低薪資在具有道德經營理念的企業中工作。

五、消費者願意支持對社會負責的產品與服務。例如選購公平貿易咖啡或巧克力、烹煮有機食材、騎乘環保電動車、支持如知名鞋子品牌TOMS等「你買我捐」（Buy One For One）的產品，消費者會認同並未將所有營收放入口袋，而是願意將部分金錢用在最有需要的那群人身上的品牌。

六、社會創業家的經驗與智慧逐漸廣為流傳。先有尤努斯因在孟加拉創辦窮人銀行，獲得諾貝爾和平獎，而後在世界經濟論壇等盛會中的許多社會企業相關獎項，以及主流媒體的採訪報導，都讓社會創業家獲得更多認識與肯定。

1 "New MBAs Would Sacrifice Pay for Ethics", The Daily Stat, *Harvard Business Review*, May 17, 2011.

社會企業興起的六大因素

社會企業興起的因素
對資本體系下企業運作的反思
1
以市場為導向的非營利組織增加
2
社會影響力投資市場興起
3
年輕人嚮往做好事也能賺錢的工作
4
消費者支持社企產品或服務
5
社會創業家的成功經驗流傳
6

全球社會企業發展趨勢

社會企業的概念在西方國家萌芽較早，在美國、加拿大等北美區域，社會企業重點在於以營利方式解決社會問題；而在社會主義色彩較濃厚的歐洲，社會企業的「社區共有」精神與實踐，是與傳統「私人擁有」企業最大不同之處。

美加地區社企發展

社會企業聯盟（Social Enterprise Alliance）是一個由美國、加拿大地區社會企業工作者與關注者所組成的會員制組織，包含近一千家社會企業，以及來自政府、企業、非營利組織等從業者。據其統計，社企概念自一九七〇年代後在美加萌芽，二〇〇〇年後開始加速發展，目前約有幾十萬個具有社會企業精神的組織，其中約六成組織是在二〇〇六年後成立。美加地區社會企業欲改善的前五大社會問題為職業培訓、可負擔住屋、社區經濟發展、教育、健康，超過九成組織草根性強，與在地文化緊密相連，也有約百分之七的組織走出國界，在美加以外國家設有營運。

歐洲、美加社會企業的中介組織

教育推廣

大專院校

Social Enterprise Initiative
Columbia Business School
DUKE THE FUQUA SCHOOL OF BUSINESS

公益組織

social enterprise alliance — Where mission meets the marketplace.
SOCIAL ENTREPRENEURSHIP
skoll FOUNDATION
ASHOKA

媒體出版

Stanford SOCIAL INNOVATION REVIEW
SocialEarth
TriplePundit — people, planet, profit

商業競賽

GLOBAL SOCIAL VENTURE
HULT Prize
Social Impact EXCHANGE

社群建立

產業交流

NET IMPACT
SOCIAL ENTERPRISE UK

共同空間

HUB

認證機制

Social Enterprise — TRADING FOR PEOPLE AND PLANET
Certified B Corporation
COMMUNITY INTEREST COMPANIES

財務資金

社會創投

NEW PROFIT inc.
acumen FUND
root capital
echoing green

群眾募資

START SOME GOOD.com — IGNITING IDEAS, INVESTMENT & IMPACT
KICK STARTER
33needs

能力建置

育成網絡

GSBI™ Global Social Benefit Incubator
unreasonable institute
UnLtd

顧問諮詢

Social Enterprise ASSOCIATES
svt group

歐洲社企發展

相較之下，歐洲透過國際貿易、加盟等方式拓展海外市場的社會企業則較美國來得多。如英國*The Big Issue*（參考第四章4-10）、德國Dialogue in the Dark（參考第四章4-8）皆透過加盟制，讓品牌在亞洲國家落地生根。法國的GROUPE SOS，更活躍於二十多個國家，僱用一萬多名員工，提供弱勢就業、健康照護等多元服務，已經有超過一百萬人受益，促進社會共融。

在社會企業發展歷史最悠久的英國，根據英國社會企業商會統計，二〇一三年約有七萬家社會企業，僱用了將近一百萬名員工，對英國經濟貢獻為一百八十七億英鎊，約占百分之一點五的GDP。由於社會企業考慮的利害關係者範疇廣泛，並具備更客觀的永續發展思維，在經濟不景氣時整體表現依然優於傳統中小企業。

歐美社企產業四類中介組織

若將社會企業看成一個產業，隨著創業者數目增加，生態圈中的各種支持角色也將益發完整。中介組織大致可分為以下四種類別（參考頁33）：

一、教育推廣：包括學術單位、基金會與協會、媒體出版、競賽、獎學金等，透過提供研究、課程等管道，推廣社會企業概念。

二、社群建立：包括產業商會、共同工作空間、認證機制等，勾勒出較明確的社群，並創造更多社會企業實務工作者交流機會。

三、財務支持：包括社會企業創投機構、天使投資者、慈善捐款、政府資金、群眾募資等管道，為社會企業提供資金。

四、能力建置：包括育成組織、顧問諮詢機構、銷售平台等，為社會企業建立經營管理所需要技能或資源。

亞洲社企最新發展趨勢

鏡頭拉回亞洲。亞洲各國急促的城市化，為他們帶來了相似的社會問題，如貧富差距、人口老化、環境污染等。檢視社會企業在亞洲各國興起的背景，填補政

支持社會企業的中介組織

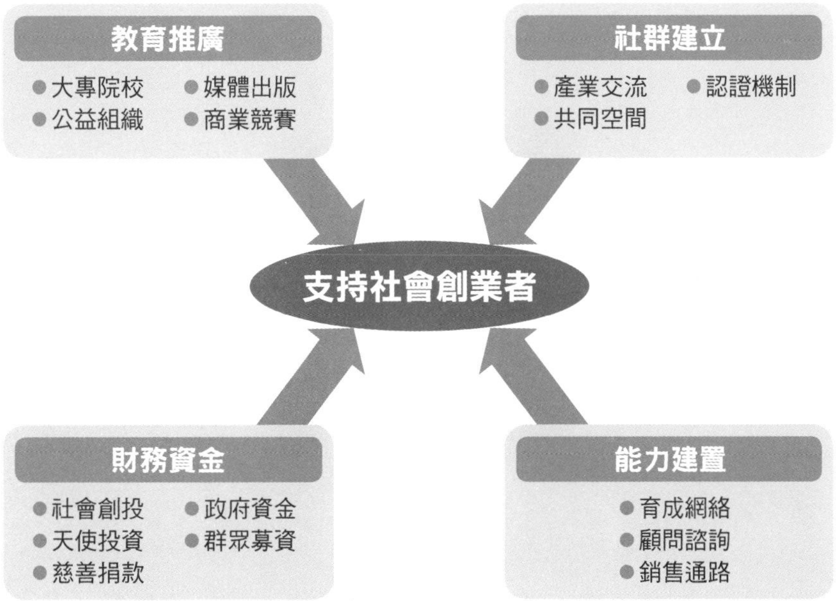

府、企業、非營利組織三塊領域的不足是共通點，但也有相異之處（關於台灣社企的發展請見第五章）：

- **中國**——中國的非營利組織發展起步較晚，社會企業的概念幾乎是同時間被介紹、推廣至大眾，然而成立、經營非營利組織在中國較易受限制，一般大眾對於國營慈善機構的不信任感亦增加，因此許多想創立社會企業的人士選擇將組織註冊為公司營運，以求創新與效率。
- **泰國**——泰國政府最積極投入社會企業育成，成立「全國社會企業委員會」與「泰國社會企業辦公室」，提供貸款、稅賦、投資基金等優惠，打造社會企業發展藍圖，政府力挺加上青年參與踴躍，使得泰國社會企業活力充沛，據社會企業育成及創投組織Change Fusion統計，泰國共有十一萬多家社企組織。
- **印度**——社會企業精神在印度的崛起，與政府失能有很大關係，因此公民社會組織透過與一般企業緊密合作，大規模參與、提供公共服務，而且不希望政府干預太多。印度龐大的非營利部門（約三百萬個組織），也成為社會企業的搖籃。

● 孟加拉——社會企業在孟加拉已達巨大規模，除了舉世聞名的鄉村銀行，尤努斯博士亦創辦格拉明電信（Grameen Telecom）、格拉明達能食品公司（Grameen Danone Foods）等社企，改善金字塔底端人民生活需求。此外，孟加拉農村促進委員會（BRAC），透過小額信貸、教育、醫療等服務支持包容性發展，在亞非洲等十個國家運作，影響超過一億人生活。

● 韓國——韓國是第一個為社會企業立法的亞洲國家，提供統一的社會企業定義並提供資金與輔導。二〇一三年更敲定加強社企競爭力、擴大投資的「第二次社會企業培育基本計畫」，期望至二〇一七年培育超過三千家社會企業。

● 香港、新加坡——兩大金融樞紐香港及新加坡，皆各有約四百家社會企業存在，各類支持社會企業發展的中介組織眾多，兩地區也善用資本市場力量，運用證券交易所、創投基金等機制打造投資平台，期望為有資金需求的社會企業注入活水。

社會企業發展至今，關注範圍已經從原本的微型信貸，擴展到更多的社會議題，例如教育機會、兒童健康、住家、水資源、氣候變遷等。現在，全世界各地有很多社會創業家，以創新的商業模式在改善社會。

社會企業 Q&A

關於社會企業，你一定要知道

社會企業強調創新、跨界、共享、永續的新思維，已在全球各地形成新公民運動，不僅公益組織開始運用企業經營的方法來提升營運效率和成果，許多企業也逐漸體認到商業運作結合公益目標的重要性，讓公益和企業兩大領域有越來越多的融合和交集，這也是新世代結合公私領域的社會企業萌芽茁壯的契機。在此整理出十個最有價值、也最常見的問題，帶給讀者社會企業的全方位認識與思辨。

Q1 社會企業是萬靈丹？

若把政府、產業、公益部門看作推動社會進步的三大支柱，社會企業便是相輔相成的第四根支柱，補強各部門不足之處，而非取而代之。社會問題千頭萬緒，需要政府推動相關政策法規，需要有非營利組織提供的社會福利網絡支持，而能認同社會企業思維的一般企業，可以運用核心能力與資源提供協助。

Q2 社會企業與「企業社會責任」有何不同？

兩者在財務、社會面的排序不盡相同。企業社會責任的落實以企業能獲得利潤、保留盈餘為基礎，社會公益參與的策略，也依所屬產業、擁有資源及偏好有所不同。社會企業則是以改善社會問題為首要理念，以賺取利潤為次要方法。近年來許多企業發展「CSR 2.0」，鼓勵員工運用核心能力來發展社會問題的解決方案，從公司內部創立社會企業。

Q3 非營利組織應轉型社會企業？

不是所有非營利組織都需要依照社會企業的運作模式才能實現使命，應該先了解組織特性（內部是否有共識及足夠人力、財力、專業），並對社會企業有一定程度研究（能否設計出符合市場需求的產品服務、組織會因此有何變動）後，方能準確評估轉型可否提升公益組織的永續經營與社會影響力，若不適合也不需強求。

Q4 社會企業可以分紅嗎？

答案因人而異。最嚴格的標準以尤努斯為代表，認為社會企業的投資者只能得到（或拿回）其投資資本，組織應將盈餘再投入企業營運。持相反觀點者，認為分紅機制可以吸引更多主流市場的投資，進而改善更多社會問題。兩派論點的折衷如韓國「社會企業促進法」，明定至少保留約三分之二可分配盈餘再投資於公司或用於社會目的（詳見第七章Step 3）。

Q5 社會企業應該要規模化？

各界對於「規模化」與否有不同解讀。一派主張社會企業規模化代表「組織結構」有所成長，或具可複製性，如此可擴大服務受眾，並進入主流市場；另一派則認為規模化代表「社會影響」增加，與單一組織變大與否沒有絕對關係。更有不少社會企業的終極目標不是組織擴張，而是消失——代表屆時社會問題已被消滅，無需它們解決。

Q6 社會企業應有認證或立法？

立法或認證的出發點，不外乎勾勒社會企業社群、降低運作障礙等，認定標準等執行細節需審慎評估。例如韓國依法將社會企業限縮定義為能提供弱勢就業機會的組織，卻對不符合該定義的實務工作者形成困擾。目前台灣並無專屬的認證或立法，需於公司與非營利團體的型態中選擇辦理登記；美、英、韓國為少數有社會企業法規的國家（參考第七章Step 3）。

Q7 社會企業發展的利基與挑戰？

社會企業的社會、公共財屬性，比較容易獲得「社會資本」，如志工、免費辦公設備、無償專業顧問、金錢或物品捐贈等，可助其在營運與業務上站得更穩。社會創業家的熱情與執著，也是組織最佳代言人。而社會企業面臨的挑戰，除了與一般企業無異的財務損益外，還必須能證明對社會與環境正向改變的貢獻，並承受大眾以較高的道德標準來檢視。

Q8 社會企業如何面對挫敗？

遭遇挫敗在社會企業發展過程中會不斷出現，然而摒除過去「以成敗論英雄」的思維，誠實探討失敗的原因及程度，才是為未來打根基的關鍵。更重要的是，我們應當以多元化的角度來看待「成功」與「失敗」：「失敗」指的不是「沒有成功」，而是「沒有在特定時間利用獨特資源與技巧去完成指定任務」。

Q9 每個人都要成為社會創業家？

大多數人並不會成為社會創業家，他們分處於政府部門、非營利組織和主流企業內，選擇運用自身的「利他」能量，提供社會創業家所需要的工具或資源，成為創革者，或選擇進入社會企業工作。這世界無法單靠社會創業家帶來改變，他們需要橫跨不同領域或專業卻志同道合的擁護者與支持者，一起讓改變成真。

Q10 我想投入社會企業該怎麼做？

不見得每個人都能投入社會企業，因為產業需求沒有那麼大。但無論你想成為社會企業創業者或從業者，建議除了閱讀相關資訊，更要「走進田野」，認識你所關注的社會議題，充分累積相關的瞭解與需要的能力，才能在時機成熟、決定開創或投入的那一刻，帶著所有能量，承先啟後，走得更好、更遠、更與眾不同（參考第六章）。

社會企業大事記

社會企業　社群媒體　消費／媒合平台　法案／政策　其他支持組織

全球篇

1976 尤努斯在孟加拉展開格拉明銀行計畫，提供金字塔底端窮人貸款服務，一九八三年獲得政府合法立案成為正式銀行。二〇〇六年尤努斯因創立窮人銀行獲得諾貝爾和平獎。

文卡塔斯瓦米（Venkataswamy）醫生在印度建立亞拉文眼科醫院（Aravind Eye Hospital），讓當地窮人可以接受便宜又有效的眼科手術醫療。

1981 德雷頓（Bill Draytonz）在美國發起阿育王（Ashoka）組織，培育全球的社會企業家。

1985 美國戶外用品公司Patagonia，首見自己課徵收入百分之一的地球稅用於環保。

1987 美國 Echoing Green基金會成立，投資和支持社會企業家改進環境問題。

1988 安德烈·海寧克（Andreas Heinecke）在德國建立對話社會企業（Dialogue Social Enterprise），轉化視障者成為教育訓練的服務提供者。

瑞士施瓦布基金會（Schwab Foundation）成立，培育具社會創新精神的創業家。

1991 英國第一本*The Big Issue*雜誌發行，銷售員主要是街頭上的流浪漢。

1993 美國哈佛商學院開設以社會企業精神為主題的課程，創下高等教育界的先例。

1996 香港長者安居協會成立，推出平安鐘服務，建構廿四小時獨居老人安全網。

歐盟會員國聯合資源設立EMES歐洲社會企業研究網絡。

1997 殘友在中國深圳成立，提供身障者工作訓練。

美加社會企業社群Social Enterprise Alliance進行第一次聚會。

1999 第一個以學生為主的社會企業競賽Global Social Venture Competition誕生，串聯全球各大名校商學院進行比賽。

2000 英國成立UnLtd組織，培育本土社會企業家。

2000　1993　1985　1976

台灣篇

1997 第一間喜憨兒烘培屋在高雄開幕。

1998 里仁公司成立，販售有機無毒產品。

2000 勝利身心障礙潛能發展中心開始提供身心障礙者多元化的就業訓練服務。

2001 台灣主婦聯盟生活消費合作社正式成立，是台灣第一個自發性的生活消費合作社。

2004 新生命資訊服務開始教授脊髓損傷患者學習資訊技術並提供就業機會。

2006 地球樹成立，為台灣第一個販售公平貿易飾品及日用品的店家。

關注東南亞移民議題的《四方報》發行，有越、泰、印、柬、菲等語言。

中華民國社會事業發展協會成立。

2007 喜願麵包坊進行麥田狂想計畫，進行小麥契作計畫彌補糧食安全漏洞。

生態綠咖啡館成立，為台灣第一家獲國際公平貿易標籤組織認證的咖啡館。

趨勢科技創辦人張明正和王文華共同創辦若水國際股份有限公司，開啟台灣社會企業風潮。

2008 248農學市集，成為台北市第一個常態性舉辦的農民市集。

大愛感恩科技成立，推廣寶特瓶回收再生利用的理念。

光原社會企業成立，協助阿里山原住民銷售農產品。

原愛工坊成立，創造台東在地就業。

2008　2001　1997

文／陳玟成

2001 美國VisionSpring在第三世界國家教導當地居民成為眼鏡銷售員，促進當地視力保健衛生推廣。

Acumen Fund成立，投資在全球有永續發展性的社會創業家或組織。

2002 英國Fifteen餐廳開幕，提供中輟生成為廚師的課程計畫。

美國 Better World Books線上二手書店成立，將解決文盲問題和環保意識融入企業目標之中。

中國富平家政訓練鄉村婦女成為家事服務員。

印度社會企業顧問公司Intellecap成立。

2003 新加坡政府成立「社區關懷社會企業基金」推動社會企業發展。

2004 美國參與者媒體公司（Participant Media）設立，拍攝電影和電視劇喚醒大眾注意社會議題。

中國多背一公斤計畫萌芽，致力解決偏遠學校資源不足問題，又推出教學材料包，幫助組織穩定發展。

Skoll世界社會企業論壇在英國牛津展開。

史丹福大學創立*Stanford Social Innovation Review*期刊，探討各種解決社會問題的創新方案。

2005 美國NextBillion成立，希望提供改善全球低收入生產者與消費者生活的商業策略和知識。

美國新媒體Triple Pundit成立，以三重基線（財務、社會、環境）作為主張。

英國通過社區利益公司（CIC）法案，允許社會投資者可以從非營利組織和社區型組織獲得部分利潤回饋，鼓勵當地社會企業發展。

2006 日本Motherhouse株式會社成立，運用孟加拉當地材料和人才製造富有設計感的皮包產品。

中國Shokay在上海成立，收購藏民的犛牛絨來做成紡織精品。

美國TOMS鞋子品牌運用「你買我捐」（Buy one for one）納入商業模式。

韓國制定「社會企業促進法」，扶植當地社會企業發展。

2007 瓜地馬拉CO2 Bambu運用竹子做成綠建築，提供當地居民可負擔又舒適的住宅。

以色列和巴勒斯坦的Green Olive Tours旅行社，開始將教育融入當地深度旅遊。

英國Lifesaver公司研發出過濾污水的水壺，幫助全球改善水資源問題。

香港社會創投基金（SVhk）成立，扶持和培育更多成功的香港社會企業。

香港政府投入一億五千萬港幣作為社企發展基金。

2007　　2005

2009 興采實業成功把咖啡渣回收使用於布料製造。

冶綠生活服飾開始在各地市集與活動販售有機棉服飾。

多扶接送成立，提供無障礙接送服務和旅遊。

網絡行動科技成立，提供非營利組織和社會企業資訊服務。

東風經典食材成立，落實土地復耕和良知消費理念。

台灣社會企業創新創業學會成立。

2010 鄰鄉良食公司成立，結合企業社會責任專業顧問和小農契作採購。

繭裹子成立，販售公平貿易商品以及運用公平貿易材料進行設計。

台灣《*The Big Issue／*大誌》雜誌發行。

綠藤生機公司成立，運用科技種植活體芽菜。

以立國際服務成立，推動海外國際志工服務。

愛樂活社會企業成立，幫助小農行銷和彌補非營利組織資訊落差問題。

厚生市集運用網路幫助小農解決產銷問題，並且提供消費者便利安全的宅配服務。

用心快樂社企成立，結合文化創意、影像作品和公益。

第一個社會企業研討會由輔仁大學舉辦。

公平線上電子商務平台成立，銷售公平貿易商品。

社團法人台灣公益CEO協會成立，培育新公益事業人才。

2010

2008 美國Embrace團隊開發出低廉的嬰兒保溫袋，減少第三世界國家早產兒死亡問題。

日本Pre-Organic Cotton開始在印度當地種植有機棉，並協助當地農民轉型耕種有機棉。

肯亞Changamka Microhealth Limited推出手機預付卡看診醫療服務。

美國ColaLife成立，在尚比亞運用可口可樂的通路運送藥品。

香港社會創業論壇成立，推動社會創業精神。

美國Social Earth部落格成立，提供關於社會企業和CSR資訊。

2009 英國文化協會在亞洲推動社會創業家培訓計畫。

香港社聯與滙豐社會企業商務中心成立好好社企，建構社企商品網路消費平台，並且於二〇一二年於灣仔成立實體店面。

2010 印度Sakha Consulting Wings培訓女性擔任計程車司機，提供當地婦女安全接送。

英國Unseen Tours培訓街友為倫敦在地導遊。

英國推出社會企業商標認證Social Enterprise Mark，本身具有社會和環境目的性的企業申請通過審查之後，可以在商品貼上認證標籤。

美國馬里蘭州通過B型企業（B-Corp）法案，是全美首先通過的州。該法案主張企業不再只是追求最大金錢利潤，而是平衡發展經濟、環境和社會目標。至二〇一三年，全美已經有廿個州通過法案。

2011 美國Uncharted Play推出可以儲存電能的足球，讓非洲當地兒童白天踢球，晚上把足球用來發電。

美國學生Alex Cabunoc和Ji A You為祕魯貧民窟設計低價的GiraDora腳動式洗衣乾衣機，解決當地缺水問題。

亞洲公益創投網（Asian Venture Philanthropy Network）創於新加坡，提倡公益創投和社會績效評估。

2012 美國影星潔西卡・艾芭共同創辦The Honest Company，一個環保無毒的嬰兒品牌。

香港財經網etnet成立社企廊，報導香港社企資訊。

2013 英國社會股票交易所成立，向社會投資人公開展示有資金需求的社會企業訊息。

2013 ← **2008**

2011 線上獨立媒體上下游新聞市集成立，主要關注在地農業議題。

台灣黑暗對話社會企業成立，一個為視障者創造價值的教育訓練平台。

活水社企開發成立，連結社會創業家與社會投資者兩端，一起發展值得被投資的社會企業商業模式。

勞委會（現勞動部）職訓局成立「社會經濟推動辦公室」，負責社會企業相關政策發展（現已改組）。

第一個以社會企業為主題的學生社團Net Impact於台灣大學成立。

2012 好工作社會企業成立，協助勝利身心障礙潛能發展中心行銷琉璃。

社企流成立，為台灣第一個華文社會企業資訊匯流平台。

TiC100創新商業模式競賽首度列入社會企業項目。

AAMA台北搖籃計畫納入社會企業領域。

2013 耕莘蓮苑成立愛一家親社會企業，照顧孩童的成長教育。

2021社會企業成立，為八八風災受難的小林村發展梅子產業。

輔仁大學開辦第一屆社會企業碩士在職學位學程。

中山大學成立社會企業發展研究中心。

星展銀行與台灣社會企業創新創業學會合辦「社會企業嘉年華」，共有四十家廠商共襄盛舉。

「公益公司法」草案為社會企業的政策面帶來關注。

17support一起幫公益電子商務平台成立。

新生命資訊成立好日子電子商務平台。

第一間公平貿易超市開幕。

櫃買中心開始輔導社會企業在創櫃板掛牌。

2013 ← **2011**

第3章

社會企業全球亮點：從點子到行動

社會企業的使命，是針對一個問題或需求，提出創新的解決方案。

來自全球各地的十六個成功案例，為你呈現社會企業的光譜，描繪社會創業家如何起心動念、付諸行動、堅守使命，在世界地圖上發光、發亮。

他們的故事，都有一個共同點——
為參與的個人和組織，創造更有意義的生活，也讓世界變得更好！

好萊塢女星，化身綠色創業家

「當媽媽是我這輩子最深刻的經驗。我感到一股前所未有的責任感：要為我的家庭建立一個最安全、最可愛、也最健康的環境。」

這是被《男人幫》雜誌評選為全球最性感女神的好萊塢女星潔西卡．艾芭在當了媽媽之後的信念。

文／金靖恩

潔西卡．艾芭（Jessica Alba）從未想過自己有一天會挽起袖子創業，但在晉升為兩個孩子的媽之後，她卻不得不開始對所有用在寶寶身上的物品斤斤計較，舉凡尿布、童裝、沐浴乳，每樣東西都力求健康無毒。

為了學習如何照顧剛出生的寶寶，潔西卡．艾芭拜讀了暢銷全美的《身在毒中不知毒》（*Healthy Child Healthy World*）一書，這才驚覺自己和寶寶平日生活的環境裡，其實充滿著大大小小的「毒」。

從父母心出發創立無毒品牌

於是，潔西卡把書中提到的有毒化學物質通通記下，每次逛超市都一個個拿起貨品來核對，絕不選用任何含有毒物質的嬰幼兒商品。然而這樣的工作持續一陣子之後，她便感到心灰意冷：「我哪有時間每天花四到五個小時逛超市？」

在現有市場上找不到解答的潔西卡，決定聯合《身在毒中不知毒》的作者克理斯多夫．葛文根（Christopher Gavigan）與矽谷相當知名的連續創業家（serial entrepreneur）布萊恩．李（Brian Lee），聯手為所有父母打造一個安全、無毒、便利，且一般人都負擔得起的家庭品牌——誠實公司（The Honest Company）。

每個當過父母的人都知道，新生兒一天內尿布更換的頻率之高，有時平均一天至少要換十次以上，使得媽媽每次逛超市時總得推著半車的尿布去結帳；而為了挑選安全、無毒的商品，父母上超市前還得事先做好功課，到了現場再一一仔細核對標籤——有沒有能簡化這一切的好答案？

嬰幼兒用品需求e指搞定

誠實公司看準此需求，不但致力於提供天然無毒的產品保證，還推出獨特的「月訂閱」制度——只要花三十秒留下基本資料，再花三秒鐘點選已經配好的套裝尿布或家庭用品，以後每個月在家裡的尿布用完之前，誠實公司就會自動補一批新尿布送達家門口。讓你不需要出門，所有家庭所需的安全嬰兒用品、沐浴產品，甚至各種洗潔劑，都能在一分鐘內輕鬆搞定。

無毒的安全產品、便利的月訂閱制度，再加上貼心的產品試用服務與數不清的媒體曝光，讓誠實公司才成立不到一年就在美國尿片產業中異軍突起。開站幾個月，粉絲人數就已突破十萬大關（目前已超過十三萬人），並被《商業內幕》（*Business Insider*）雜誌評選為二〇一二年美國前八大最酷的新興企業。

社企小檔案

「為所有父母打造一個安全、無毒、便利，且一般人都負擔得起的綠色家庭品牌。」

- 公司名稱：The Honest Company
- 公司地點：美國（Santa Monica，CA）
- 創辦人：Christopher Gavigan、Jessica Alba
- 成立時間：二〇一二年
- 網址：www.honest.com
- 臉書：www.facebook.com/TheHonestCompany

※本文圖片取自The Honest Company官網。

1 安全無毒的嬰幼兒產品讓爸媽安心。
2 誠實公司提供貼心的產品試用服務。

印度女運將，請妳放心搭乘

印度女性社會地位低微，並經常遭受人身安全的威脅。Sakha社會企業的成立，除了保障女性在印度乘車的安全，還提供印度女性就業和訓練發展機會，增加收入之外，更提升其社會地位與尊嚴，為印度女性開啟人生另一扇窗。

文／葉孟靄

印度在種姓制度下，女性社會地位遠不如男性，卑微的社會地位還往往讓女性成為施暴的對象。二〇一二年，印度首都新德里便發生一件駭人聽聞的悲劇：一名女學生在公車上慘遭性侵殺害。

不幸的是，在印度這不是一起個案而已，絕大多數的女性都遇過騷擾，尤其在大眾運輸工具上更加嚴重；更糟的是，印度當局並未積極處理這項嚴重的社會問題。

女性互助尋找保障

與其被動地等待援助，不如由女性來為女性提供安全的交通選擇，一家社會企業Sakha Consulting Wings（以下簡稱Sakha）因此在印度都市推出「女性車隊」（Women on Wheels）方案，與姊妹組織Azad基金會合作，訓練與僱用貧困女性，協助印度女性過有尊嚴的生活。

Sakha公司從二〇一〇年底開始提供女性計程車的服務，除了能夠保障女性在印度都市的乘車安全，更給予貧困女性有機會獲得與男性同等的收入，希望藉此打破印度的性別障礙，讓職業婦女也有能力負擔家計。這些女性駕駛由Sakha公司自貧窮與被邊緣化的女性族群當中挑選，再由Azad基金會支持她們進行職業訓練發展。

由於這些女性先前並沒有足夠的駕駛經驗，對她們而言，要成為一位稱職的計程車駕駛並不容易。但透過Azad基金會的支持，她們可以在Maruti駕駛學院與Sakha公司自有的培訓學校中學習，課程包含熟悉駕駛技術、道路規則、地圖閱讀、語言溝通和急救能力，新德里警方也教導她們自衛能力。經過數個月的培訓之後，她們便能徹夜開車載客。

女運將駛出安全與尊嚴

Sakha公司勇於開創女性計程車服務，在對女性懷有偏見的印度當地，一開始並不被看好，不過在年輕女學生的悲劇曝光後，Sakha公司得到來自世界各地的幫助而持續成長。

隨著需要獨自旅行或剛到當地的富裕獨立女性乘客越來越多，Sakha公司現今主要提供三種服務，一是在市區、機場、火車站接送的計程車，二是隨叫隨到的一天包車服務，另外也提供私人司機的就業服務，幫助更多女性安全抵達目的地。

目前，Azad基金會已經培訓超過三十位印度女性，這些計程車女性駕駛的平均月收入將近台幣七千五百元，而印度國民平均月薪約為台幣三千七百五十元，相較之下，這是一筆可觀的收入，讓她們得以負擔家計。

Sakha社會企業賦權予弱勢的印度女性，幫助她們賺取收入並獲得尊重，更有勇氣追求想做的事。

社企小檔案

「為女性提供安全可靠的交通工具。」

- 公司名稱：Sakha Consulting Wings
- 公司地點：印度（新德里）
- 創辦人：Meenu Vadera
- 成立時間：二○○八年
- 網址：sakhaconsultingwings.com
- 臉書：www.facebook.com/pages/Sakha-Consulting-Wings/147271451971798

1 女運將也要熟悉汽車基本保養。
2 女性車隊為印度女性帶來人身安全與就業保障。

※本文圖片取自Sakha官網及臉書。

藏民犛牛絨，打造溫暖時尚

Shokay，即藏語中「犛牛絨」的意思，全世界約有超過百分之八十五的犛牛分布在青藏高原。數個世紀以來，藏民們伴隨犛牛維持傳統生活，卻也是中國西部最貧困的一群。現在，兩個女生利用創新思想結合傳統元素與時尚，打開犛牛產業的大門、改善當地生活水準。

文／虞佳媛

二〇〇六年，來自台灣的喬琬珊和來自香港的蘇芷君，在哈佛創業大賽社會企業組中一舉拿下冠軍，她們的創新元素即是在紡織市場上乏人問津的犛牛絨。

犛牛絨雖然保暖，但因其纖維比羊絨短，難以紡織，並受限於先天顏色為棕褐色不易染色，使得犛牛絨無法像羊絨一般成為深受青睞的紡織原料，每年春夏換毛一次而產生的犛牛絨只能白白浪費，無法為藏民產生額外的經濟效益。

化土為金的創新時尚品牌

「雖然我們在創業提案前也沒有真正到過青藏高原，但是經過文獻研究，我們認為這些問題都是可以克服的。」喬琬珊笑說，憑藉著創業家的一股衝勁和傻勁，她們認為這個市場存在可開發價值，而且兩相結合下，這個點子將會是個「化土為金」並能維持藏民傳統生活、提高收入的極佳社會企業模型。

喬琬珊和蘇芷君在二〇〇六年底，利用創業大賽的冠軍獎金在上海成立了Shokay，現今全世界有超過一百多個販售據點，遍布數十個國家。Shokay提供的產品從一開始不受限尺寸的針織配件，到現在擁有家居產品如枕頭、毯子，以及男女成衣等眾多品項。

二〇一三年品牌重新定位，將自己擺在高級針織基本款。「現在提到基本款我們都會想到優衣酷（Uniqlo），但是並沒有人專門在做高級針織基本款這一塊，因此，我們希望提供給顧客兼具高品質和擁有品牌價值的產品，並填補這個市場的空缺。」喬琬珊說道。

從社會企業到綠色時尚

走在創新先端的社會企業Shokay在不斷找尋自我定位下，現今將自身定義為「永續時尚」（Sustainable Fashion）；永續時尚是指經濟模型或是環境上的可持續性，其擁護者為關心時尚、並且相信時尚可以為社會帶來正向力量的人們。

「過去，我們在時尚界中總被認為是慈善機構，在慈善界中又被認為太過商業化，但其實我們的核心理念一直都很清楚，我們是時尚產業，但我們是"fashion with a story"，我們希望透過Shokay，帶動犛牛絨產業鏈向前發展，從而改善西部人民的生活水準。」

目前Shokay每年與超過三千名藏民合作，用高於市場的價格收購犛牛絨，並提高合作藏民約百分之二十到三十的收入，手工紡織的產品則是出自五十位經驗豐富的上海崇民島織娘之手。從產業鏈的最上游到最終成品，都是直接與生產者接觸，不僅降低大工廠的議價剝削，也創造更多就業機會。

社企小檔案

SHOKAY

「創造商機，挑戰貧窮。」

- 公司名稱：Shokay
- 公司地點：中國（上海）
- 創辦人：喬琬珊、蘇芷君
- 成立時間：二〇〇六年
- 公司人數：二十人
- 網址：www.shokay.com
- 臉書：www.facebook.com/shokaysocial

※本文圖片取自Shokay官網及臉書。

▲以永續時尚定位，帶動犛牛絨產業鏈發展。

用故事的力量，發動社會變革

一部電影、一本書籍，都能夠帶給人嶄新的視野與想像。「參與者媒體」正是這樣的一個組織，透過各式媒介，在娛樂之外，啟動閱聽眾的知覺及思考，進而成為改變世界的新動力。

文／繆葶

二〇〇四年由知名拍賣網站eBay第一任總裁史考爾（Jeffrey Skoll）成立的參與者製作公司（Participant Production），是參與者媒體（Participant Media）的前身，關注於環境保護、人權平等、社會正義等議題，現已產出將近五十部電影（含紀錄片），期待透過「故事的力量」，引發大眾的關注及參與。

每一部作品都經由組織的創意總監討論評估，了解該議題之於社會的影響性以及商業可行性。確認過後，便會與議題相關之組織進行合作，從上映前後的各種活動、論壇、線上討論區，直至周邊商品，延續閱聽眾的認知，增強議題發酵，達到推動公眾投入社會議題的效果。

由參與者媒體所產出的作品已獲得三十五次奧斯卡金像獎提名以及五座獎項，美國《紐約時報》譽為「電影界最知名的社會企業」。

改變世界，一次一個故事

《不願面對的真相》便是參與者媒體於二〇〇六年推出的作品，由美國前副總統高爾的精妙演說，佐以科學數據，喚起民眾對地球暖化的意識。根據參與者媒體所做的調查，美國民眾之於暖化議題的認知，於影片播放前的百分之三十，提升至播放後的百分之八十七，各國更將該紀錄片列入學校教材。

而於二〇一二年上映、由史蒂芬·史匹柏執導的《林肯》，是有感於三分之二的美國人對於林肯的成就毫無意識因而誕生的作品，獲得多家媒體一致好評，全球票房收益達二億五千七百萬美元。電影DVD也藉由相關合作組織發送到中小學，並與出版商合作出書，以加深大眾鑑往知來的記憶。

多種媒體運用，相輔相成

參與者媒體現已跨足電影、電視（Pivot）、網路平台（TakePart）以及與出版業合作出版書籍，透過多種管道來傳播議題思維，例如由TakePart提供活動資訊和議題背後的故事，來為電影後續效應推波助瀾。未來，參與者媒體將擴大合作範圍，計畫與拉丁美洲及杜哈（Doha）的電影公司合作產出以當地語言為主的影片，並創建阿拉伯文版的TakePart網站。

參與者媒體經由引人入勝的情節打動觀眾，觸發對真實議題的意識，迄今已與超過六百個非營利組織合作，影響逾七千五百萬人。結合商業、娛樂以及公眾議題，參與者媒體做到了。

社企小檔案

participant MEDIA

「一個好的故事，能夠改變你之於世界的角色。」

- 公司名稱：Participant Media
- 公司地點：美國（總部，Beverly Hills，CA）
- 創辦人：Jeffrey Skoll
- 成立時間：二〇〇四年
- 網址：www.participantmedia.com
- 臉書：www.facebook.com/ParticipantMedia

※本文圖片取自Participant Media官網。

1

2

3

1 電影《林肯》希望幫助大眾鑑往知來，並出版專書深入討論。
2 真人真事改編的電影《心靈勇氣》探討區域性開發與環保問題。
3 電影《姊妹》呈現美國社會在黑人民權運動之前的歧視現象。

35

多背一公斤，旅行更有意義

旅行，除了遊覽風光、磨練自我以外，還有什麼其他的可能？
一個人多背一公斤的物資和教具上路，看似輕如鴻毛，但許多個「一公斤」加起來的力量卻不可小覷。
在中國，就有這樣一個網路平台「1KG.org」，號召背包客們響應「多背一公斤」的公益旅行。

文／張簡如閔

近年來中國的政經勢力崛起，但經濟榮景往往僅存於大城市，有許多人仍生活在貧窮線之下。在窮鄉僻壤的農村，資源更是匱乏，不僅大人缺乏工作機會，孩童也無法在合宜的環境中受教育。

二〇〇四年，原先在資訊科技產業工作的余志海（安豬）到廣西、四川一帶旅行，看到農村孩童的純真，也目睹中國偏鄉教育資源的匱乏。每當回想起足跡所踏之處，那些曾與他接觸過的生命便牽動他的情感，他思索著：「究竟能為鄉村裡的老師和學生們做些什麼？」

回來後，他發起「多背一公斤」這個活動，號召背包客們來場不一樣的旅行。

傳遞物資不忘傳遞情感

「多背一公斤」活動藉由網路平台的運作、傳播，讓每個背包客在旅行的同時，也能實現社會服務的精神。起初，「多背一公斤」側重於「傳遞物資」，對於網站的定位，是建設一個學校資訊和物品管理的平台。然而，這麼做卻依然無法解決一個根本問題：農村缺的不只是物資，更缺乏與外界情感上的交流。

因此，除了帶得走的物資，「多背一公斤」更強調要突破過往施與受的尊卑位階。每個背包客除了在行囊中「多背一公斤」的物資與教材，更應在行腳偏遠地區的同時，與當地居民互動，給予孩童心靈上的援助。二○○八年，安豬創立社會企業「愛聚公益創新機構」，開始從事不同種類產品的開發與推廣，致力於為社會提供創新的公益解決方案。

商品對了事就成：一公斤盒子

二○一一年，安豬和他的團隊在一連串的挫敗與嘗試後，研發出「一公斤盒子」，將一系列的教具、教學指南與工作包放置其中，協助每位老師能按照其中的指示與資源快速掌握授課技巧，並透過遊戲的方式增加孩子們的參與感。針對不同主題、客製化設計的一公斤盒子，逐漸成為一項成功且能夠獲利的產品。這些盒子也在許多背包客手中，發揮了它的最大效用。

目前，多背一公斤網站上提供超過一千筆需要援助學校的訊息，一公斤盒子也已發送超過三千個，受益的孩童超過兩萬人。

社企小檔案

1kg.org 多背一公斤

「多背一公斤的教具與物資，每個人都可為鄉村教育盡一份心力。」

- 公司名稱：愛聚公益創新機構（活動名稱：多背一公斤）
- 公司地點：中國（北京）
- 創辦人：余志海（安豬）
- 成立時間：二○○八年
- 公司人數：二十人以下
- 網址：www.1kg.org
- 微博：e.weibo.com/1kg.org

※本文圖片取自多背一公斤官網。

多背一公斤...
发现和满足乡村学校需求
每个人都可以为乡村教育带来一点一滴的改善

1 一個「手工盒子」就夠三十六人上課。
2 多背一公斤，能豐富偏鄉孩童的學習與心靈。

白天踢足球，晚上變綠電

足球與發電器結合，就是一家社會企業！
「非特許遊戲」以在遊戲中啟發創造力為宗旨，發明了一系列具有發電功能的遊戲產品，
為開發中國家提供新的電力來源，「玩」出社會影響力。

文／林子豪

二〇〇八年，在哈佛大學一門工程課的作業中，要求學生設計一款對社會發展做出貢獻的多人遊戲。當時還是大二的馬修斯（Jessica O. Matthews）與席爾文曼（Julia C. Silverman）在課堂上看到一段影片，記錄一間舞池地板能夠吸收人群跳舞的動能。

受到影片的啟發，她們決定把一種手搖式充電的燈泡塞在一顆倉鼠球裡，並且將球在校園裡踢了一圈，其累積下來的動能就可使燈泡發光。課程結束後，她們沒有放棄這個點子，繼續研發出「插座足球」（sOccket），並在二〇一一年創立了「非特許遊戲」（Uncharted Play），開始量產插座足球。

踢出電力，也踢出社會影響力

插座足球的名字sOccket就是足球（soccer）加插座（socket）的意思，外觀與重量和普通足球差不多，不同的是足球裡裝有震動式的充電電池，可透過足球表面的插孔提供電力給各種電器設備。踢十分鐘足球所產生電力，就可讓LED燈泡發光三小時。

目前，插座足球還沒有零售販賣，而是邀請企業購買（批發價一顆約六十至七十美元），捐贈給許多發展中國家；經過八次量產，至今已售出約九千顆。

讓更多遊戲發電，未來展望無限

許多發展中國家，尤其是非洲，沒有安全、便捷的電力，只能用傳統煤油燈作為光照來源。在這些地區，插座足球供孩子們白天踢球玩耍，晚上則可以為家裡帶回一整天的用電量，是一種便宜、安全又環保的電力來源。

近日，「非特許遊戲」更進一步研發一系列具有發電功能的遊戲產品，如橄欖球、跳繩、滑板等等。日後更計畫建立零售通路讓這些產品更普及，甚至將生產地從目前的美國移到發展中國家，不僅節省運送成本，還可以在當地製造工作機會。

1

社企小檔案

UNCHARTED PLAY

「結合運動產品與現代科技，來改善社會問題。」

- 公司名稱：Uncharted Play Inc.
- 公司地點：美國（Poughkeepsie，NY）
- 創辦人：Jessica O. Matthews、Julia C. Silverman
- 成立時間：二〇一一年
- 網址：www.unchartedplay.com
- 臉書：www.facebook.com/Uncharted.Play.Inc

※本文圖片取自Uncharted Play臉書。

2

3

1 踢足球帶來新的設計靈感。
2 白天踢球順便為夜晚照明儲存電力。
3 插座足球。

救命水壺，把污水變好水

你知道世界上有十八億人無法取得飲用水嗎？並不是因為附近沒有水源，而是水質太糟根本無法飲用！英國的淨水科學家發明了「救命水壺」，能夠過濾一切污染物，包括最小的細菌與病毒。這使得全球絕大多數的人口都有能力簡單獲得飲用水。

文／柯振原

二○○四年發生了南亞海嘯，人們即使逃離至安全區域，仍要面對急難物資的貧乏。隔年，美國發生卡崔娜風災，世界第一強國在如此巨大的災難後，也要花五天才能把生命必須的飲水送至災區。

期間，英國Ipswich的淨水科學家皮查德（Michael Pritchard）在電視上看到人們互相開槍，就為了搶奪飲用水。他心中燃起了一陣怒火，決定運用他的專業知識來做些什麼事情。

把取得安全飲用水變簡單了

起初，皮查德就在自家的車庫與廚房動手嘗試，經歷幾度失敗與數月的努力後，終於成功發明了「救命水壺」與「救命水桶」（LIFESAVER），原理也很簡單，它們具有十五奈米大小的濾孔，因此能夠過濾所有的病原體（最小的病毒為廿五奈米）。這項發明讓災民能夠就近取水過濾，不須焦慮等待救援物資。

嘉惠未開發國家居民

除了在救災的運用，LIFESAVER更能嘉惠長期生活在沒有安全飲用水的地區。

即便是科技發達的今日，全球仍有十八億人活在沒有飲用水的環境中。為了取得較乾淨的用水，不少未開發國家的媽媽們必須行走超過一公里到達「較乾淨」的水源取水，再將重達十多公斤的用水「扛」回家。即使如此，每年仍有一百八十萬兒童死於腹瀉。

有了一個可過濾四千公升用水的「救命水壺」和可過濾兩萬公升的「救命水桶」後，就有機會讓所有人都可以獲取安全的飲用水。

不過因為LIFESAVER研究成本高，售價自然不便宜，以「救命水壺」為例，台灣代理售價為台幣八千六百九十元。即使如此，如非營利組織Operation Blessing為海地帶來「救命水桶」，讓海地人民無須煩惱飲用水來源。

社企小檔案

LIFESAVER®

「每人都應享有安全的飲用水。」

- 公司名稱：LIFESAVER SYSTEMS LTD.
- 公司地點：英國（Colchester，Essex）
- 創辦人：Michael Pritchard
- 成立時間：二〇〇七年
- 網址：www.lifesaversystems.com
- 臉書：www.facebook.com/lifesaversystems

※本文圖片取自LIFESAVER SYSTEMS Ltd官網及臉書。

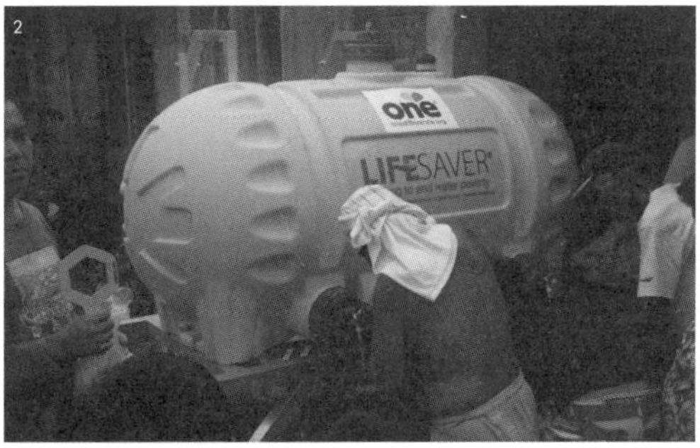

1-2 LIFESAVER C2社區飲水裝置進駐風災後的菲律賓災區。
3-4 LIFESAVER「救命水壺」。

千元洗衣機，金字塔底層新商機

買不起洗衣機的窮人只能靠雙手洗衣？一台價格不到台幣一千二百元的洗衣乾衣機，以腳代手，成為窮人洗衣的最佳幫手。腳動式洗衣乾衣機GiraDora的發明，大幅提升祕魯村落居民洗衣服的效率，改善因長途跋涉汲水、手洗所導致身體傷害，並具有省水的環境效益。

文／葉孟霭

全球知名設計學院之一的美國加州藝術中心設計學院（Art Center College of Design）開設的「Designmatters」課程，希望藉由藝術、設計和教育創造出改變社會的正面影響力。二〇一一年秋天，其中的一個專案計畫「祕魯安全飲水」（Safe Agua Peru），讓兩位學生亞力．卡布諾（Alex Cabunoc）、紀阿宇（Ji A You）踏入社會創業的大門。

當時，兩人從美國洛杉磯來到祕魯貧民窟Cerro Verde，啟動他們的專案。起初，他們看到當地居民一天要花六小時洗衣服，一個星期要洗三到五次，感到相當吃驚。此外，居民需從乾淨水源取水並拖著沉重水桶回來、長期手洗衣物導致腰酸背痛或手腕受傷，加上冬天難以晾乾的衣服容易發霉，引發孩童呼吸道疾病。

洗衣服這件事耗費居民大量時間，不僅降低工作的生產力，更造成健康上的問題。日薪不到台幣三百元的居民想要脫離貧窮，似乎變得十分困難。

設計思考改變社會

為什麼沒有一個適合居民使用的洗衣機？兩人發現這是一個設計創新的大好機會。首先，考量當地電力不便，必須使用人力驅動裝置；其次，在研發過程中不斷與居民溝通需求，產生結合洗衣機與乾衣機的想法；第三，為了讓居民有能力購買，須將產品成本壓低至台幣一千兩百元以內。

兩人將設計的產品命名為GiraDora，取自西班牙文的洗衣、脫水之意。產品外觀是一個附蓋子的塑膠桶，蓋子上添置祕魯傳統文化圖騰樣式的坐墊，洗滌桶內則設旋轉器，底部裝設有彈簧的踏板。因此，使用者可以舒適地坐在桶蓋上保持運轉穩定，同時能輕鬆腳踩踏板，啟動旋轉器，進行洗衣和脫水。

GiraDora攜帶輕便，使用地點不限於戶外，比起手洗方式可省下三分之二的用水量與五個多小時的時間，並能藉由脫水減少晾乾衣服的時間以避免發霉。如此簡易的腳動式洗衣乾衣機擁有親民的價格，它省時、省力、省電，減少對健康的不利影響，有助於提升工時與生產力，讓居民得以增進收入，有機會打破貧窮循環。

廿億人市場的龐大商機

二〇一二年春天，兩人利用創新競賽將近台幣六十萬元的獎金，到智利、祕魯進行改良研究並測試商業模式。他們除了要提高清洗效率和耐用性，設計成適合在地人使用的規格，還購買有旋轉器的低價二手產品作為GiraDora的料件。

而在商業模式的規劃上，當地的微型創業家可透過洗衣服務、租借或販售機器三種方式增加收入；相較於市售洗衣機動輒台幣六千元以上，GiraDora針對全球金字塔底端的廿億人市場，蘊含潛在的龐大商機。

社企小檔案

GiraDora

「為金字塔底端社區增加生產力與改善健康，提供機會打破貧窮循環。」

- 產品名稱：GiraDora
- 營運地區：拉丁美洲
- 設計者：Alex Cabunoc、 Ji A You
- 設計時間：二〇一一年
- 臉書：www.facebook.com/GiraDora

※本文圖片由GiraDora設計團隊提供。

1 簡易腳動式洗衣乾衣機GiraDora。
2 使用者可坐在GiraDora桶蓋上輕鬆踩踏板洗衣、脫水。

3-9

低價百元保溫袋，搶救貧窮早產兒

Embrace（擁抱）用不到傳統保溫箱百分之一，約一百美元的成本，開發出一款實用又低價的嬰兒保溫袋。營運至今已經拯救超過兩千名生在偏遠地區的早產兒，創辦人陳珍說：「我們的目標，是讓每一個需要的嬰兒，都能得到Embrace的幫助。」

文／黃菁媺

在印度偏遠村莊，迎接早產兒出生的場景，是在狹小的茅草屋中，一對無助的父母，勉強將包在毛巾裡的嬰兒，放在電燈泡下取暖。全球每年有兩千萬名早產兒出生，其中有四百萬個小生命在第一個月內就不幸夭折，換算下來，每個小時就有超過四百名早產兒離開這個世界。這些看似遙遠的數字，在印度、尼泊爾等開發中國家，則是每對父母隨時要面對的恐懼。

二〇〇七年，在史丹佛設計學院（簡稱Stanford D. School）的一堂「極端可負擔設計」（Design for Extreme Affordability）專案設計課中，四個來自各領域的研究生組成Embrace團隊。他們要挑戰的任務，是「如何降低開發中國家早產兒夭折率」。為了實地了解這些地區婦女所面對的挑戰，團隊成員一起來到印度進行田野調查與產品測試。

Embrace最初試圖達成的，是重新設計一個低價保溫箱，但在測試的過程中發現，一個具有保溫、提供營養、氧氣等功能的保溫箱，無論如何都無法讓成本降低，更別說在大部分的偏遠地區，甚至連電力供應都有問題。於是，他們知道必須創造出一個全新的產品才行。

以使用者為中心的巧妙設計

Embrace 嬰兒保溫袋（Embrace Infant Warmer）外表看起來就像是個迷你睡袋，在保溫袋的後面有個口袋，裡頭裝入一片可以簡單用熱水加溫的特殊蠟板。靠著簡單的物理原則，這片可重複使用的蠟板在加熱後，能維持攝氏卅七度長達六個小時，幫助維持早產兒的體溫，使他們的器官能順利運作。

看似簡單的設計，卻藏有許多讓Embrace成功的關鍵細節。舉例來說，保溫袋的布料採無接縫設計，是來自當地醫生對於重複使用時消毒問題的意見；指示蠟板溫度是否正確的機制，原本是以數字來顯示溫度，也因為當地社會普遍不信任西方醫療體系，而改為使用「笑臉」來呈現。

操作簡單、處處以使用者為中心思考的設計，讓Embrace在產品測試階段，就已經收到來自各地醫院、診所的訂購要求。

改變的連鎖效應

透過實際在當地進行產品的設計與測試，Embrace設計出了開創性的產品。創辦人陳珍（Jane Chen）說：「我們從拯救早產兒的任務開始，但過程中卻發現，在這些地區，嬰兒如果早夭，辛苦生產的母親會受到家族與整個村莊責難。所以我們看到的是，媽媽抱著體重一天一天逐漸增加的孩子，眼中的自信也一天一天增加。」

嬰兒夭折率降低，就無需努力生更多小孩，家中的資源也能集中運用，提供更多教育資金。

社企小檔案

embrace

「為世界最弱勢的族群提供創新的解決方案，增進母親與孩童的健康。」

- 組織名稱：Embrace
- 組織地點：美國（San Francisco，CA）
- 創辦人：Jane Chen、 Naganand Murty 、Linus Liang、Rahul Panicker
- 成立時間：二〇〇七年成立團隊，二〇〇八年成立非營利組織
- 網址：www.embraceglobal.org
- 臉書：www.facebook.com/embrace

※本文圖片取自Embrace官網及臉書。

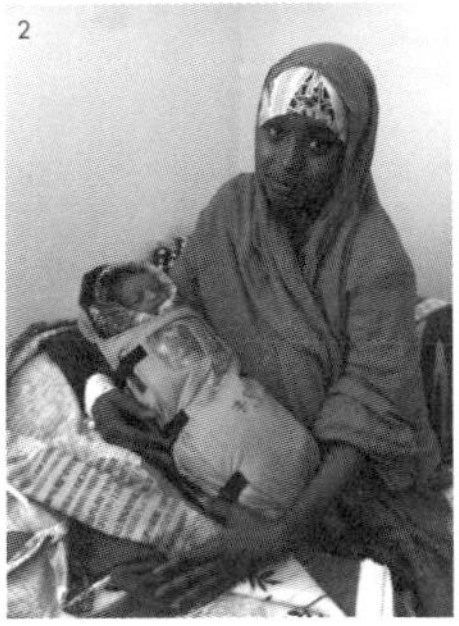

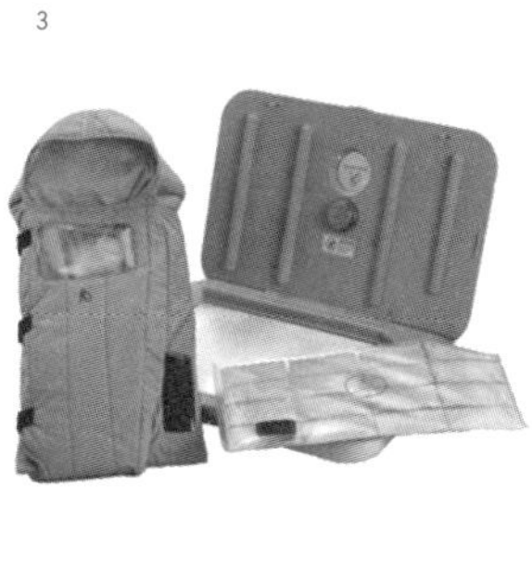

1 嬰兒保溫袋外觀像迷你睡袋。
2-3 Embrace的開創性產品，有助於拯救偏遠地區的早產兒。

一副眼鏡，改善的不只是視力

現今世界上約有七億三千萬人口未獲適當視力矯正，其中九成居住於開發中國家，視力不佳可能阻礙學習效率，影響工作機會，降低經濟收入，導致貧窮的惡性循環。幫助窮人改善霧煞煞的視力，就為他們多增一分脫貧的機會。

文／簡佩吟

開發中國家的居民買副眼鏡，或許得花上數個月的工資，也可能耗費大筆的時間與交通費，翻山越嶺後才能到達市區的眼鏡行。由於花費昂貴且管道稀少，多數開發中國家居民並無力負擔眼鏡。然而，視力不佳不僅是健康問題，還與個人教育與工作機會、家庭生活水平，甚至地區的經濟發展息息相關。

為了解決窮人的視力問題，喬丹・卡薩羅（Dr. Jordan Kassalow）在二〇〇一年創立了VisionSpring，秉持著「看得清楚，過得更好」的信念，為消費金字塔底端的人民設計眼鏡，一副平均售價只要四美元，並雇用當地村民走訪偏遠聚落推廣視力矯正，至今已在全球銷售超過一百萬副眼鏡，製造一億七千萬美元的經濟效益，並創造九千個就業機會，所培育的七百二十名驗光師，有一半以上更自己創業開設眼鏡店。據二〇〇七年顧客追蹤調查，獲視力矯正者增加了百分之三十五的工作生產力，平均月收入提高百分之二十。一副眼鏡，為窮人同時帶來視界與生活的春天。

微型加盟，輻軸式販售

VisionSpring積極與各國組織合作，在廿六個開發中國家提供服務。他們成功的祕訣之一就是運用「微型加盟」模式，教導當地居民基本眼科保健與商業經營知識，訓練他們成為銷售推廣員，並提供「生意袋」，將相關產品與服務（如視力表、放大鏡、拭鏡布、推廣傳單等）一併放入攜帶。每個銷售推廣員就像一個獨立而機動的小型眼鏡行兼視力保健中心。

VisionSpring每隔特定距離便開設一個眼鏡中心，進駐專業人員與設備，數個銷售推廣員隸屬一個中心，以此為軸心，以深入村落推廣為軸線，透過輻軸式販售擴大服務範圍。並且在村落舉辦視力保健推廣運動，廣邀居民參與免費視力檢測、提供視力處方籤、販售眼鏡等。若發現村民視力嚴重損壞，或有病變可能，便會推薦他們到最近的眼鏡中心或眼科醫院就診。

差別訂價，迎合顧客需求及購買力

VisionSpring的目標客群無法負擔高價產品，因此經營上主要採「高產量、低獲利」模式。但開發中國家居民之間也有購買力的差別，以及對眼鏡需求的差異，經濟能力較好的消費者可能願意花比較多錢投資在具設計感的鏡架。眼鏡中心因此販售多種款式，採取差別訂價，利用高單價眼鏡的收入獲利來補貼低價眼鏡的成本支出，也就是運用「交叉補貼」的概念。

身為跨國企業的VisionSpring，同時也需要依據各國文化的差異調整產品。透過與消費者進行第一線互動的銷售推廣員，能將消費者的購買與使用經驗直接回饋給組織，據以調整設計及訂價，隨時確保產品符合顧客的需求及購買力。這份精益求精的精神，也是VisionSpring成功經營的關鍵之一。

社企小檔案

「讓世界各地都有便宜易得的眼鏡。」

- 公司名稱：VisionSpring
- 公司地點：美國（總部，New York，NY）
- 成立時間：二〇〇一年
- 網址：visionspring.org
- 臉書：www.facebook.com/visionspring

※本文圖片取自VisionSpring官網。

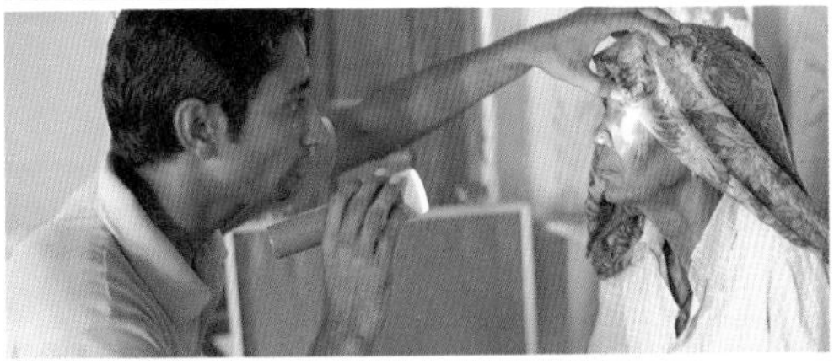

▲深入村落，提供村民視力檢測、配鏡服務。

全世界CP值最高的眼科醫院

流水線生產管理、供應鏈垂直整合等工業概念，也能應用到醫院！印度亞拉文眼科醫院（Aravind Eye Hospital）便是運用這項利器，大幅提高醫療效率，成功地為金字塔底層民眾，提供視力醫療保健服務。

文／蔡業中

印度亞拉文醫院於一九七六年創立時，還是一間僅有十一個床位的小診所，至今，它已是個年營收二千二百萬美元、EBITA（息前、稅前、折舊、攤銷前淨利）百分之三十九、擁有六家分院的龐大醫療體系。

亞拉文眼科醫院的成功歸功於許多要素，例如差異化收費有助於交叉補貼，透過自製人工水晶體等醫療必需品的垂直整合，進一步控制成本等等。

搶眼的健康效益、財務績效

以二〇一二年四月至二〇一三年三月為例，亞拉文醫院共執行了三十七萬一千八百九十三件手術，其中百分之二十六有補貼，百分之二十四免費，合計佔比達一半。由於部分病患的經濟狀況不佳，醫院採取差異化收費的策略，對於一天平均收入一美元、處於貧窮線以下的病患，只需支付大約半個月的收入，即可支應一切醫療開銷。

亞拉文眼科醫院另一項卓著的成本管控祕訣，是標準化流程下的高度分工，這是人稱「醫師」（Dr. V）的醫院創辦人文卡塔斯瓦米醫師（Dr. Govindappa Venkataswamy）從麥當勞標準化作業得來的靈感。

流水線式的醫療專業分工

在亞拉文眼科醫院的手術房內，醫生還在處理上一位病人，下一位病患已在隔壁手術檯上作好術前準備，只待醫生轉過身來動刀，如此一直交替延續。讓醫生專注於只有醫生可以執行的關鍵醫療步驟，其餘人員各司其職，結果是產出效率的大幅提升。在亞拉文眼科醫院，一位醫師一年大約可以執二千次刀，而印度全國平均值只有大約四百次。

手術是種侵入性操作，避免因接觸導致的交叉感染很重要，因此醫院手術房通常不會一次擺進多床開刀病人，亞拉文醫院經過評估，眼科病人在身體其他方面大致健康良好，發生交叉感染的機率很低。在嚴格的管理之下，亞拉文眼科醫院模式的術後併發症比率，比英國皇家眼科學院統計全英國眼科手術後所得到的結果還要低。

亞拉文眼科照護系統已有旗下機構加入世界衛生組織防盲合作中心（World Health Organization Collaborating Centre for Prevention of Blindness），其醫療成就獲得高度認可。

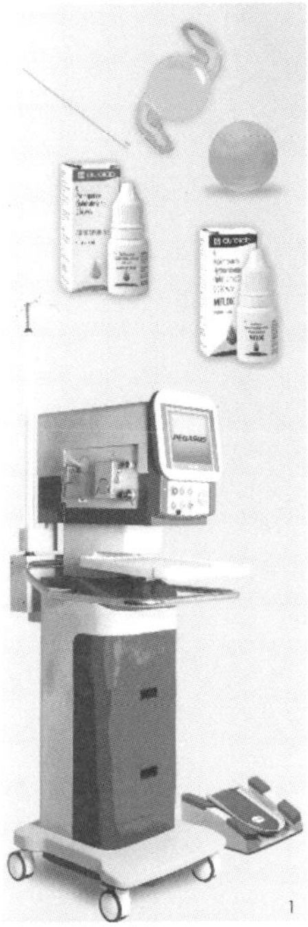

社企小檔案

ARAVIND EYE CARE SYSTEM

「消弭不必要的盲疾。」

- 公司名稱：Aravind Eye Hospital
- 公司地點：印度
- 創辦人：Dr. Govindappa Venkataswamy
- 成立時間：一九七六年
- 網址：www.aravind.org
- 臉書：www.facebook.com/pages/Aravind-Eye-Care-System/116459411883596

※本文圖片取自亞拉文眼科醫院官網。

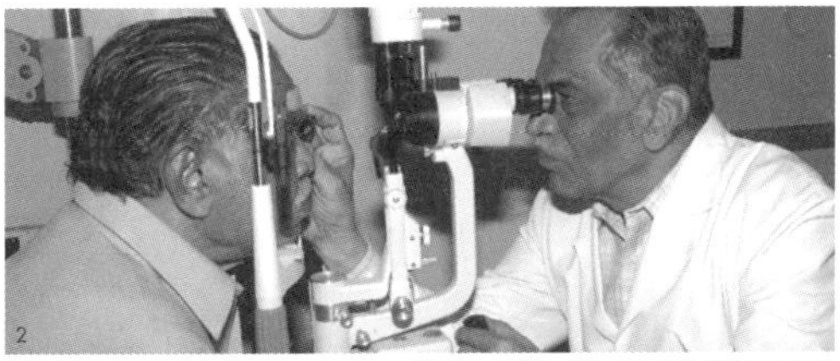

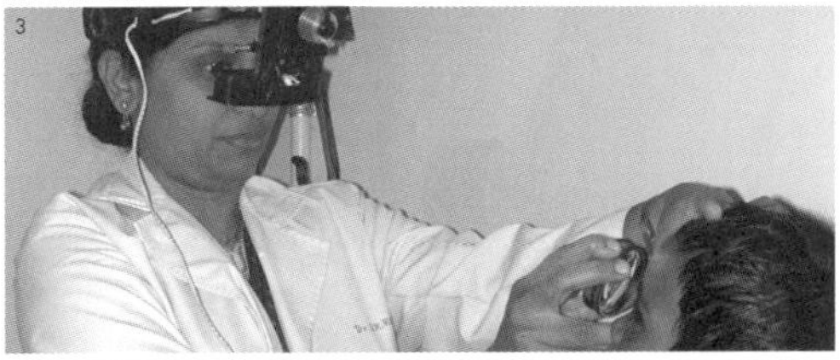

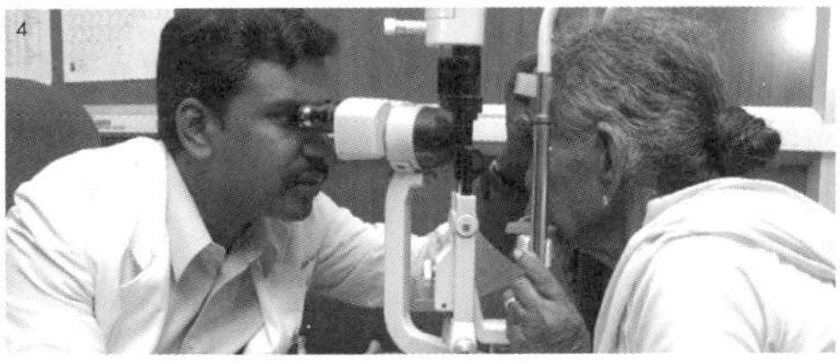

1 亞拉文眼科照護系統的自製產品。
2-4 亞拉文眼科醫院的收費採取差異化策略。

手機預付卡，看病也能通

Changamka公司為了改善非洲肯亞的醫療問題，利用日漸普及的手機，設計出使用手機預付卡看病的系統。目前已發行一萬張以上的醫療預付卡，以及三千二百張的生產預付卡，每個月有六百人次以預付卡看病，逐漸改善肯亞民眾的醫療情況。

文／賴菘偉

非洲肯亞有百分之八十以上的民眾無銀行帳戶，也沒有保險，遑論為了將來的醫療問題作準備。

因此，許多肯亞民眾生病或懷孕生產時，都不會到醫療院所就醫，導致每年約有七千位肯亞婦女死於懷孕相關併發症，比例約為先進國家的五十倍。

手機預付卡小額儲值，結合醫療服務

雖然大部分肯亞民眾沒有網路及市內電話，但特別的是幾乎人手一支手機，普及率高達百分之七十七，而且行動銀行非常普遍，人們可以用手機進行存款、領錢、轉帳等商務往來，甚至可以微型貸款。

考量到行動銀行如此方便又普遍，於是Changamka（Changamka MicroHealth Ltd）推出了以手機預付卡來儲值看病的創新醫療系統。

簡單來說，就是用預付卡的形式，鼓勵民眾平時存小錢，以備不時之需的就醫需求，一次最低存款金額只要三十元台幣，可以隨時到手機儲值的商店為醫療預付卡儲值。除了需開刀住院及罕見疾病外，醫療預付卡可使用於大部分門診疾病。如此一來，上診所看病不再是那麼遙不可及。

生產預付卡讓孕婦安心

由於沒有儲蓄習慣，對於許多肯亞婦女來說，生產是一項無法負擔的龐大醫療支出，一半以上的孕婦只好在家生產或依賴接生婆，造成生產死亡率一直居高不下。

為了解決此問題，Changamka公司推出了「生產預付卡」，與醫療院所合作，提供從產檢、生產及產後的照顧，總共只需一千五百元台幣的醫療優惠。低收入婦女藉由一點一滴的小額存款，便可到醫院接受完整的生產醫療服務，降低生產的風險及死亡率。

這項機制目前主要的收入，來自於購買預付卡時會收取約一百元台幣的入會費。現在肯亞國內已有超過三十家合格醫療院所成為策略合作夥伴，而且提供折扣優惠。醫療院所願意合作是因為可以擴展新客源，而且能確實收到醫療款項，減少三成以上的行政成本，因此創造了一個醫院與病人雙贏的勝局。

社企小檔案

Changamka
KENYA's 1st OUTPATIENT SMART CARD

「透過行動科技及持續創新，成為非洲地區提供有品質、可負擔醫療的領導者。」

- 公司名稱：Changamka MicroHealth Ltd
- 公司地點：肯亞（Hurlingham，Nairobi）
- 創辦人：Zack Oloo、Samuel Agutu
- 成立時間：二〇〇八年
- 網址：changamka.co.ke
- 臉書：www.facebook.com/pages/Changamka/287614258198

※本文圖片取自Changamka臉書。

1 Changamka共同創辦人Samuel Agutu說明預付卡的好處。
2 用預付卡小額儲值保障個人就醫不時之需。

3-13

搭可樂便車，送藥到偏鄉

ColaLife透過「儉約創新」的精神，運用可口可樂的通路，解決藥物資源不足的問題。針對非洲居民最急迫的需求，他們設計藥物組合包Kit Yamoyo，包裝在AidPod裡，隨著可口可樂的通路送出，平均一天有一百個家庭受惠。

文／鄭全智

儉約創新（Frugal Innovation），意指減少商品的複雜功能性，以壓低成本及簡化使用難度的創新商品或服務，被視為解決金字塔底層資源匱乏問題的一大解方。

事實上，不侷限於產品設計，在終端服務的提供及物流通路，也需要儉約創新的思維。ColaLife便提供了一個將「儉約創新」應用在物流通路的絕佳範例。

ColaLife是一個成立於二〇〇八年的非營利組織。創辦人賽門・貝瑞（Simon Berry）原先是一位國際援助人員，在一九八八年間一次前往尚比亞工作時，偶然發現了兩件事：許多居住在偏遠地區的孩子，缺乏藥物，常因脫水或腹瀉等輕微病症就喪命；此外，可口可樂的存在無遠弗屆。

他在當時萌生了一個想法：「若是能運用可口可樂的通路，解決藥物資源不足的問題，該有多好！」二十年後，賽門和他的妻子珍終於想到了一個能充分利用可口可樂通路運送藥物的好方法，於是他們辭去工作成立ColaLife，給了自己放手一試的機會。

革命性的包裝設計、運送模式

賽門一開始的構想，希望把每個裝可口可樂的箱子空出一瓶的空間，用以運送藥物。他的妻子深知許多很好的創新點子在實行上的困難性，於是提出了另一個建議：「我們何不轉而利用可口可樂箱中未用的空隙呢？」於是他們設計出一個耐壓、形狀特殊、剛好可以嵌在可樂瓶頸間空隙的塑膠包裝盒AidPod。

ColaLife針對最急迫的醫藥需求，設計出包含口服脫水補充液、鋅補充錠、肥皂和使用說明書的藥物組合包Kit Yamoyo，包裝在AidPod裡。截至目前為止，ColaLife已經生產出大約三萬個Kit Yamoyo，其中有一萬四千個已經送到了消費者的手上，平均一天有一百個家庭受惠於此項計畫。

企業、慈善機構、社交媒體的協作

ColaLife結合了創辦人親身經驗，設計出適合需求的產品，可口可樂對於這項能提升企業形象又不會增加額外成本的計畫，給予大力支持，並介紹了當地適合的物流通路商。此外，臉書、TED等媒體更擔任了推波助瀾的角色，吸引了如聯合國兒童基金會、嬌生集團、加拿大國際發展事務部的關注，進一步提供援助；而ColaLife也善用多種網路媒介如Flickr、YouTube和Vimeo隨時更新工作情形，增加大眾的參與感。

ColaLife萌發自一個對症下藥的善念，並結合許多外部利益共享者一起努力，讓賽門的初衷得以實現，造福更多有需要的人群。

社企小檔案

colalife
building unlikely alliances to save children's lives

「利用現有物流資源，鋪設好點子的最後一哩路。」

- 公司名稱：ColaLife
- 公司地點：尚比亞（Lusaka）
- 創辦人：Simon Berry、Jane Berry
- 成立時間：二〇〇八年
- 公司人數：八人
- 網址：www.colalife.org
- 臉書：www.facebook.com/colalife

※本文圖片取自ColaLife臉書及其flickr。

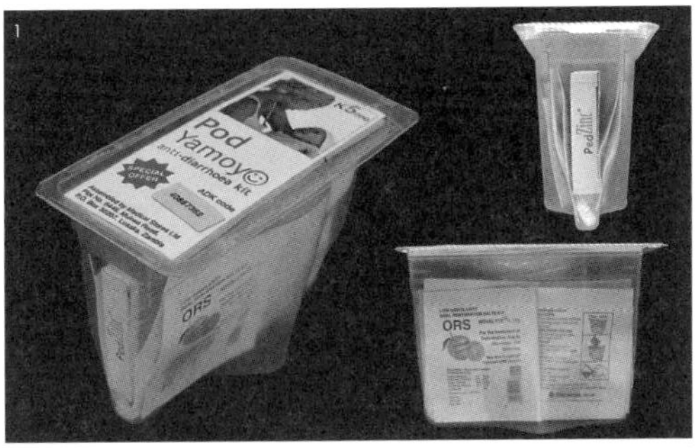

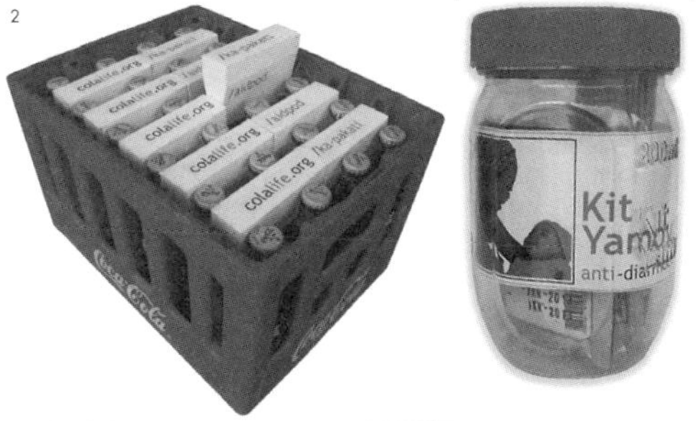

1 Kit Yamoyo抗腹瀉藥物組合包。
2 嵌在瓶頸間空隙的AidPod，隨可樂通路送到偏遠鄉村。

英國街友帶你逛「看不見的倫敦」

Unseen Tours是一個成立於英國倫敦市的社會企業，主要由招攬街友成為在地導遊而形成。他們提供由街友帶領的城市觀光導覽，並把盈利重新投入營運，招募更多街友成為在地導遊，創造街友自力更生的工作機會。

文／余昌柔

倫敦是個充滿故事的城市，而一般人看到的往往都是它的光鮮亮麗，殊不知這座城市大部分的色彩其實來自它的街頭暗巷。正因為如此，何不讓住在街頭的街友來帶領我們徒步走逛倫敦？

故事要從二〇〇八年說起。一群年輕人想與街友親近，於是某個週末帶著自己一雙不用的襪子送給街友，從此逐漸打破了與街友之間無形的隔閡。這種稱為「襪族」（The Sock Mob）的物品交流活動非常成功，漸漸地，這樣的週末交流越來越頻繁。

Unseen Tours（未見之旅）主辦者因為參加了這項活動，產生了更多與街友互動的想法，於是有了新的構想，希望讓這些扮演「受惠者」角色的街友，轉變成帶領遊客走進倫敦巷弄的導遊。

具有社會意識的在地導覽

這些街頭導遊非常特別，接受過專業訓練的他們，不僅可以帶你去一般導遊會帶你去玩的地方，他們還會跟你說一些在地的小故事，甚至帶你探訪那些未被記載、或被城市中忙碌的人們所遺忘的地方。

遊客可以透過街友的角度來認識這個城市，在遊玩中對英國社會情形有更多深入的了解。Unseen Tours幾條最著名的導覽路線為：倫敦大橋、修迪奇（Shoreditch）、科芬園（Covent Garden）、紅磚巷（Brick Lane）、布里克斯頓（Brixton）。

無息貸款，幫助街友自立

Unseen Tours向每個參加旅行團的客人收取費用。

費用的百分之六十作為導遊的薪資，每月或每星期提供給他們所聘僱的街友導遊，剩下的百分之四十當作公司的公基金，用以支付公司電話、手機或旅遊津貼等開銷。

此外，Unseen Tours以公款提供無利息貸款給街友，幫助他們繳交初期房租等費用找到安身之所。向公司借款的街友必須把收入的五分之一拿出來作為押金，直到償還貸款。因此，向Unseen Tours借款的街友只會領取到部分薪資，但公司仍負責提供他們電話及旅遊津貼。在支付導遊薪資和公司開銷後，剩下百分之二十的收入則用在保險、宣傳等相關事宜。目前除了所有導遊外，工作人員都是以義工的形式在運作。

社企小檔案

the SOCK MOB

Unseen Tours
London's Street Voices

「讓倫敦的街友，為人們帶來一趟最特別的步行旅途。」

- 公司名稱：Unseen Tours
- 公司地點：英國（倫敦）
- 創辦人：The Sock Mob
- 成立時間：二〇〇八年
- 網址：sockmobevents.org.uk
- 臉書：www.facebook.com/SockMobEventsUnseenTours

1-2 Unseen Tours推出最在地的倫敦導覽行程。
3-4 上為志工、街友導遊，下為導遊亨利。（攝影／Irene Conedera）

※本文圖片來源：Unseen Tours及其臉書。

打造廉宜的幸福綠住宅

瓜地馬拉是中南美洲最貧窮的國家之一，一般居民無法享有良好的居住品質。尤其在天災頻繁的情況下，很多家庭流離失所。對許多當地人們來說，擁有一間安身立命的房屋原是遙不可及的夢想，然而CO2 Bambu的出現，讓夢想的距離變近了。

文／陳玟成

二〇〇七年，菲利克斯（Felix）颶風重創尼加拉瓜，摧毀九千棟房子，造成四萬人流離失所。

當時各國政府和國際組織陸續提供物資並且協助災後重建，班．桑澤貝爾（Ben Sandzer-Bell）也來到瓜地馬拉，發現居住對當地人民是一項大問題，如何協助居民擁有一間買得起又住得好的房子，遂成為他開創CO2 Bambu的動機。

竹建材抗震、防風又環保

班．桑澤貝爾發現，相較於木材、水泥、鋼鐵，竹子的材料和建造成本較低，但卻擁有一樣堅固的強度結構。竹子材質具有彈性，拉伸強度大，透過良好設計便能夠有抗震、防風的效果；根據測試，有些竹房子甚至能耐九級的地震，相當適合運用在天災頻繁的瓜地馬拉。

過去，當地人民並未將竹子充分運用在建築上面，CO2 Bambu運用創新設計，讓竹房子兼具實用性與美觀，並且與政府和國際組織攜手合作，使得窮人也能夠享有良好的居住品質。

商業模式，兼具環保和社會精神

CO2 Bambu是採從生產原料、建材製造到房屋建築的一條龍商業模式，並把環保精神融入過程當中。

在原料生產端，竹子本身就是易生長的植物，每半年就能收成，並且能透過留根繼續種植利用，不需像木材一次性砍伐。而生產竹子比起生產水泥和鋼鐵，更能減少碳排放量，有助於環境保護。CO2 Bambu用高於市場價格收購竹子，鼓勵當地農夫用友善環境的方式栽種竹子，復育原本被破壞的森林環境。

建材製造、房屋建造的工人，多半來自高失業率社區，他們不但被訓練如何處理竹子成為建材，也學習如何建造綠建築，讓更多的竹房子能夠被推廣到瓜地馬拉各地。對他們來說，CO2 Bambu提供的不僅是一份工作，更是一份有價值的志業，幫助更多同胞擁有一間舒適又美觀的房子。

社企小檔案

CO₂Bambu

「為金字塔底端的居民打造環保又舒適的廉價住宅。」

- 公司名稱：CO2 Bambu
- 公司地點：瓜地馬拉（Granada）
- 創辦人：Ben Sandzer-Bell
- 成立時間：二〇〇七年
- 臉書：www.facebook.com/pages/CO2-Bambu/404038470298

※本文圖片取自CO2 Bambu臉書。

1-2 CO2 Bambu訓練由當地人組成的工班用傳統方式造屋。
3-5 CO2 Bambu用竹子打造出美觀舒適又負擔得起的綠住宅。

米糠發電，照亮印度鄉村

米糠電力系統的商業模式——氣化技術、降低固定成本、僱用當地居民，其實沒有任何一項是全新的點子。然而當上述想法整合起來，卻能提供印度鄉村地區更好的電力，促進就業與經濟發展，同時享受三成的利潤。

文／林以涵

出生於印度最貧窮地區比哈爾邦（Bihar）的潘德（Gyanesh Pandey），家鄉有超過百分之八十五、約八千萬人口無法使用電力。居民謀生、求學等都遇到困難。潘德小時候因為電力不足而感到不如人，後來到美國求學就職，成為一名享有優渥薪水的傑出工程師，他決定運用自身專業，將光亮帶回比哈爾邦。

潘德回到印度後遇到亞達夫（Ratnesh Yadav）、辛哈（Manoj Sinha）兩人，他們嘗試了一些新發明想改善印度電力問題，例如有機太陽能或生質能燈泡，但都無法將發明變成一門可賺錢的生意，潘德回憶說：「那時我總覺得，能解決照明問題的是頂尖科技。」

點亮鄉村的米糠電力革命

直到他們發現，在比哈爾邦，當地農產品都有用途，甚至是水果殘渣也都拿來餵養動物，很少有廢棄物，米糠（稻米果實的皮層）是唯一的例外——每年有十八億公斤的米糠從稻米製作過程中產生，而且毫無用處。他們便與印度政府的能源部門共同運用氣化技術，讓米糠在低氧環境中被加熱，釋放出氣體，這些氣體便能燃燒、推動發電機渦輪。

他們成立了社會企業「米糠電力系統」（Husk Power Systems，簡稱HPS），在印度各地建造以米糠為發電來源的廠房，每小時可將五十公斤的米糠轉換成三萬二千瓦的電力，提供五百個家戶的用電量。一公斤的米糠售價不到一盧比，而將其轉化成電力的成本約八十盧比（約新台幣五十元）一個月，是煤油發電成本的一半，為鄉村提供更便宜、充足又安全的電力，至今已省下九百多萬升的煤油。

加盟設廠，協助居民自給自足

一個HPS電廠平均可以服務二到四個村莊，HPS不在自家企業內僱人管理電廠，而是開放當地居民加盟成為電廠管理者，由每（數）個村莊自行運作電廠及收取電費，賦予其自給自足權利。

HPS提供訓練課程，教導加盟者如何操作電廠，增加產品組合價值，例如在登門收取電費時販售省電燈泡，提供居家檢查服務，甚至販售肥皂、食用油、小麵包等民生必需品。設立副業，將燒焦米糠與灰燼製成肥料、水泥磚或薰香材料，至今在印度有五個營運地點，僱用並提供五百名婦女額外收入。

從二〇〇八年開始營運，至二〇一一年，HPS已建造八十座電廠，服務印度三百個鄉村中的二十萬人口，而且以每週新建造二至三座電廠的速度成長中，預計將於二〇一四年於印度建造兩千座電廠，同時將營運拓展到東南亞與非洲其他國家。

潘德說：「有複製潛力的並不是HPS電力的傳輸，而是我們如何應用現有技術並突破當地的限制，創造出一個能充分運用當地原料與人力的系統。」

社企小檔案

「以能源賦權。」

- 公司名稱：Husk Power Systems
- 公司地點：印度（Bihar）
- 創辦人：Gyanesh Pandey、Ratnesh Yadav、Manoj Sinha
- 成立時間：二〇〇八年
- 網址：www.huskpowersystems.com
- 臉書：www.facebook.com/pages/Husk-Power-Systems/34694426057

※本文圖片取自Husk Power Systems官網。

1 HPS電廠，地上堆著發電原料米糠。
2 磨坊靠HPS供應電力照明。

第4章

改變世界的十二堂社企課

做好事，也能變成一門好生意！

本章介紹十二個指標型的社會企業，分布在歐美亞非四大洲，關注領域涵蓋了經濟發展、教育文化、環境醫療、弱勢就業、農業發展，為我們的世界帶來了全新變革。

十二個動人的社企故事，向你證明——用愛創業，也能獲利永續！

日本孟加拉 Motherhouse

一個有溫度的時尚品牌

當你逛街購物時，看到一個標示著「孟加拉製造」的手提包，你會有什麼聯想——成本低廉？品質粗糙？不堪使用？有一個品牌卻毫不避諱地向大家宣示：「我們的包包全部都是孟加拉製！」這個品牌的銷售地點不是夜市或路邊攤，而是精品百貨。它是日本手提包時尚品牌Motherhouse。

文／金靖恩

廿二歲，當畢業生還在努力抓住暑假最後的尾巴，或在一場接一場的面試中大口喘息，有人已經毅然決然坐上飛往孟加拉的班機，而且這一去，就是八年。她是Motherhouse的創辦人山口繪理子，一個慶應大學畢業的高材生，原本打算從政、打造一所無霸凌小學的她，卻在造訪孟加拉之後，人生徹底轉了彎。

故事發生在山口繪理子大四的春天，當時她申請到美國華府一間國際援助機構實習，這對期待未來能從事開發協助工作的山口而言，原本是令人興奮的難得機會，但在華盛頓的實習生活卻讓她產生許多疑惑：「我每天坐在豪華的辦公室裡，卻絲毫感受不到與受助者之間的連結。如果整天只是坐在螢幕前敲打數字、編列預算，我如何能保證這些錢真的送達需要的地方、帶給需要的人？」

「如果可以，我想要親眼看看『現場』！」就是這麼簡單的理由，讓山口繪理子在實習結束後立即飛往孟加拉，重新用自己的心和眼認識當時亞洲最貧窮的國家。

當時一句孟加拉語都不會說的她，為了更深入了解發展中國家的現狀，竟異想天開地決定申請當地研究所，並以特例的方式參加入學測驗。在孟加拉讀書的兩年中，她經歷過洪水、停電、激烈的勞工示威以及炸彈攻擊，也漸漸明白許多的援助和捐款不一定能真正帶給當地的人笑容。

「單靠援助是不夠的吧！」她思索著，有沒有什麼健全又能永續改善的方法？

與黃麻相遇

有一天，在達卡街頭一間不起眼的小店裡，一個黃麻製的手提袋吸引了山口繪理子的注意。「黃麻」是孟加拉出口最重要的經濟作物之一，延展性好，透氣性佳，能吸收二氧化碳，也可以百分百被分解和回收，耐用又環保，被當地人稱作「黃金纖維」，而孟加拉正是這種纖維的最大出口國。

「就是這個！我想用黃麻做出最棒的包包，在日本販售！」

然而，她隨即發現在以低廉勞動成本著稱的孟加拉，當地許多代工廠為了接下較大廠牌的訂單，往往願意以量制價，使得勞動成本被壓得更低，代工的品質自然無法提升。

「如果有人願意給他們機會，這些人能不能作出世界級的品質？」

又是一次異想天開，山口繪理子想用這個在當地只被用來盛裝麵粉與咖啡豆的粗糙麻布袋，透過孟加拉人民的手藝，製成高品質的時尚包包，並販售到世界各地。

▲Motherhouse創辦人山口繪理子（左）在孟加拉工廠。（攝影／Takahiro Igarashi (520)）

山口繪理子想做的，不是為當地帶來基於同情的「援助和捐獻」，而是想協助孟加拉人持續地建立穩定的經濟基礎。於是，她決定利用當地特有的素材，藉由當地人的雙手，做出能打動日本消費者的精品包包，並透過他們自發性的購買行為，為孟加拉建立平等、永續的經濟活動。

我願意為妳的夢想賭賭看

她賭上當時打工存下的所有積蓄（約十五萬台幣），捧著自己在素描本繪製的草圖，跑了數十間包包製造工廠，希望說服他們製作樣品。「別開玩笑了，像妳這樣的小女生能做什麼？」不論她再怎麼努力解釋自己的夢想，都沒有人願意理會當時年僅廿四歲的山口繪理子。

「好吧，我會試著做出樣品給妳。」有些工廠的負責人說完這句話，拿走製作樣品的費用後就音訊全無。就這樣，在經歷過無數次拒絕、廠商捲款離去、護照和機器遭竊等難關後，山口繪理子遇到了一個特別的廠長，他對當時已經心灰意冷的山口說道：「我願意為妳的夢想賭賭看！」終於，那些素描本上的包包草圖，第一次有了實踐的可能性。

然而，從開始製造包包的第一天起，山口內心的雀躍已完全被絕望與挫敗感給取代。

工廠人員從來沒做過需要注重小細節的設計，根本無法達到這種品質。「一開始，連『飯後要洗手』這樣的習慣都無法落實。有時他們剛用手吃完咖哩，還沒洗手就坐回工作檯準備開工。」山口苦笑著說

1 孟加拉的「黃金纖維」黃麻。
2 Matrighor工廠。（攝影／Takahiro Igarashi (520)）

道。

經過了層出不窮的突發狀況以及無數個難以入眠的日子，這群人還是和山口繪理子一起完成了第一批（一百六十個）包包，由山口親自把這批心血打包、封箱，帶回日本販售。剛開始，不管是成立網站、推薦給朋友，或是進行陌生拜訪，一切都還在摸索階段，但很快地，這一百六十個包包被山口的親友捧場買光，於是她帶著這筆錢，又回到孟加拉著手開發新商品。

第二批做了六百五十個包包，這次不但少了親友團力挺，連百貨公司通路也興趣缺缺：「別把社會貢獻扯進來！」在一次與批發商開會的過程中，山口小姐受到當頭棒喝。她慢慢體會到，既然決定要在商業世界與人競爭，商品本身的能量才是關鍵，唯有在價格、品質和設計上勝出，才能不再依賴人們的善意，而是靠產品的力量在商場中生存下來。

「我身為皮包廠商，但我真的對自己的商品有信心嗎？」

「對於市場競爭激烈的手提包，我了解得夠全面了嗎？」

社企小檔案

MOTHERHOUSE

「在發展中國家，創造出世界一流的品牌。」

二〇〇六年，當時年僅廿四歲的山口繪理子成立了Motherhouse，這個品牌的夢想，是在發展中國家創造出世界一流的品牌，用「時尚」為他們帶來改變的力量，讓他們並非只是接受援助，也能自主地改變自己和社會。

和一般品牌不同，Motherhouse從黃麻的種植、原料的篩選和開發，到產品的打樣、製作與配送，全部都在孟加拉的自營工廠嚴格把關。不過高標準的品管背後也提供了高福利保證，不僅付給員工超過平均薪資雙倍的薪水，也建立員工餐點、企業無息貸款以及健康檢查制度，提供優質的工作環境。

目前Motherhouse在日本已經開設十二間分店，也在台灣建立了四家海外分店，讓台灣顧客也能感受Motherhouse精心手作的質感以及新時尚哲學。

- **公司名稱**：Motherhouse
- **公司地點**：日本（東京）
- **創辦人**：山口繪理子
- **成立時間**：二〇〇六年
- **公司人數**：逾一百人（含日本、孟加拉、台灣）
- **網站**：
  日本：www.mother-house.jp
  台灣：www.mother-house.tw
- **臉書**：
  日本：www.facebook.com/motherhouse.jp
  台灣：www.facebook.com/motherhouse.tw

「在缺乏知識和經驗的情況下，我真的有辦法要求工廠人員達到高品質嗎？」

在連問自己三個無法肯定答出「Yes」的問題後，山口繪理子深深感受到自己對於包包知識的不足，於是跑到東京的專業學校上了三個月的課，從頭開始學起這門講究細節的藝術。

雙倍的薪資，世界級的品質

二〇〇六年三月，Motherhouse株式會社正式成立，和一般品牌不同的是，Motherhouse的商業模式並非透過便宜的代工廠來生產包包，而是在孟加拉創立自己獨樹一格的「笑顏工廠」。從黃麻的種植、原料開發與挑選，到樣品的製作、包包的生產配送等環節，全部都在「Matrighor」這個像家庭一樣的工廠裡微笑作業。

「Matrighor」是孟加拉語的「Motherhouse」。在二〇〇八年，山口繪理子在達卡城裡某棟大樓的小房間中，從六人的團隊開始起步。一開始，就連員工本身都不相信自己可以做出世界級的品質，然而山口繪理子憑著一股傻勁，相信這些從未做過小細節的工作夥伴，其實有著無窮的潛力，因此她願意支付員工高於平均薪資兩倍以上的酬勞，並提供勞健保、員工餐點、健康檢查等福利制度。當工廠成員的家裡有緊急需求，還可以向公司申請免利息的員工貸款，度過家庭經濟的難關。

Matrighor和一般代工廠最大的不同，就是老闆永遠不會待在辦公室裡，她總是出現在工作「現場」，

1 用黃麻製成的包包。
2 暢銷的牛皮包包。

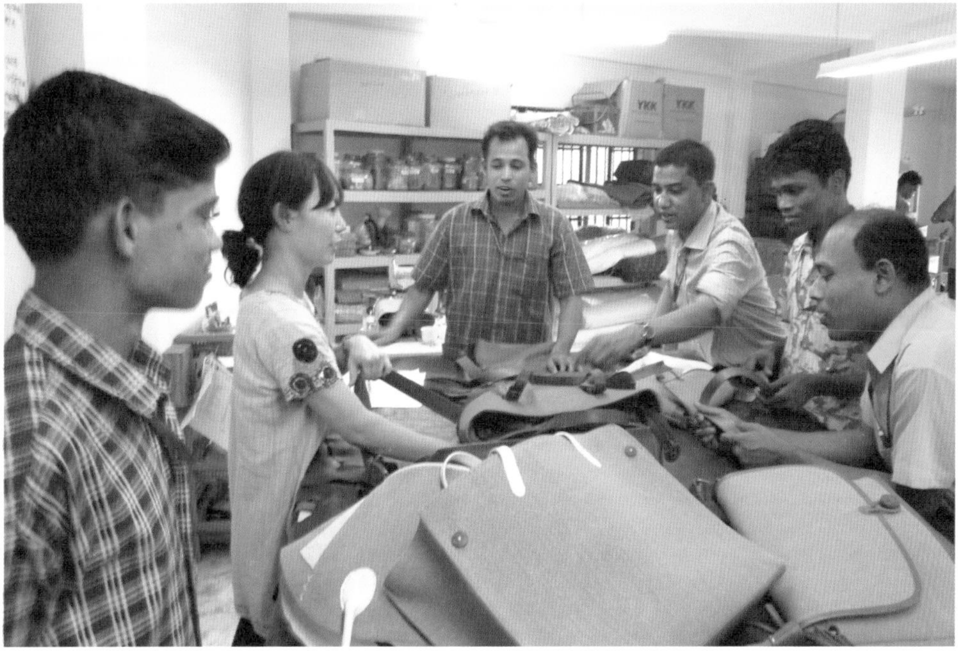

▲Motherhouse產品受到喜愛，背後是山口繪理子和孟加拉手作職人不斷研發嘗試的心血。（攝影／Takahiro Igarashi (520)）

和所有員工一起埋首於包包製作。山口繪理子每天和夥伴們在同一張桌子面對面，用同樣的語言討論，彼此站在相同的高度，也一起邁向同樣的目標：「做出能打動顧客的商品，並充滿自信地將『來自發展中國家的品牌』交到顧客手中。」

「當然，品質不是一夕之間就達成的，」山口繪理子回憶著：「一開始每天都像打仗一樣。」山口非常注重小細節，在工廠剛成立時，所有出貨前的商品，她都會一個一個親自檢查，即使是再小的瑕疵也要求員工修改，絕不妥協。在經歷無數次溝通、爭執、學習的過程，山口繪理子一手建立的生產團隊終於達到匹敵日本的品質，通過市場考驗，打進日本和台灣的精品百貨市場。

產品有了，品質也達到了，然而，在百貨公司眾多具備相同條件的包包品牌中，Motherhouse該怎麼脫穎而出？

一開始，山口繪理子只是很努力地販售包包，向每個顧客耐心解釋這些產品的背後，投注了無數包包製作者的熱情與決心。漸漸地，她的創業故事被傳播開來，開始有媒體把這個廿二歲就放下一切，跑到孟加拉讀研究所，從來沒有學過設計卻勇敢創業的傳奇故事記錄下來，Motherhouse漸漸成為*Monocle*（UK）、《日經Business》、*BBC World News*、《彭博商業週刊》（*Bloomberg Businessweek*）等國際媒體爭相報導的時尚品牌。

這些重量級媒體的加持深化了民眾對Motherhouse的信任與好感，再加上山口繪理子創新、自然的設計風格與經得起考驗的品質，讓他們成立的第二年就達到收支平衡，且接下來每一年都獲得盈餘。品牌成立第七年，Motherhouse已經在日本連開十一間店，並於二〇一一年三月拓展到台灣，至今開設了四間海外分店。

對於企業利益與社會公益之間的平衡，社會上存在著各種看法，而山口繪理子選擇的做法是「責任分擔」。在颶風、洪水氾濫、官員又貪腐不斷的孟加拉，街邊乞討的人群總是多到使人無力，然而山口繪理子很清楚，整個社會結構的問題並非單一企業所能解決，但每間企業都能在巨大的問題背後，找到自己所能扮演的角色。那麼，有什麼是Motherhouse可以做的呢？

在一次颶風的侵襲中，山口繪理子找到了答案。

那是在二〇〇七年十一月十五日的夜晚，孟加拉的庫爾納（Khulna）首當其衝受到龍捲風侵襲，得知受災地災情慘重的山口繪理子，和三年前的想法一樣，想到「現場」了解實際情況。在經過六小時的巴士、渡輪、摩托車轉乘後，風塵僕僕的山口直接問村長：「現在最需要的是什麼？」「坦白說，救援物資和白米都已送到，但我們沒有鍋子可以煮飯，而且入夜後冷到快凍僵了，村民都想要毛毯。」村長無奈地

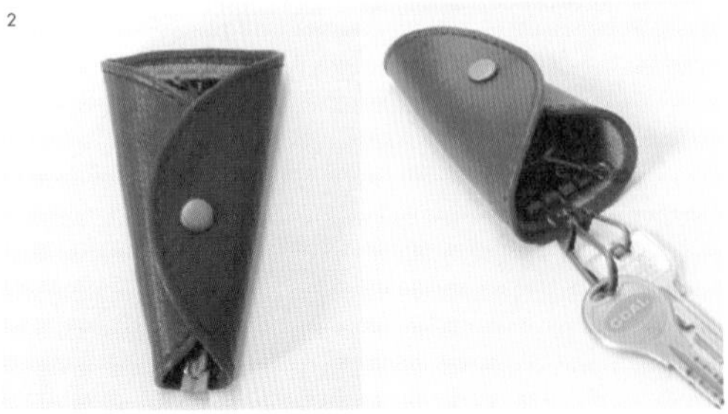

1 在尼泊爾生產、手工編織染色的羊毛披肩。
2 手工皮革做工精細，造型時尚。

回答。

「雖然有米，但沒有鍋子」、「在炎熱的國家，入夜後卻相當寒冷」，這兩個現況帶給山口繪理子相當大的衝擊。她不禁反思，當國際組織高喊「我們提供了好幾噸的米！」之後，很少人能再進一步思考，失去所有家當和工具的災民，要如何把生米煮成飯？而對於從未居住過孟加拉的人而言，若沒有去到現場，也不會知道災民在夜裡其實需要毛毯。

山口繪理子突然理解到，這個國家需要的也許不是聰明的集團或是數額龐大的金錢，而是「能迅速採取行動的執行力，願意傾聽當地聲音的態度，以及打從內心燃起的使命感」。

於是，透過一張小小的「社會集點卡」，山口繪理子在心中描繪著宏大的願景。她希望每位顧客在Motherhouse裡的消費行為，都能夠與住在地球另一端人們的笑容聯繫在一起。因此，顧客的每一筆消費都會被記錄下來，達到固定金額後，Motherhouse除了將一定比例的額度直接回饋給顧客，同時也提撥相同的金額用於Motherhouse在孟加拉的「社會行動」（Social Action）專案，例如製作書包給孟加拉的街童，或是企畫一系列「創作設計課程」給無法上學的孩子們。

回顧這些年充滿眼淚的創業過程，山口繪理子自認：「我什麼本錢也沒有，唯一擁有的就只有『夢想』而已。」然而她清楚地確信，一個人或是一間企業在「持續」這件事上面花費了多少的歲月、汗水與淚水，那些因「持續」而產生的能量，也會帶著與付出的努力相同程度的堅韌度，持續下去。

Motherhouse產品製作流程

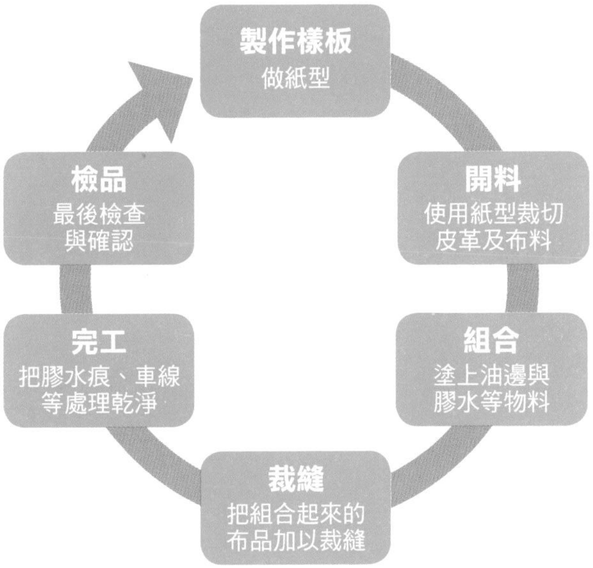
製作樣板
做紙型
開料
使用紙型裁切皮革及布料
組合
塗上油邊與膠水等物料
裁縫
把組合起來的布品加以裁縫
完工
把膠水痕、車線等處理乾淨
檢品
最後檢查與確認

©Motherhouse

※本文圖片取自Motherhouse官網。©Motherhouse

「我想讓每一個顧客的消費行為，都可以和住在地球另一端人們的笑容聯繫在一起。」

——Motherhouse創辦人山口繪理子

Q 妳創業時遇到哪些困難？

A 首先遇到的困難是設計師的職位苦等無人，原先想尋找日本設計師協助，但是他們一聽到工作環境竟是在孟加拉，就一一向我回絕，因此我只好自己學習設計，成為Motherhouse第一位也是唯一一位設計師。另外，材料的找尋也花費相當長的時間，還有因為對「高品質」的認知和當地人有落差，所以品質管理、員工職業訓練也耗費相當大的心力。另一個艱鉅的挑戰是價值觀的問題，Motherhouse的產品是走高價精緻路線，但一般人往往會把開發中國家與「廉價而劣質的商品」連結在一起，再加上孟加拉對日本人來說是遙遠而陌生的國度，使得初期推廣產品的時候更容易碰壁，我只能從販賣的職員開始，把Motherhouse的理念、生產流程、經驗等故事一個一個分享給其他人聽。

Q 什麼樣的人格特質幫助妳把夢想付諸實踐？

A 對我來說，我從不在意與夢想之間的障礙。邊想著「再往前一點就能看見」，讓每一季所做的事能使我更接近目標，如此來前進。在自己的工廠生產確實比較困難，但在尋找方法的過程中也持續和自己對話，告訴自己，我可以做更多。雖然我對經營或組織管理這類不太了解，但我能斷言，如果無法相信自己的可能性，就不可能去相信別人的可能性了吧。

Q 妳對Motherhouse的願景為何？

A 成為「來自發展中國家的品牌」是我自己下的目標。「讓『傳統工藝』和『手工品』的價值能被保留下來」，這件事對於製造的人來可能是攸關生死的問題。我的腦海中常常存在著一張世界地圖，Motherhouse必須肩負連結開發中國家和已開發國家的使命，我希望把這樣的理念分享給全世界。我們有死忠消費者甚至組團去孟加拉參訪工廠，這樣的旅程成為連結生產者與消費者的平台，讓極少遇見日本人的孟加拉工人看見一種可能，那就是孟加拉人也有能力創造讓先進國家喜愛的商品。目前除了孟加拉，Motherhouse也已將工廠擴展到尼泊爾。在產品型錄上模特兒所穿著的衣飾皆是由尼泊爾所生產出來的產品。

Q 妳認為Motherhouse成功的關鍵是？

A 手工作業本來就異常費工，雖然成品很美，但價格卻常常無法與做工相當。即使我相信好的作品能到更多人手中，但牽涉到理念和生產工程、過程、組織、工廠的策略與如何有效減少瑕疵品等等，都讓作品不得不配合實際的生產過程來更動。一方面和生產地的村落好好溝通，一方面要一起參與製造過程，用同樣的角度思考。不如此全面思考的話，在達到真正的終點「顧客的手上」之前夢想就破碎了。最重要的是做出不論設計或價格還有製造方的心情都顧慮到，並且能夠融入顧客生活中的商品。那不是一件藝術作品，也不是用傳統來包裝的裝飾品，而是一個為顧客的生活更增添色彩的東西。

▲Motherhouse新開發的產品系列，使用手工織物飾以孟加拉傳統手工刺繡。（本文圖片來自官網）

※參考來源：社企流官網〈設計一個公平的夢〉、Motherhouse官網「山口社長日誌」。

中東 Green Olive Tours

大開視界！以巴邊境的另類旅遊

以社會企業自許的「綠橄欖旅遊」（Green Olive Tours），是一家安排另類旅遊的旅行社，以巴勒斯坦與以色列為主要營運範圍，提供導覽服務，站在巴勒斯坦的角度詮釋以巴的緊張歷史與關係，為巴勒斯坦人民發聲。

文．圖／蔡業中

全世界觀光旅遊業的產值超過全球GDP的百分之九。在這麼龐大的產業中存在著許多分眾的空間，也有適合社會企業揮灑的市場。除了安排志工從事公益旅遊的商業模式外，依地區特色推廣另類旅遊（Alternative Tourism）也很有發展潛力。

主攻小眾市場

「綠橄欖旅遊」的前身為創立於二〇〇七年的Tours in English，由弗瑞德．施隆卡（Fred Schlomka）成立。最初僅僅提供耶路撒冷一日導覽的服務。隨著業務發展，提供的路線愈來愈多元化，並在二〇一〇年變更為現名。它的行程賣點是提供體驗不同觀點的機會，深入探索新聞上總是一系列衝突的以巴印象。

它所提供的導覽路線，從最初的耶路撒冷與那不勒斯（Nablus），延伸到主要涵蓋巴勒斯坦的約旦河西岸，甚至深入以色列。就服務類型而言，除了提供「綠橄欖旅遊」本身的行程之外，也能引介有意願當志工的外國人到當地機構服務。

掌握利基市場是「綠橄欖旅遊」的成功之鑰。在一年有三百五十萬名觀光客造訪的以色列，當地旅遊業蓬勃且競爭激烈，因此從別人不敢或不願接觸的領域下手，像是政治主題導覽，是在旅遊市場爭下一席之地的關鍵。

專程為嚴肅主題而來的訪客雖然是少數，但就像長尾理論告訴我們的，這塊需求始終存在。它的顧客群可以是準備寫大四畢業論文的哈佛學生、來自美國明尼蘇達的猶太社區報記者、擔任外交官的德國人，或是純粹為了了解社會企業而來的訪客，通通都有可能。為了研究而參加旅程的觀光客，顯然是只有取向嚴肅的旅行社才容易吸引到的顧客群。

「綠橄欖旅遊」雖然希望呈現巴勒斯坦的真實面貌，但服務的本質仍是旅遊，不是學術研究，所以導覽架構還是以親和、趣味、蒐奇為主要訴求，只要有興趣，適合所有遊客。這種混合嚴肅與遊樂的商業創新，為它自己區隔出了賣點與利基。

低成本經營的競爭策略

看清利基所在有助於擬定目標規模，進而掌握應投入的成本。經營特定小眾市場，而非多樣化地想將長尾理論模型的尾巴部分全吃下來，對於「綠橄欖旅遊」來說，維持小而精的導遊陣容是最理想的。目前該旅行社有十位工作人員，只有四位是全職人員，其他只是依接團數計酬的獨立工作者，再加上大家所在的地點分散，因此沒有集中辦公的需要，進一步壓低成本負擔。

網路資源提供了充沛的低成本行銷工具，像是經

▼「綠橄欖旅遊」經營的地區有豐富多樣的人文色彩和景觀。

營社群媒體，再加上Trip Advisor這類旅遊平台上由顧客所累積的正面評價，已足以支撐「綠橄欖旅遊」的成長動能，自成立起即能做到百分百財務自給自足。

一區一導遊的專業分工，是「綠橄欖旅遊」在展現經營效率與分配資源上的另一項獨門智慧。參觀伯利恆（Bethlehem）有伯利恆的在地導遊，到那不勒斯就有那不勒斯的當地人接手導覽，不但確保遊客聽到最在地的聲音，也能充分開發在地人才，並合理分配在地活動應有的收益。

扣緊政治情勢的另類旅遊體驗

到以巴旅遊，安全是遊客最先有的顧慮。在「綠橄欖旅遊」營運的約旦河西岸地區，與其問地點安不安全，倒不如問時機緊不緊張。以巴關係緊繃時，以色列會直接管制往巴勒斯坦的交通樞紐，因此也不存在帶遊客去危險地點的問題了。

該旅行社的導遊陣容臥虎藏龍，有政治倡議份子，也有飯店經理人，他們決定了遊客的視角，但在解說導覽中仍儘可能中肯地拆解歷史脈絡，呈現對立立場的來龍去脈。至於旅行社想為巴勒斯坦發聲的部

▲導覽行程選項眾多，遊客可以去到城市或鄉村或難民營，見識在地風情。

分，還是藉由帶領遊客親眼觀察以色列築起的綿延高牆，以及巴勒斯坦水電等資源被箝制、人民行動自由受限的情況，讓遊客自己去體會。

身為導遊應該要熟稔歷史典故、風土民情，外加會講笑話。這些都是「綠橄欖旅遊」導遊的絕活，不過他們更想表達的是巴勒斯坦人民生存空間受擠壓的樣貌，因為這才是另類旅遊的目的。物價、交通、水電、出國通關、與親友間的生活圈被政治力分割等等，這些在生活面的小故事，反而花掉導遊最多時間講解。

比如說，有些地點與希伯侖（Hebron）一樣，遊客如果忘記攜帶護照將無法通過安檢站，只得放棄進入某些景點。在一般旅程中，這會是令人沮喪的一段插曲。但是在「綠橄欖旅遊」，導遊反而會對遊客說這正好親身體驗巴勒斯坦人行動不自由的困境，達到了另類旅遊的目的。

用企業邏輯來施展抱負

有不少國際組織駐紮在巴勒斯坦，在那裡光是聯合國的車輛就已經滿街跑，但是在「綠橄欖旅遊」的觀念裡，援助組織是種很弔詭的機制。它們是為了舒

社企小檔案

Green Olive TOURS

「針對巴勒斯坦和以色列的歷史、文化、政治地理，提供資訊與分析並重的另類旅遊導覽。」

「綠橄欖旅遊」（Green Olive Tours）前身為弗瑞德．施隆卡（Fred Schlomka）創辦於二〇〇七年的Tours in English，二〇一〇年變更為現名。該旅行社以另類旅遊為訴求，標榜深度探索以色列與巴勒斯坦關係的主題式旅遊導覽，以利基市場為目標，主打小眾顧客群。希望透過觀光服務的影響力，為當地人民帶來經濟效益與機會，並為巴勒斯坦發聲。在經營方面採取低成本策略，公司沒有辦公室，善用兼職人力，並透過網路平台來累積正面評價，自成立以來財務便完全自給自足。旅行社以一區一導遊的架構從事專業分工，聘用當地人才傳達在地聲音，讓經濟收益確實流向遊客造訪過的地方。公司注重接待遊客的彈性應變能力，強調負責任的旅遊方式，遵循明確的行為準則，同時也會和同業合作，以擴大可安排行程的範圍。

- **公司名稱：**Green Olive Tours
- **公司地點：**以色列
- **創辦人：** Fred Schlomka
- **成立時間：**二〇〇七年（前身Tours in English）
- **公司人數：**十人
- **網站：**www.toursinenglish.com
- **臉書：**www.facebook.com/GreenOliveTours

緩急難與促進發展而存在，可是一旦問題解決了，就代表組織成員將面臨失業。

社會企業的思考方式不一樣，需求與供給相依而生，有就是有，沒有就是沒有，不會有矛盾情結，考量的重點在於如何將想解決的問題改造成供需關係。因此「綠橄欖旅遊」的策略才會定位在經營另類旅遊來創造營收並活絡地方經濟，同時促進以巴議題的觀點平衡與能見度。

「綠橄欖旅遊」支持巴勒斯坦的立場明確，但包括執行長弗瑞德．施隆卡本人在內的部分工作人員卻是猶太人，都是懷抱很強的使命感來經營旅行社。在這種理念型組織裡，工作成員在他們關懷的範疇上往往十分專精，因此識別度不是其他競爭者可以輕易覆蓋的。

該旅行社的取向另類，會選擇他們的遊客通常在思想上也都有準備，甚至主動要求客製化的行程，像是以農業或難民營為主題等等。因此儘管處理的是敏感且複雜的政治議題，也難免有不可避免的觀念差異，但理性討論與聆聽在地觀點，仍然是遊客較常選擇的互動模式。

透過觀光商業加深影響力

對於服務散客的旅遊導覽業而言，保持彈性是最要緊的事。「綠橄欖旅遊」通常是一週一週地確認行程，不真正靠近時間點，也說不準生意作不作得成。

另類旅遊的小眾市場利基

遠赴以色列與巴勒斯坦的觀光客，多數是參加宗教朝聖或到著名景點如死海從事休憩為主。「綠橄欖旅遊」主打探討以巴關係的嚴肅行程，雖然吸引到的顧客人數不及主流旅遊類型，但是掌握小眾市場的策略，確保了該旅行社的生存空間，再加上務實的成本觀念運用，造就出可長可久的商業模式。

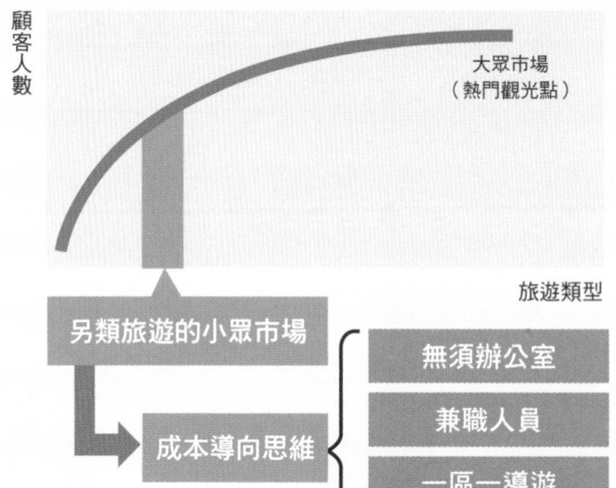

作者／製表

▲帶領遊客體驗以巴地區的緊張氛圍。

遊客常常喜歡短時間內走完精選地點，而非選擇時間較充裕的套裝行程，再加上一次出遊的人數從一人到一、二十人都有，相當考驗導遊的應變能力。

好比說旅行社所提供的深度導覽，對於一些主見較強的半自助遊客可能很有吸引力，但他們喜歡走一步算一步，如果中意就再加行程，因此導遊必須懂得拿捏延伸行程的推銷時機。更不用說要照顧遊客吃喝拉撒和受理抱怨等這些令人頭痛的突發狀況了。

有些挑戰是旅遊導覽業與生俱來的，但也有些是因為「綠橄欖旅遊」自己的高標準而來。它在網站上標榜行為準則（Code of Conduct），推動負責任的旅遊模式，同時教育、要求遊客與在地旅遊服務業者尊重文化差異及帶動當地發展等等。雖然行為準則不會在行程中正式宣講，但基本上已內化至「綠橄欖旅遊」想營造的旅程氛圍中，也呈現在多數遊客的配合態度上。

展望「綠橄欖旅遊」後續的觀光商業潛力，雖然慕宗教盛名而來的遊客主要是去耶路撒冷，但在約旦河西岸巴勒斯坦尚能掌控的地區裡，也有對應到基督教聖經的著名景點，像是耶穌的出生地伯利恆等，這

▲在地導遊以豐富的知識與遊客進行深度互動。

是「綠橄欖旅遊」想藉由觀光為巴勒斯坦帶來助益的重要著力點。

除了宗教地點外，包括死海等約旦河西岸的重要景點都已納入旅行社的行程選項。透過同業合作，甚至讓遊客深入以色列與進入約旦都沒問題。雖然區域情勢會一時左右觀光的意願與方便性，但是旅遊賣點多種組合的基礎不變，產業條件很扎實。

相對於擴充營收與提升獲利等這類傳統企業指標，加強影響力才是「綠橄欖旅遊」更看重的深遠目的。它期望能服務更多遊客，也唯有遊客回到自己國家後成為種子，繼續傳播他們的所見所聞，「綠橄欖旅遊」所盼望的政治改變才會有出現的可能。

在以巴關係糾結的脈絡中，外來觀光客有聆聽但沒有判定任何一種聲音是非對錯的權力。「綠橄欖旅遊」的願景，雖然不像社會企業的常見目標如環保、健康、教育那樣地直白，不過探討商業手法能否有效運用於追求利潤以外的目標時，「綠橄欖旅遊」對於巴勒斯坦的未來，將有潛力扮演更積極的角色。

※本文圖片取自Green Olive Tours官網及臉書。

「以深度文化導覽行程，帶領遊客體驗以巴衝突歷史成因，創造在地旅遊經濟。」

——「綠橄欖旅遊」創辦人弗瑞德．施隆卡

Q「綠橄欖旅遊」的成立緣由？

A 創立「綠橄欖旅遊」之前我從事專案顧問的工作，替案主處理過許多狀況，離譜的例子像是驗收完一間房子後，過幾個月驗收第二間房子時，承包建商給我看的竟仍是第一間房，但建商還堅稱這是不同的房子。漸漸地我有機會為外來人士安排在當地走走逛逛的行程，開始體認到旅遊導覽業所蘊含的機會。最後決定選擇導覽服務來創業，是因為認定導覽業的核心資產是知識，而非吃重的資本支出，可行性比較高。

社會創業的路總是充滿挑戰，例如我曾有另外一個著墨於以巴人民關係的計畫，讓我在二〇〇三年獲得Echoing Green社會企業家獎金，可惜計畫最後沒有成功。因此目前「綠橄欖旅遊」營運順遂是很難得的。

Q「綠橄欖旅遊」的競爭優勢是什麼？

A 我們的策略是維持輕巧與彈性。我本身也擔任公司的導遊，在接送或帶領遊客之間的空檔，只要打開筆記型電腦就是我的辦公時間。我們不需要辦公室，機動性很高。不僅是因為我可以四處辦公，也因為我們導遊群的主力是獨立工作者，他們除了替「綠橄欖旅遊」服務之外，另有生活重心，有的人甚至負責經營另一個另類旅遊組織。

「綠橄欖旅遊」專注於小眾的差異化策略很成功。因為不可能有以色列旅行社與我們一樣重視巴勒斯坦的觀點，目前只有幾個非政府組織像是Break the Silence以及Alternative Tourism Group-Palestine也提供另類旅遊的服務。

Q 您的經營哲學為何？

A 我認為一家企業做好內部治理與追求外部績效同等重要。因此「綠橄欖旅遊」團隊未來擴編時，將優先僱用巴勒斯坦人，並且充分授權以符合為巴勒斯坦發聲的宗旨。此外，我們網站上所揭示的行為準則代表我們負責任的態度，所以像是拿店家佣金而帶遊客前去消費的事情，我們不做。

▲經營旅遊業要花心思開發新路線和新玩法，像在橄欖採收季，就把採橄欖納入行程。

Q 可以分享經營旅遊業的經驗嗎？

A 有些生意上門，可能是遊客臨時上網檢索後，才起意決定參加的。我還碰過三更半夜打電話給我，問第二天能否參加行程的狀況。為了能夠睡好覺，我現在深夜是不開機的。經營旅遊業除了要花心思開發新路線，還得開發新玩法，像在橄欖採收季，我們就想到把採橄欖納入行程體驗之中。

Q 有什麼未來計畫？

A 「綠橄欖旅遊」在經營旅遊本業外，總想著如何做更多，例如我們透過慈善募款，為那不勒斯Balata難民營添購了兒童遊樂設施。我心中還有一個巴勒斯坦企業家的養成夢想，透過高層次的英語、網路技能、商業知識訓練，協助巴勒斯坦年輕人經由網路創業，模式就像「綠橄欖旅遊」的成功故事一樣。輔導成功的案主將回饋一定金額給這個訓練計畫，以確保計畫的永續性。

4-3

比利時 Mobile School

移動的學校，失學孩童在街頭也能上學

亞努和創業夥伴，在瓜地馬拉開始推動第一個「行動黑板車」。經過十年的努力，現在共有廿多個國家，超過三十六個行動黑板車在運作，全球平均每天會接觸二百二十四位街頭孩童。他們用創意和熱情，創造了教育的奇蹟！

文／鄭全智、林冠廷

你有到印度孟買或是拉丁美洲的大城市旅遊的經驗嗎？除了當地的自然遺跡、人文景觀外，你一定會發現不論走到哪裡，都有一群孩子在街上賣力工作，不論是向遊客乞討，或是搬運重物、洗車或販賣各項物品。當你看到他們的時候，是什麼樣的感覺？厭惡？同情？還是暗自感嘆世界貧富差距的悲哀？

街頭孩童問題存在已久，據聯合國兒童基金會在二〇〇二年所做的統計，世界上約有超過一億名的街頭孩童；但不論是各國政府或是大部分的國際性非營利組織，都不敢碰觸這個棘手的議題。幸好還是有不少中小型的組織，為了改善街頭孩童的生活環境而奮鬥，在比利時的社會企業行動學校（Mobile School）就是其中之一。

逆主流而行的發明家

「我到底是為了什麼學工業設計？」一九九六年，準備完成大學畢業論文的大五生亞努．拉斯金（Arnoud Raskin），面對徬徨的未來，對自己提出了疑問。

亞努．拉斯金生長於比利時的小康家庭，從小立志當一位發明家，也順利進入了比利時頗負盛名的設計大學修讀工業設計。原本一帆風順的他，在大學四年級前往公司參加實習計畫後，突然對自己的生涯規劃畫了一個大問號。

「設計純以利潤導向的工業機器不是我想要的！」

邁進大學的最後一年，亞努決定要作不一樣的畢業論文題目。他想要設計能滿足人類基本需求的產品，而不是符合比利時這個富裕社會需求的產品。於是他開始到處尋找靈感，不論是從書本或是朋友的建議，可是都沒有找到能觸動心底的點子。直到有天晚上，他應朋友的邀請參加了晚餐聚會。

在聚會上，亞努遇到了一群剛從哥倫比亞回來的街頭工作者。他們分享工作的經驗、動人的故事，並展示一張張當地街頭孩童及其困苦生活環境的照片。

「就是這個，這才是人類最需要的基本需求啊！」亞努心想。

▲「行動學校」及「街頭智慧」創辦人亞努．拉斯金。

他當下決定要為這群沒有受教育、缺乏穩定食物來源，甚至連固定的庇所都沒有的孩子設計產品，作為他畢業論文的題目。

腦筋靈活的他，馬上萌生了第一個主意，「既然多數的孩子都沒有遮風避雨的地方，何不做一個背包型帳篷？讓他們至少不再淋雨受凍。」於是他開始著手設計一個能自由收縮的背包型帳篷，興沖沖地把草圖拿給這群街頭工作者看。沒想到卻被無情地潑了冷水。

「這一定行不通的。聽著，多數的孩子看到這麼炫的東西，第一個念頭不是想著要善用它來幫助自己，而是拿去賣個好價錢。然後他們會把得來的錢拿去換食物，甚至是菸、酒及毒品。這是一個很愚蠢的點子！」他的朋友說。

這無疑是一記當頭棒喝。但也讓亞努發現，如果要創造出一個專屬於哥倫比亞街頭孩童，能改善他們生活的產品，不是坐在富足國家比利時的這一端，畫畫設計圖就能完成的，而是應該要實地了解他們的需求，和他們待在同一個時空裡，像他們一樣思考。就像是一般的商品需要滿足客戶需求一樣，亞努必須要知道這群孩子的真正需求是什麼。

於是他隻身飛到哥倫比亞展開了「市場調查」。剛開始，他的西班牙語非常不輪轉，連基本溝通都有困難。他忽然有了個點子：

「何不去買一些筆記本？在上面畫圖，問那些孩子西班牙語怎麼說，這樣不僅學得快，又可以和他們交朋友。」

從硬體到軟體，切入街童需求

亞努很快地找到了幾個比較活潑、不怕生的孩子當他的西班牙語老師。在過程中，他也漸漸觀察到了問題點所在——不是食物和水（他們都能靠工作自食其力），也不是庇所（城市裡有很多可遮蔽的空間如空屋、雨棚、貨櫃箱可以利用），而是教育。

他發現很多孩子想要學習，但既缺乏適合的管道，也沒有程度適當的教材。有些孩子可以靜得下心來閱讀，但多半是捐贈的二手書，書中內容和他們的生活毫無相關。他們也會接受當地義工的輔導，但是學習成效很差，很難把注意力集中在課程上。

亞努不禁產生疑問，「教我西班牙語的孩子，怎麼和我互動的時候那麼熱絡，但在義工輔導課程的時

社企小檔案

Mobile School

streetwiZe

「當沒有人來行動黑板車上課的那一天，我們就成功了。」

比利時非營利組織「行動學校」（Mobile School）由亞努．拉斯金（Arnoud Raskin）於二〇〇二年成立，旨在幫助全世界的街頭孩童。目前已發展出移動學校「行動黑板車」（Mobile School Cart），研發了數百套互動性強的教學遊戲和教材，並訓練當地街頭工作者應用於對街童的非正式教育上。現在於拉丁美洲、非洲、亞洲及歐洲，已經有三十六部行動黑板車在二十多個國家運作。

二〇〇七年，為了尋求組織能在財務上逐步自立，他以社會企業模式成立了「街頭智慧」（Streetwize）機構，將街頭孩童生存的技巧與智慧轉化為企業訓練教材，運用在商業危機管理的諮詢服務，並將收益投入行動學校的運作，在二〇一一年已可支持行動學校六成的費用，不用再仰賴政府補助，證明這是一項成功的創新之舉。

- **公司名稱**：Mobile School／Streetwize
- **公司地點**：比利時（Leuven）
- **創辦人**：Arnoud Raskin
- **成立時間**：二〇〇二年／二〇〇七年
- **網站**：
  Mobile School：www.mobileschool.org
  Streetwize：www.streetwize.be
- **臉書**：
  Mobile School：
  www.facebook.com/nostreetkidding
  Streetwize：
  www.facebook.com/pages/Streetwize/264899310245571

候，卻那麼的冷淡不在乎呢？」

亞努進一步仔細想，隨即發現了問題所在。單方面接受知識的學習方式，會讓孩子失去學習的動力。當孩子有機會和老師交換角色，負起「教導」的責任時，他們很享受這種變化，喜歡投入這樣的過程。

亞努體悟到，當你讓孩子們負責並參與自己的學習過程時，教育才有意義。於是他在筆記本畫下這個概念的草圖，著手設計一個能讓孩子投入的互動性教學工具，而這就是「行動黑板車」（Mobile School Cart）的原點。

行動黑板車的外型就像是黑板底下加上四個輪子，收合起來的時候為一個黑板寬，體積小便於移動。但到了目的地時，可展開為五個黑板寬，共十面可供教學互動使用。因為有輪子的關係，行動黑板車可以拖行，並穿越一些較崎嶇的路面；而十面黑板可以提供不一樣的教材和教具，一次和多個孩子互動，也不會因為單調而缺乏吸引力。不用教室，不用課桌椅，只要一片空地和一台行動黑板車，隨處都可以是一個小型學校。

亞努飛回比利時後，用行動黑板車的設計圖完成

▲可自由移動的行動黑板車，打開來有五面黑板寬。

了畢業論文。而後，他做了一個讓家人、老師和朋友都吃驚的決定：「我要把行動黑板車真的做出來，帶回去哥倫比亞給那些孩子們用！」

亞努捨棄了等著他的高薪工作，忍受著周遭眼光的不諒解，毅然投入行動黑板車的原型生產和改良。他不斷地往返比利時和哥倫比亞，當錢快用光時，他就打工賺取收入；有足夠盤纏了，又開始他的旅程。經過這周而復始地重複試驗的步驟，他終於把設計完成的行動黑板車，成功地帶到哥倫比亞和那群孩子一起分享。

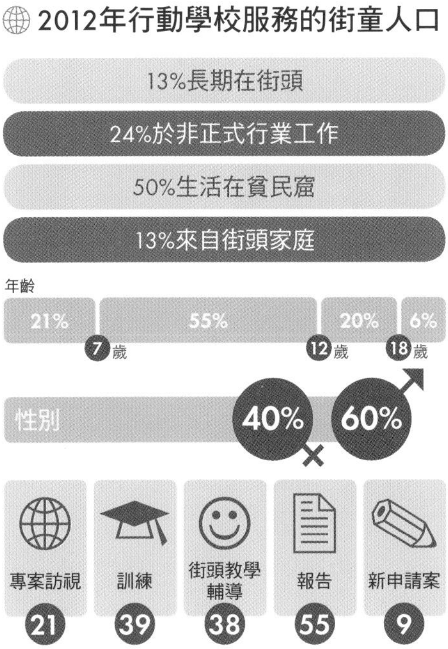

資料來源：Mobile School官網

實體產品設計出來後，再來就是教材的內容了。行動學校選擇和從事街頭孩童教育已有數十年經驗的國際拯救街童組織（Street Kids International）合作，取得授權使用；亞努和他的團隊也花時間在翻譯教材和研發上面，設計出多樣互動教具和遊戲。

最後，他和創業夥伴終於在瓜地馬拉開始第一個行動黑板車。經過十年的努力，現在共有廿多個國家，超過三十六個行動黑板車在運作。亞努這個逆主流而行的發明家，所造成的社會影響卻是市面一般主流商品難以企及的。

街頭教育的付出，不易被衡量

時至今日，行動黑板車在全球平均每天會接觸二百二十四位街頭孩童，在街頭孩童教育發揮不小的影響力。

不過，儘管投入了許多人力成本和資源，街頭孩童教育卻難以喚起社會的關注。主要是因為街頭兒童教育的成果評估，不符合當下任何一個社會影響力衡量標準。

首先，街頭孩童教育不屬於一般所謂「教育系統」的一環。也可以說，這兩者是相衝突的。街頭教育的服務對象，正是學校教育的「逃兵」。可能是因為經濟因素，也有可能是家庭因素或心理因素，這些孩子沒辦法去學校上課。其次，街頭孩童是難以掌控其動向的群體；為了尋求更好的生存資源或逃避警察及政府人員的驅趕，他們會不斷地更換棲居地，所以難以長期追蹤一個孩子的成長曲線。再者，當一位孩子不再出現在行動黑板車面前的時候，有可能是因為他決定走回學校教育，努力學習往上爬，也有可能是因為陷入更糟糕的惡性循環，所以很難從學生人數的消長去推敲真實情況。

街頭工作者，和街童一起成長

由於街頭孩童教育的本質與成效難以衡量，不僅常在政府資源分配上被犧牲，也不容易吸引社會資本的投入，再加上街頭工作者難以獲得相對應的報酬、計畫無法持續性地執行等，都是尚待解決的問題。

也因此，在缺乏金援的情況下，行動學校的規模難以迅速擴張。

雖然規模不大，但從二〇〇二年行動學校以非營利組織的型態成立後，超過十年以來在世界各地所投入的訓練和教學，讓當地街頭工作者對於行動學校無私的分享及奉獻，紛紛表達感激之情。

「行動學校帶領的活動讓我們及孩子們能互相學習。行動黑板車的教材能幫助孩子們建立自尊、探索未知並暢所欲言，對於他們有極大的正面影響。」羅馬尼亞街頭工作者Iasi肯定道。

亞努解釋為什麼行動學校的方式是有效的，「行動學校的重要特點是，我們關注孩子們的自尊。你不

▲行動黑板車的教材多用互動性強的學習遊戲引導。

▲行動學校在全球二十多個國家的街頭為孩童提供教育的機會。

應該告訴那些孩子該怎麼做，甚至否定他們，他們能在街頭生存下來已經是很不容易的事，你應該幫助他們加強他們的強項，他們才有機會從負面循環中解脫出來。」

他進一步強調正面激勵的重要性，「許多生存在街頭的孩子們，不認為自己有辦法享受一般人所過的生活，包括教育。所以我們需要的是帶回這些概念，讓他們了解，他們自己很棒，他們值得學習去尋找自己的機會，可能是幫人洗車、擦皮鞋、賣水果，或者是回到學校系統，這要他們自己想清楚之後，決定自己的路。」

亞努曾經在肯亞奈洛比完成一個專案時，應當地非營利組織邀請，參觀一個貧民社區。當時初見的景象讓他大吃一驚：「這裡真是地獄，到處都是一堆堆的垃圾，根本就活在一個巨型垃圾場！」

在該社區生活的居民，不論大人小孩，都靠回收垃圾維生。而陪同他的非營利組織人員，也娓娓道來當地的問題：缺乏乾淨的水、維生的食物，甚至是一切基礎物資。

亞努在數星期後又回到那個社區，而這次聽到的卻是一個截然不同的故事。

「我碰到了一個孩子。」他回憶道：「那孩子教了我一件事——如何從這些垃圾堆裡去找出值得回收的塑膠，會比較有利潤。比起之前那位非營利工作者告訴我的『問題』，他向我展示了『機會』。我開始思考其中的差異性，發現兩邊的說法都是對的。但我領悟當你越接近問題的本質時，你需要的不是反覆檢視這個問題，而是要想如何從中尋找出機會。問題只是行動的理由，但機會才能帶你前進。」

而這也促成了「街頭智慧」（Streetwize）的誕生。

走向尋求自立的社會企業模式

行動學校這樣的非營利模式不僅仰賴捐款，也需要和其他的非營利團體分食政府的資源，更重要的是，規模沒辦法擴張，也影響了組織的發展速度。

「我們口口聲聲鼓勵孩子們靠自己的力量生存，但組織本身卻要仰賴外部的幫助，無法自立。這不是極其諷刺嗎？」

在一次和從事商業諮詢的朋友閒聊之後，亞努嗅到了商機。

「現在有許多大公司，內部缺乏創新的精神，也失去了應變能力；我在孩子們身上學到最多的，正是如何利用創新的精神在街頭生存的『街頭智慧』。何不把這『街頭智慧』用商業語言表達出來，做為公司內部管理階層的訓練課程呢？」

於是在二〇〇七年，亞努成立了「街頭智慧」，一個將街頭生存智慧實踐在商業危機管理的內部訓練諮詢機構。亞努和心理學家夥伴發展出了一套訓練課程，利用影片、討論及實際體驗的方式，教導公司中

▲「街頭智慧」為企業提供多樣化的訓練課程。

高階管理人員如何利用創新式思考，發想出新計畫及幫助組織再造。

在「街頭智慧」成立的一年後，歐洲開始陷入金融危機，成長停滯的大公司亟思突破，該機構提供的服務正好能切中市場需求。時至今日，「街頭智慧」已經服務了如Nike、法國巴黎銀行、魯汶大學等公司及機構；隨著歐洲景氣短期內沒有好轉的跡象，其訓練課程有望被越來越多的歐洲當地公司採用。

亞努也將街頭孩童的故事和創新精神，直接應用在訓練課程上作為範例。來自瓜地馬拉的茱妮葉（Junieth），原本是一位街頭孩童，她利用提供「街頭智慧」訓練教材所獲得的收入，支付學費完成了她的高中和大學學業，現在正準備以記者的身分為當地社區發聲。

在二〇一一年，「街頭智慧」的收益已經足以涵蓋行動學校百分之六十的費用，行動學校已經不必向政府伸手拿錢，僅靠募捐來支撐剩餘的費用。對於行動學校、街頭孩童以及政府，這是一個三贏的結果。

但亞努也承認，當有人提出不同於世俗一般認知的概念時，像是行動學校的混合商業模型挑戰舊有的非營利組織單方捐贈模式，會遭受到不小的反彈；而這些反對的聲浪更常來自於政府的公務員體系。比利時的法律環境對於社會企業並不友善。當「街頭智慧」有利潤的時候，沒辦法直接回饋到行動學校，而是要先扣除營利所得稅。亞努也抱怨社會企業必須去遊說政府部門，讓社會企業型態有成長的空間，反觀多數的非營利組織，卻是大方地向政府索取資源。大企業可以合法避稅，但政府卻向對社會有貢獻、承擔社會責任的社會企業要求更高的稅額。

行動學校的合作模式

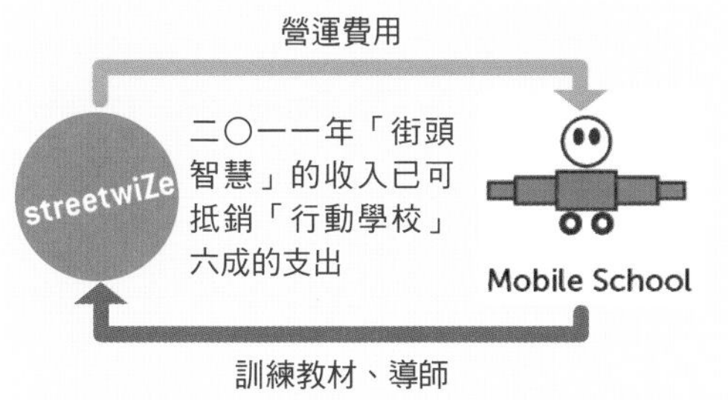

「街頭智慧」激發來自街頭的生存技巧

資料來源：Streetwize官網

「但這些短時間內是難以改變的，我們只能不斷地往前進。」

未完結的旅程

亞努剛剛完成和比利時電視台合作的一系列紀錄片，內容是他回到拉丁美洲，以摩托車一個個走訪他最初實踐理想的地方。行動學校現在不僅在發展中國家從事街頭兒童教育，更頻繁地在比利時的中小學舉辦巡迴工作坊，讓這群生長在富足社會的孩子們，對於地球另一端街童的故事能有所體會。此外行動學校也將每年的四月十二日訂為「國際街童日」，舉辦各項活動，在新聞媒體和臉書等社群媒體上喚起全世界的關注。

▲行動學校也在比利時中小學開設工作坊，讓更多學生了解發展中國家街童的處境。

談到行動學校的未來，亞努神采飛揚地描述自己的藍圖。希望在兩年內能用「街頭智慧」的諮詢收益，完全涵蓋行動學校的支出，達成損益兩平，不再仰賴捐款。他也希望可以把行動學校的總部搬遷到比較大的空間，並把辦公室設計成開放式空間，能在室內舉行「街頭智慧」的體驗工作坊及行動黑板車的講座等活動。而關於教學資源方面，亞努將來也想設計免費的攜帶式教材，讓有心從事街頭孩童教育的工作者，能免費上網下載使用，並能馬上帶到街頭去實踐。

對於現在越來越多年輕的夥伴想投入社會企業領域，亞努不諱言社會企業在沒有政府法令的支持下，發展受到許多阻礙，但他也建議年輕人要「隨心而行」。想辦法找到對的夥伴和投資者，最重要的是要「相信自己」。相信自己堅持下去，就能一點一滴地改變這個社會。

「當沒有人來行動黑板車上課的那一天，我們就成功了！」樂觀的他說。

※本文圖片取自Mobile School和Streetwize官網及臉書。

「如果孩子們沒有辦法到學校上課，我們就把學校搬到他們面前。」

——行動學校創辦人亞努．拉斯金

Q 設計行動黑板車的緣起？

A 我大學主修工業設計，準備做畢業論文時，因緣際會參加了一個在哥倫比亞從事街頭工作的分享聚會，看到了照片以及當地街童的狀況。我忽然察覺到一個巨大的需求，那不是關於如何用電湯匙把你的湯弄熱的需求，而是更直接的、關於生存的需求，他們需要一切我們已經擁有的事物。於是我決定到哥倫比亞去，在街頭觀察他們的生活，和他們一樣思考，慢慢地畫出行動黑板車的設計草圖，提交我的畢業論文。

畢業後，我決定將這個產品付諸實行，而不是選擇到大公司上班。我打工累積資本並召集志同道合的夥伴，帶著行動黑板車的原型不斷地往返哥倫比亞和比利時做試驗和修正。最後，我們終於在瓜地馬拉開始第一個行動黑板車。現在，我們已有超過三十六個行動黑板車在二十多個國家運作。

Q 你們跟一般街頭孩童教育不同之處？

A 行動學校一個重要的特點是，我們關注孩子們的「自尊」。你不應該告訴那些孩子們該怎麼做，甚至否定他們；在街頭生存下來是很不容易的一件事，他們做得非常棒。你應該做的，是幫助他們加強他們的強項，讓他們有機會從負面循環中解脫出來。

行動學校的方式是，我們去到街頭，我們尊敬「街頭」。不像多數人覺得「街頭」就一定是負面不好的。我們在街頭，主要目的不是教導孩子文學、數學等學科知識，而是賦予他們「自尊」。

Q 為何會從非營利組織轉向社企模式？

A 我不相信只靠單方面的救助，可以改變這世界，因此我創立了「街頭智慧」。我們有行動學校讓孩子們分享他們的經驗，然後透過「街頭智慧」，建立起一套訓練教材，幫助一些公司面對危機時能更穩固。這些公司透過這個系統間接支付了街頭孩子們學習成長所需要的金錢，而街童透過提供教材和學習教育來幫助自己自立。這是一個正向的循環，不是單面向的給予。四年前我想到這點子時，多數人並不看好。但二〇〇八年金融危機之後，很多人真的開始意識到「危機應對」是必要的，這也是我的機運。

Q 目前有在亞洲國家擴張的計畫嗎？

A 是的，菲律賓及柬埔寨已經有行動黑板車，我們有計畫在亞洲進一步拓展。但語言是一個很大的問題，文化隔閡亦然。我們當初會以非洲作為拉丁美洲以外擴張的第一站，是因為之前的殖民政策，造成比利時跟非洲有著更強烈的連結。在亞洲，如果有任何人透過你們或行動學校網站了解到我的組織，並且相信這組織能真的替社會帶來正面影響，我們也歡迎跟他們合作。我相信跟當地的有志青年合作，會讓事情推展得更順利。

Q 對於年輕人想設立社會企業的建議？

A 我覺得唯一的關鍵就是，隨心而行。你唯一能做的就是相信你自己，因為多數時候你必須要跟所有的事物搏鬥。另外，找到對的夥伴，並相信你的投資者，對你的組織成長也有很大的助益。

4-4

美英 Better World Books

打造舊書的第二人生

Better World Books在網路上販售舊書，省下工作人員百分之四十的時間成本，還替圖書館基金增加十八萬美金的收入。不明就裡的人以為Better World Books只是一間很會賺錢的二手書店，但其實它有一個偉大的願景，就如同它的名字——讓世界更好。

文／陳玟成

位於美國巴爾的摩圖書館（Baltimore County Public Library）面臨一個難題。日積月累的藏書佔據圖書館大部分的空間，新購入的圖書沒有地方可以擺放。圖書館捨不得丟棄舊書，決定展開清倉拍賣。然而，巴爾的摩圖書館沒有預料處理二手書拍賣是一項大工程，工作人員必須花費更多工作時間和心力整理舊書。幸好，一間叫做Better World Books的二手書店幫助他們解決問題。

藏在二手書堆的好點子

二〇〇二年，札維．海吉森（Xavier Helgesen）和克瑞斯．傅胥（Christopher Fuchs）兩位美國社會新鮮人，興致勃勃地要開創屬於自己的事業。他們嘗試過家教工作，但離他們的理想還是有一大段距離。當兩人冥思苦想的時候，不經意看到身旁層層堆疊的教科書，於是你一言我一句開始動起舊書的腦筋。

「這些教科書放在這邊準備要丟掉，為什麼不能做有效的運用？」

「上次我拿二手教科書去學校書店賣，但是賣不了多少錢，還要花費力氣搬過去。」

「現在有網際網路，或許可以打破現狀。網路上的買家為了省下買新書的錢，願意用高一點的價格徵求購買二手書，因此賣家有機會賣出好價錢。」

「好點子！用網際網路消弭資訊不對稱的問題，否則我們永遠只能被學校書店限制住。不如我們就拿這些二手教科書去賣，看看市場反應如何。」

於是兩人收集宿舍裡被丟棄的教科書，拿到網路上兜售，結果得到高價收入。這樣的結果鼓舞兩人嘗試下一步。隔年，他們進一步和羅賓森社區學習中心（Robinson Community Learning Center）合作。該中心原先就在學校販售二手書籍，並且把部分收入作為掃除文盲之用。他們協力把收集到的兩千本書全部賣完，並且把一半收入捐回中心。

札維和克瑞斯從中觀察到進一步發展二手書服務平台的契機：「市場上的確有二手書的需求，但是大家不願意花心力時間把二手書拿出來賣。我們提供網路平台讓賣家在網路上賣書，或者收購要被丟棄的二手書在網路上販售。這樣的服務活絡了二手書市場，應該可以作為一門事業來發展。」

「在和羅賓森社區學習中心合作的過程中，相當敬佩他們把利潤回饋社會的作為，也讓我們決定要一同加入改善文盲問題的行列。企業身為社會中的一員，理當作為貢獻社會的一分子。」這一次的合作經驗，啟發他們思考企業之於社會的角色，促成新的創業思維，「我們要創造一個全新的經營概念，把回饋社會融入商業模式中。我們要讓二手書免於丟棄，提

▲Better World Books致力於解決全球文盲問題，推出「你買我捐」等活動募集資源。

供更便宜的消費選擇，以及幫助世界改善文盲的問題。這一切都是要讓世界變得更美好。」

於是札維和克瑞斯邀請在投資銀行上班的傑夫·克茲曼（Jeff Kurtzman）加入團隊，三人把他們特殊的經營理念寫成企劃書，參加聖母大學（University of Notre Dame）的商業計畫競賽。結果他們贏得七千美元的獎金，決定用這筆錢設立公司，公司名字就如同他們的願景，叫做Better World Books（讓世界更美好線上書店）。

社會資源再活化

Better World Books一開始在校園和社區收集舊書，不過通常只有在特定時間（如放暑假時段）才能收集到充足的舊書，也因此了解到，如果要擴大事業版圖，勢必要增加舊書的取得來源。

「我們發現書本最多的地方就是圖書館，全美有上千家圖書館要處理超過百萬本的舊書。每當收納空間不足時，舊書就會落得被丟棄的下場，這實在是一件很糟糕的事。」札維說。

社企小檔案

BetterWorldBooks™

「創造符合三重基線（財務、環保、社會目標）的永續發展企業。」

Better World Books是二〇〇二年由札維（Xavier Helgesen）和克瑞斯（Christopher Fuchs）發起的公司，主要業務是線上販售二手書，並且將社會目標和環境保護融入企業文化之中。與Books for Africa等非營利組織結為夥伴關係，提供資金和書籍捐贈幫助解決文盲問題。另外推廣二手書回收計畫，藉由廣設回收箱和提供回饋金，鼓勵美國大眾用捐書取代丟棄。公司在十年之內業績成長數十倍，員工成長至超過三百人，並且拓展至英國。Better World Books認為每一本書都有它的剩餘價值，就算不能被販售也能透過回收再利用。二〇一二年在六百多家社會企業中，被美國評選社會企業的組織「B型實驗室」評選為第一名。

- **公司名稱**：Better World Books
- **公司地點**：美國（Mishawaka，IN）
- **創辦人**：Xavier Helgesen、Christopher Fuchs、Jeff Kurtzman
- **成立時間**：二〇〇二年
- **公司人數**：約三百五十人
- **網站**：www.betterworldbooks.com
- **臉書**：www.facebook.com/betterworldbooks

Better World Books官網動態呈現舊書流通與捐款金額

Better World Books官網上方顯示的數據不斷更新變動。

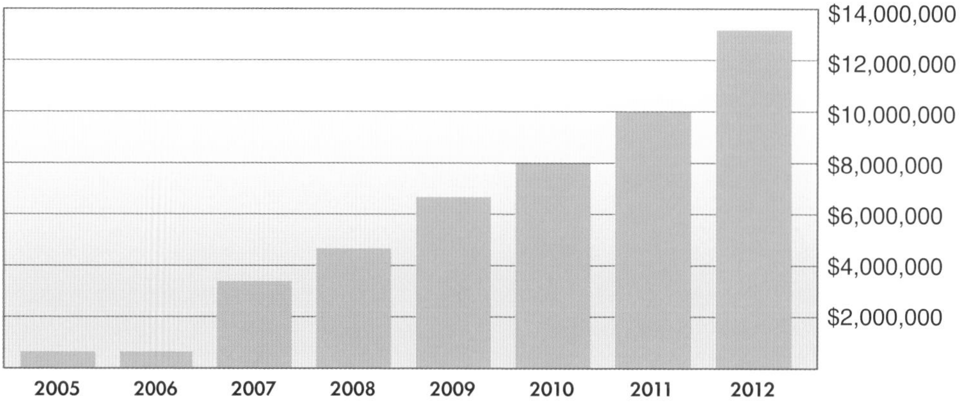

Better World Books累積捐款金額（單位：美元。資料來源：官網）

於是，Better World Books和各圖書館接洽並接手處理舊書，讓舊書重新在網路上販售，並且將收入百分之五到十五的盈餘回饋給圖書館。

為了更廣泛收集舊書和提升收集效率，Better World Books實行舊書回收箱計畫。任何個人或組織，只要有擺放的空間，就能夠申請回收箱。Better World Books不但會定期來收取舊書，也一樣會將舊書的部分收入回饋給申請者。這樣的獎勵制度鼓舞更多個人和組織加入收集舊書的行列。

「運費免費和利潤回饋的策略，讓許多單位和個人願意和我們合作。目前有超過二千三百所大學和三千間圖書館成為我們的夥伴，幫助收集到數量龐大的舊書。我們的線上使用者因此有更多選擇，也讓這些社會資源能夠活化再運用。」札維解釋。

你買我捐，號召讀者參與

打從Better World Books三人團隊成立時，就秉持理念，要做一個新型態的企業，創造回饋社會的機制。一開始的想法很簡單，就是把部分盈餘捐出，作為改善第三世界國家文盲的問題。但是他們進一步思考，如何替社會做出更多貢獻？

「一本書，對於已經讀過的美國學生來說是敝屣，但是對於第三世界國家的孩童卻是珍寶。假如我們能夠直接把二手書送到第三世界國家，就更能夠發揮書本的教育價值。」他們說。

除了思考舊書本身的教育價值，他們也考量到環保的問題：「美國普遍沒有資源回收的習慣，很多舊書就直接送到焚埋場處理。假如我們能夠提升社會大眾環保概念，讓這些紙張再生利用，就能降低砍伐樹木的數量。這對於我們的地球環境是有多大的幫助呀！」

這些反思促成Better World Books把社會和環境目標落實在企業經營之中。社會目標方面，他們尋找非營利組織結成合作夥伴，包括和Books for Africa、The National Center for Family Literacy、Room to Read、Worldfund等機構合作，提供二手書和教育基金來協助改善教育問題。

「每次看到那些孩子收到書本，一副開心滿足的樣子，就激勵我們公司團隊去思考如何幫助這些孩子更多。我們也相信不僅是我們公司，甚至是我們的客

▲回收箱提升舊書收集效率。

戶也願意伸手一起幫助這些孩子。」他們補充。

為了擴大社會影響力，Better World Books推出線上書店你買我捐的活動（Book for Book），號召線上讀者實際參與行動改變，總共捐出超過九百萬本書給教育資源匱乏的地區。截至二〇一三年十一月，總共一億一千萬本書被再次利用或回收，並且轉換成一千五百萬美元的基金來改善全球的教育問題，足以支付聯合國教科文組織二〇一二至二〇一三雙年度改善非洲教育的預算。

環境目標方面，Better World Books導入碳中和計畫，減少運送書本產生的二氧化碳。「我們捨棄塑膠袋，改用容易腐化的竹子包裝書本，選擇由使用生質燃料的貨車運送書本。其他營運時無法避免產生的二氧化碳，則透過購買碳抵換（Carbon Offset）來達到碳中和的目的。我們所做的一切，都是為了讓環境能夠永續發展。」

服務多樣化，營業額成長數十倍

Better World Books創業初期是在Amazon和eBay等外部平台賣書，後來為了提供消費者更多選擇服務，開

1 與非營利組織Books for Africa長期合作，送書到非洲。
2 工作人員在倉庫整理圖書。
3 Better World Books擁有超過三百名員工。
4 Better World Books倉庫望去一片書海。

始建立自己的網路書店和實體書店。在自家的網路書店，不但有原本的二手書販售，還能買到全新書本，甚至提供其他二手書商網路平台販賣書本。隨著平台擴張和服務多樣化，成立十年以來，公司營業額從每年百萬美金數倍成長到六千五百萬美元。

「我們體認到在競爭激烈的網路時代，必須不斷提升自身的競爭力，才能在市場上存活。提供消費者便利服務是不可或缺的核心競爭力。Better World Books提供全球宅配服務，而且還是免運費。消費者如果不喜歡書本，可以在三十天之內（全球四十五天）退還書本，並獲得全額退款。」札維解釋。

企業的核心價值也是吸引消費者的關鍵之一，「很多消費者喜愛我們，除了便利的服務，還有因為我們的經營理念。消費者覺得自己買書的同時，也和我們一起改善全球教育和環境保護問題。」

在網站首頁就有一行數據不斷在變動，包括捐贈的書本數量、捐增給基金會和圖書館的基金、回收再使用的書本數量，顯示這間公司每分每秒都在發揮影響力改善社會，也影響觀看網站的消費客戶成為支持者。

體現社會企業精神的標竿模範

美國評選社會企業的非營利組織「B型實驗室」（B Lab），在二〇一二年根據社會企業的三重基線（社會、財務、環境），從六百多家社會企業中評選出第一名就是Better World Books。在報告中特別提到，即使在二〇〇八年大環境不景氣的情況下，他們仍增加九十一個工作職缺（成長率百分之三十三），現在有超過百分之六十四的員工擁有股權。

「你可以說社會和環保責任已經融入我們的核心價值，就像是我們的DNA一樣。我們的員工認同公司理念，樂於讀書和愛書，以身為公司的一分子為榮。我們幫助員工們找到自己對於社會貢獻的價值，有時候還會送他們去非洲當地體驗短期生活。員工回來之後都表示，了解自己的工作能夠幫助改善當地教育問題，反而更加士氣高昂地投入工作。」

好的企業文化自然吸引更多人才加入。公司從原先的三人擴充到三百四十人的規模，當初擔任商業計畫競賽的評審大衛．莫菲（David Murphy）也加入成為執行長，發揮更大社會影響力。

※本文圖片取自Better World Books官網。

創辦人Q&A

「讓二手書得到新生，降低環境破壞，以獲利改善世界上的文盲問題。」

——Better World Books創辦人札維

Q 你們與一般二手書店有何不同？

A 我們是融合環境、經濟和社會目標的社會企業。我們和非營利組織結為夥伴，支持他們解決文盲問題；我們降低環境破壞，讓二手書資源可以再運用。同時我們也能夠自營自足，讓組織依照自己的理念不斷發展成長。

Q 為何選擇文盲作為要解決的問題？

A 文盲是全球性的問題，根據聯合國統計，全球有七億成年人口是文盲，而這些人通常也是活在貧窮線底下的人口。解決文盲問題同時也是解決貧窮的問題。另一方面，我們在本身從事二手書業務的過

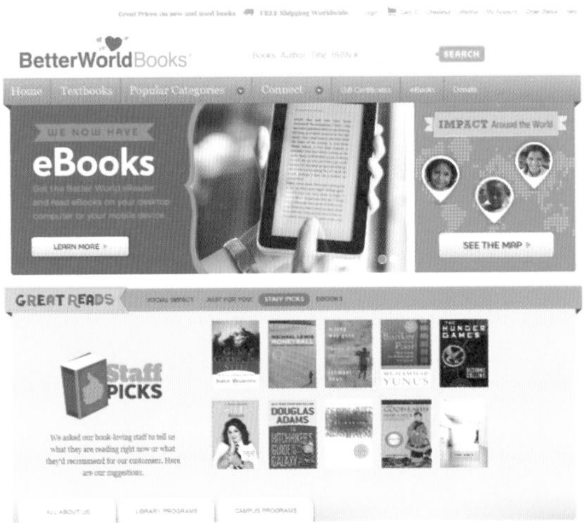

▲Better World Books的網站功能齊全且資訊透明，無論是捐書計畫還是線上購書，都可以清楚找到想要的功能。

程中，發現二手書可以成為他人手中的珍寶，解決文盲的利器，所以就把解決文盲與我們公司發展目標做結合。

Q 其他公司組織也有捐錢給非營利組織，你們有什麼差異之處？

A 我們不只是捐錢，更重要是建立社會資源的網絡平台。在Better World Books的推動下，增加消費者對於文盲問題的重視和參與，非營利組織因此獲得更多能見度和資源。我們認為解決文盲不是一蹴可幾，所以和非營利組織建立長期的夥伴關係。除了提供資金和書本援助，我們鼓勵公司員工參與援助計劃，重視文盲議題。

Q 有人質疑你們向社會免費收取二手書去進行營利的正當性？

A 我們承認免費二手書是我們獲利的來源，當然也有人質疑過我們的正當性。但是我們清楚知道我們收取的是一種服務費，讓這些廢棄資源能夠活化再運用。很多學校和圖書館單位願意交給我們去販售二手書，一方面也是因為他們沒有多餘的人力處理，一方面也不願意直接丟棄。況且我們會將賺取的部分所得回饋學校和圖書館，多餘的部分也會回饋給其他非營利組織。

Q Better World Books成功的祕訣是什麼？

A 我們創造供應鏈，讓更多舊書成為獲利來源，社會和環境目標的價值也替我們創造客戶認同。另外吸引優秀人才，導入成熟的管理制度，也讓我們的組織能夠穩定發展。早期我們找上擔任商業計畫競賽的評審大衛．莫菲擔任執行長，就是要倚重他的專業管理能力。

※參考來源：Better World Books官網

美國 Patagonia

課徵自己1%地球稅的綠色品牌

「在死掉的星球上，沒有生意可做」，這是一間年營業額高達兩億六千萬美元、全美最大戶外用品公司全體成員的信念。為了成為在百年後還能延續下去的品牌，這間公司規定自己每年只能成長百分之五；為了減少棉花種植過程產生的大量耗水與農藥污染，從一九九六年起全面使用價格貴兩倍的有機棉。

文／金靖恩

創業五十多年來，伊方．修納（Yvon Chouinard）始終是個「不情願的商人」，但卻是個不折不扣的運動愛好者。伊方從小就顯出不凡的運動身手，他在知道如何走路之前，就先學會了攀爬。十六歲時，他憑著一身輕裝攀上美國懷俄明州內的最高峰；到了十八歲，他靠著一台沖鍛模、二手燃煤爐、一個鐵砧、鉗子和鐵錘，開始自學打鐵，然後沿路一邊衝浪與攀岩，一邊販售自己製作的裝備來籌措旅費。

二十七歲那年，他索性開了一間店面，號召和他一起攀岩的朋友成為公司的第一批員工，重新設計並改良當時所有的攀岩裝備，開始了他第一個創業經歷。不過當時沒有任何一個人認真對待這門生意，對他們而言，這只是支付旅費帳單的手段而已。

打造全美「最適合工作的百大幸福企業」

隨著公司事業益發擴大，有愈來愈多的員工必須依靠公司謀生，伊方逐漸產生自己身為商人的自覺：「如果我必須當個商人養活自己與員工，那我就要用自己的方法來做！」從此，他憑著獨特的「任性創業法則」，打造出全美最適合工作的百大幸福企業。

他希望每個員工都能做自己，並且開心跳躍著來上班，因此公司裡從來沒有制服，也沒有硬性規定的上班時間，當浪頭一來，老闆還會帶頭在上班時間衝向海灘。公司裡的員工幾乎都是自身產品的愛用者，這裡沒有一個人試圖「像顧客一樣思考」，而是直接「作為顧客」思考。這裡的人力資源部門並不

▲創辦人伊方．修納穿著於一九七六年開發的刷毛衣原型。

迷信MBA，舉凡環保運動分子、獨立設計師、花式泛舟表演者、洗車工、釣客以及風笛手等，都有可能成為公司的員工。為了讓公司的女性員工無須顧慮家裡的幼子，公司也設立了全美數一數二用心打造的育兒中心，連結整個小鎮一起為孩子提供最快樂的學習環境。

Patagonia最為人所樂道的就是著名的MBA式管理——Managment By Absence，缺席管理。負責人伊方總是不在辦公室，但他全然相信每一位員工都能自我管理，就是在如此自由又充滿信任的環境中，員工的潛能與創意才能適當地被激發出來。另一方面，由於每個人都是自家產品的忠實顧客，也都是戶外運動的愛好者，因此整間公司從上到下都能自發性地注重品質控管，也都與伊方．修納一樣熱愛大自然，這樣的企業文化對於伊方後期在公司推動的環保革命，奠定了成功的基石。

走上環保的不歸路

伊方．修納的戶外用品事業是從製造攀岩的岩釘起家，然而在某次攀岩的經驗中，他發現原本美麗的岩壁因為長期遭受「反覆敲入岩釘、拔出、再敲入」的過程而飽受摧殘，讓他驚覺公司裡的主力產品正一步步地摧毀自己深愛的岩壁。從那時起，他便決定放棄岩釘的事業，轉而生產不需用鐵錘敲入、不會在岩壁上留下痕跡的岩楔，不僅掀起日後攀岩界使用岩楔的風潮，也是伊方友善環境的第一步。

在發現自己熟悉的自然聖地紛紛遭到人為破壞後，他領悟到所有的商業行為都會對環境帶來危害，他唯一能做的，就是盡其所能在每個環節都降低環境成本，並主動做出友善地球的行為。因此，他率領整間公司從節省企業內部能源開始，發動一連串的綠色革命。

一九八〇年代起，當Patagonia發現公司每年要花一千兩百美元（相當於台幣三萬五千多元）購買每天會直接變成垃圾的塑膠袋時，便決定全面停用塑膠袋來盛裝垃圾；Patagonia也停止在員工餐廳供應紙杯與保麗龍杯，讓公司每年省下數萬元的塑膠垃圾。在對公司內部的設備進行能源審查後，他們全面改採省電照明、加裝天窗、使用風力與太陽能發電等，節省了四分之一的電力。

1

2

1 Patagonia的產品線豐富。
2 員工在自由又充滿信任的環境中工作。

在節省能源的同時，Patagonia也努力降低自己對於「非再生資源」的依賴。除了全面使用再生紙製作型錄之外，公司所有的直營門市和辦公建築也都使用替代建材，而在他們目前最新的辦公建材篩選上，他們也決定拋棄木材，改使用創新的「廢材」——利用大量廢棄的稻草桿來建造。

為了讓公司維持「自然速度」成長，Patagonia從來不為商品創造「假需求」，也不在《浮華世界》或GQ等雜誌上打廣告，他們甚至曾經推出「Don't Buy This Jacket」（別買這件外套）的驚人標語，鼓勵顧客在購物前能三思，不要因為折扣而購買自己不需要的商品。

一九九四年，Patagonia作出第一份內部環境評估報告，發現工業栽培的棉花對環境的危害最大，因為在全球農地佔比不到百分之三的棉花田中，卻使用了全球百分之廿五的大型昆蟲劑與百分之十的小型昆蟲劑。因此他們在一九九六年做了一個冒險的決定，將所有棉製衣物全面改用百分之百的有機棉——即使當時有機棉布的成本比一般棉布高出三倍。

Patagonia也是第一家使用回收聚酯寶特瓶製出纖

社企小檔案

patagonia

「製作最優良的產品，盡可能減少對環境無謂的傷害，經由商業行為來呼籲並著手解決環境危機。」

Patagonia是美國知名的運動服飾品牌，前身為全美最大的戶外用品公司，於一九七三年成立。

身為一個熱愛地球的品牌，Patagonia希望能成為對地球最友善、同時也生產最佳產品的公司。

旗下的產品線包含攀岩、登山、衝浪、慢跑與滑雪的服裝與配備，因為這些都是屬於不需要引擎、沒有人工動力，也不需要無謂消耗資源的「無聲運動」。

為了成為一個永續發展的品牌，創辦人帶領全公司進行紙張和包裝的減量、減碳節能運動，並率先使用回收素材製作衣物。多年來也持續推動「1%地球稅」計畫，並鼓勵全球的企業加入，每年共同捐出1%的營業額作為愛護地球的基金，支援一千多家綠色組織的環保計畫。

Patagonia想要向業界證明，做正確的事，也可以成功造就獲利的良心事業。

- **公司名稱**：Patagonia
- **公司地點**：美國（Ventura，CA）
- **創辦人**：Yvon Chouinard
- **成立時間**：一九七三年
- **公司人數**：約一千三百人
- **網站**：www.patagonia.com/us/home
- **臉書**：
  國際：www.facebook.com/PATAGONIA
  台灣：www.facebook.com/PatagoniaTaiwan

維的公司，每生產一百五十件夾克，就能替地球省下四十二加侖的石油、避免排放零點五噸的有毒廢氣，而從一九九三年起的十年間，他們一共讓八十六噸的寶特瓶免於被送到垃圾掩埋場。

Patagonia還破天荒地自我課徵「地球稅」，每年捐出百分之一的營業額支持環保團體，並號召超過一千三百間企業加入行列，至今共捐助了二千五百萬美元（相當於七億多台幣）給一千多個非營利組織。

綠色企業，如何獲利又能永續？

打造一個綠色品牌，聽起來挺不賴，不過一家每年自己課徵百分之一地球稅，並將年成長率限制在百分之五的企業究竟要如何賺錢？如何永續？

這麼顛覆常理的綠色企業當然不可能賺大錢，但神奇的是，Patagonia在許多有點特立獨行，甚至被業界唱衰的環保堅持上，竟都順利通過市場考驗，甚至帶動起產業的新風潮。

例如在一九九〇年代中期，原本的保暖內衣產品全都經過夾鏈袋與厚紙板的層層包裹，但為了避免製造一堆拆封後就立刻被丟棄的垃圾，他們決定取消包裝，直接把內衣掛上衣架販售，較輕薄的內衣則用橡皮筋捲成一束擺在架上。

當時有許多人警告他們，Patagonia可能會因為如此缺乏競爭力的包裝而損失三成的銷售額，但採取行動的第一年，他們便省下十五萬美元的包裝材料費，也無須再運送十二噸重的材料到世界各地；由於保暖

▲ Patagonia旗下產品線包含各種戶外運動的服裝和配備。

內衣直接掛在衣架上，反而更方便顧客觸摸、感受材質，銷售額竟成長了百分之廿五！

不過在一九九六年全面改採有機棉製作服飾的環保行動中，Patagonia確實付出巨大的情感與財務代價。

由於有機棉的整體價格比工業棉花高出一半至一倍，而用有機棉製作的棉布價格更比一般棉布高出三倍。此外，由於當時有機棉並不盛行，使得合作的布料廠商紛紛拒絕配合這項行動，Patagonia的員工必須一路往前追到供應鏈的起點，重新尋找能取得大量有機棉花的代理商與紡織廠。好不容易找到新的廠商，又

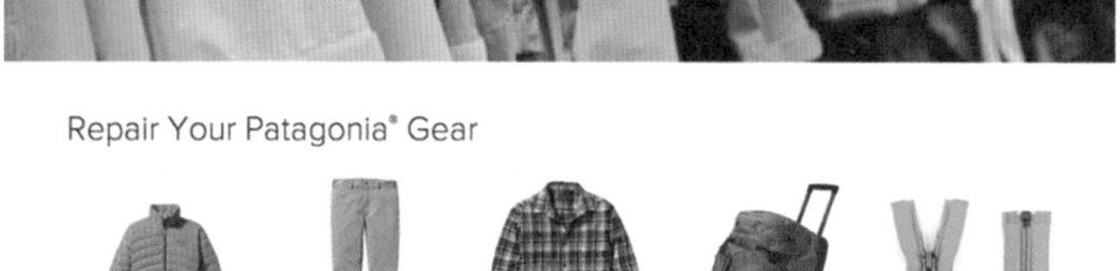

▲Patagonia標榜產品享終身維修服務，也鼓勵消費者不需過度消費。

因為他們無法順利開發出所有產品所需的替代布料，使得Patagonia必須忍痛放棄某些銷售相當成功的棉製產品，產品線由九十一種款式驟減為六十六種。

然而，他們相信消費者購買產品最大的理由是「品質」，在市調中也發現顧客確實能接受小幅上升的價格，因此他們決定犧牲部分利潤，讓漲幅不超過傳統棉製品的二到十美元。最後，這個計畫成功了，不但產品暢銷，還成功創造出有機棉的產業，目前市場需求已達到當時的三倍之高，Nike、Levi's和GAP等大品牌紛紛提高旗下棉製品的有機棉比例，帶動整個服飾產業的綠化。

1 Patagonia有機啤酒。
2 Patagonia的工廠遵循國際勞工組織（ILO）的「工作環境規範」以及美國公平勞工協會（FLA）的「公平勞工與負責任採購原則」。

修納從創業以來，經常有人質疑他為何不乾脆直接將公司賣掉，把錢都捐給環保團體？在思索了數十年後，他終於了解自己留在商界的原因：比起捐錢，他更希望能將Patagonia創造為其他公司的楷模。「Patagonia和旗下數以千計的員工都有方法、也有意願向整個商業體制證明，做正確的事也可以成功造就獲利的良心事業。」

這是一間按照「任性創業法則」所打造的公司，若放在傳統商業策略下檢視，簡直是不合常理，但伊方自己相當清楚公司真正需要負責的對象，既不是股東，也不是顧客和員工，而是自己的「資源來源」——如果沒有一個健康的環境提供永續的資源，就不會有股東，不會有員工，不會有顧客，也不會有生意。畢竟，「在死掉的星球上，沒有生意可做」。

※本文圖片取自Patagonia官網及臉書。

創辦人Q&A

「在死掉的星球上，沒有生意可做。」

——Patagonia創辦人伊方．修納

Q 戶外運動對您有什麼樣的意義？

A 我從十七歲開始釣魚，十六歲開始衝浪，而攀岩，則是十二歲左右就開始投入了。有好幾年的時間，每年我至少有兩百五十天是住在睡袋中的。

對我而言，大自然就是世界上許多問題的解答——暫時離開這個充滿高科技的複雜世界，回歸到一種簡單、再簡單的生活型態。這也是我為什麼會喜愛毛鉤釣魚。身為一個毛鉤釣客，你並不會專注於是否釣到魚的「最終結果」，而是專注在溪水中，去「閱讀」你眼前的河流，就像攀岩者嘗試探究眼前的岩石一般。你必須要直直探進水底，學習眼前這條河的生態系統以及水棲昆蟲的一切，了解河中有哪些蟲子，才能挑選合適的毛鉤與之配合。毛鉤釣魚的重點不在於你是否能捕捉到魚，而在於「調整你自己」，使你能與這個環境相合。

Q 什麼原因開啟了您的從商之路？

A 我從小就是個工匠，和我父親一樣。我父親從十歲就開始打工，他甚至知道該如何蓋一棟房子。或許是遺傳自父親的天賦吧，一直以來，我都是一個「創新家（Innovator）」，而非「發明家（Inventor）」。我常會看著家裡的木桌、板凳、湯匙或是任何東西想著：「我可以做一個更好的！」因此當我開始學習攀岩時，我看著當年市面上銷售的攀岩工具，品質參差不齊，價格也不便宜，心裡總想著：「我可以做一個更好的。」於是，我開始自製攀岩工具供自己使用，其他攀岩者看到後便向我採購，我就這樣開始了戶外用品的事業。

Q 您為何跨足運動服飾業？

A 某一年冬天，我前往蘇格蘭攀岩，在回家的路上我買了一件色彩鮮豔的橄欖球衫來穿，我認為它作為橄欖球衫的功用很適合用作攀岩服，而且衣領還能防止吊環割傷我的脖子。因此，我穿著它到處攀岩，沒想到每個看見的岩友都對我的衣服倍感興趣，覺得它很新潮。當時市面上的運動服千篇一律都是灰色的汗衫和褲子，於是我靈光一閃：我何不販售一些看起來較時尚的運動服飾，貼補修納戶外用品店的收入？這就是我們跨足服飾業的起源。

Q 您認為商業和環保是否會衝突？

A 在過去幾十年來，我常常在睜開眼睛時，意識到從商的自己其實也是製造世界上諸多環境問題的一分子，而我應該對此採取行動。因此，我下定決心帶領Patagonia成為這些環境問題的「解決方案」，而非「問題本身」。Patagonia進行內部環境評估、減少使用紙張和電力、使用回收素材製作服飾、率先全面採用有機棉、每年捐贈百分之一的營業額支持環保計畫等，盡量減少自己對環境的傷害。

Q 您是否將品質視為公司的第一原則？

A 我認為「品質」其實是目前這個「非永續社會」大部分問題的解答。在現今的社會，工業化的結果讓人們開始追逐堪用、可以大量製造的產品，而非「最好的」。

當許多公司說，今年的利潤下滑了，我們必須適度降低品質以保有利潤，我們的做法總是與之相反：提升品質。如果Patagonia想要永續發展，就必須鼓勵大家減少消費，但要買高品質的商品。也就是說，我們應該要努力提升產品的使用年限，增加產品性能，並讓產品容易修補，讓消費者不需要經常汰舊換新，如此我們才能永續。

※參考來源：www.youtube.com/watch?v=FigOhq6hzvg

環境醫療

台灣東南亞 ELIV 以立

國際志工，將技能、資源帶給有需要的地區

以立國際服務，是台灣第一家從事國際志工服務的社會企業。在帶領志工到鄰近國家服務的同時，以立也針對每個地區最迫切的問題，提供解決的方案。扶貧自立、氣侯變遷是兩大服務主軸，結合志工與當地居民，一起推動有機農業、永續設計和兒童教育。

文／梁淳禹

在這條泥濘的紅土路上，他已經走了一個小時。鞋裡都是爛泥，鞋底黏附了一層厚厚的紅土，隨意撿了根樹枝將紅土刮掉，這是今天第五次刮掉鞋底的黏土了。

二〇一二年夏天，一個年輕人在緬甸金三角附近的山區裡艱難地走著，從山上俯瞰他今天移動的路線：先搭一個半小時的車經過了柏油路、水泥路、碎石子路，最後到再也無法往前開的黏土路，接著帶著飲水及乾糧，下車步行。再繼續走了一個半小時之後，他終於越過了兩座山丘，到了預定探訪的目的村落，進行農業、民生用水、電力、醫療及衛生環境的探勘。

這是以立國際服務在決定一個計畫的服務地點之前，所必須做的探勘工作。

對這一個年輕的團隊而言，做志工需要的除了熱血，還要針對每個地區最迫切的問題，提供解決的方

1 以立國際服務創辦人陳聖凱（Kevin）。
2 二〇一三年「全緬啟動」計畫，以立隊友從台灣募集了中文故事書，說故事給孩子們聽。

案。因此一個計畫地點從無到有，都要先經過事先資料收集、實地勘察、與當地工作者或是非營利組織合作、探訪村落、了解村民的需求，接著才會將收集到的第一手資料帶回國內，向各領域的專家、學者請教，尋求解答。最後，一個海外服務的計畫就成形了。

海外服務計畫產生雙效影響力

以立國際服務，是台灣第一家從事國際服務的社會企業。

談起成立時的初衷，曾經在若水任職，園藝系背景的創辦人陳聖凱（Kevin）說：「希望能夠解決開發中國家的基本生活需求，包括糧食、用水、教育、衛生等問題。」而在持續出隊的服務過程中，另一位共同創辦人周曦翎（Helene）發現，志工透過參與服務的過程，也會開始進行反思，進而產生在當地社區及在台灣的雙效影響。

▲以立也針對企業，進行合作出隊服務。

於是，抱持著這樣的願景，從二〇一〇年起，先是從關心「扶貧自立」與「氣候變遷」兩大主題開始，發展了一系列的海外服務計畫。

起初的計畫，是陳聖凱跟另一位同事小彬，以及一大群志工到越南去進行生態豬舍的建造，在得知當地需求之後，回國尋求解決方案。最初因為毫無頭緒，只好上網尋找資源，最後用「養豬」及「專家」兩個關鍵字，找到了台灣的養豬專家，台大生工系的侯文祥教授。

「因為侯教授是第一次接觸國際志工這個議題，加上自己已經有行程安排，所以本來沒有打算參與全程。後來老師越做越有興趣，還主動延了兩次機票，不但參與全程，甚至還錯過了學生的口試日期。」他回憶起當時的情況說。

在那之後，侯教授除了提供以立許多生態農業上的諮詢與協助，也因為志工服務，讓他重新拾回了研究與教學的熱情。因為他知道除了台灣之外，世界上仍有許多角落都用得上他的知識。所以除了以立之外，他也積極參加其他單位在孟加拉、越南、中國偏鄉、柬埔寨等地的國際農業援助計畫。

在侯文祥教授身上，看到了一個以立發揮其社會影響力的極佳範例：志工服務對於參加者造成的衝擊與反思，進而促使其發揮自己的長處，為了讓世界更好而努力。

雖然國際服務的地點越來越多，可惜的是，最初的營運模式並不足以維持以立的永續經營。由於只有兩位核心員工，其餘工作大多是好友及志工幫忙分攤，但時間一久，大家無法再專注在出隊及行政的事務上，所有服務近乎停擺，讓陳聖凱興起了想要放棄的念頭。幸好在一次印度的服務計畫中，遇到了現在的共同創辦人Helene。

「因為志工是沒有義務與責任去把這些事情做好的，所以以立需要的是員工，而不是志工。」原先在香港是律師，後來轉身投入公益事務的Helene，在印度

社企小檔案

「創造機會，關心人類，關心地球。」

以立股份有限公司，又稱以立國際服務（ELIV International Service），最初成立的願景是「創造機會，關心人類，關心地球」，在經營理念上有三個重點，第一是照顧到員工的需求、注重員工的成長，第二是真實地去解決、回應一個社會議題或是需求，第三是可以擴大自己的影響力，讓更多的人一起關注身邊的問題。

目前以國際志工服務為主要業務內容，已舉辦過七個計畫：越南「飛越南關」、南太平洋「環浪計畫」、孟加拉「孟想大地」、柬埔寨「柬單生活」、印度「藍天竺地」、內蒙古「蒙芽之夏」、緬甸「全緬啟動」。其中「環浪計畫」是一次性的專案計畫，而越南及孟加拉的計畫已經停止；主要業務是「柬單生活」，佔了總出隊數的七成以上。

以立的客群以學生為主，佔了七成，主要是在寒暑假時出隊，平日則是以上班族為主，而從二〇一二年開始，進行企業B2B合作（如勤業眾信會計師事務所、如新集團），提供企業公益的新選擇。

- **公司名稱**：以立國際服務
- **公司地點**：台灣（台北）
- **創辦人**：陳聖凱（Kevin）
- **成立時間**：二〇一〇年
- **公司人數**：十四人
- **網站**：www.elivtw.com
- **臉書**：www.facebook.com/elivtw

1 二〇一一年五月「孟想大地」計畫，將就地取材的立體農耕技術帶到孟加拉，讓村民可以自力改善生活。
2 二〇一二年暑假，志工協助綠色孤兒院建造計畫的水池工程。

的火車上了解了以立的狀況之後，立刻提出了一針見血的看法。

她與陳聖凱經過一番長談，聊到了以立的未來，一致認為國際志工服務是一個可以改變社會的事業，應該更有效率地發展，所以在印度服務回國之後，Helene便正式加入以立。「Helene加入之後，以立從1.0進入了2.0，重新界定了公司的定位及格局。」

人的問題是經營最大考驗

在進行服務的過程中，並不總是一路順遂。以柬埔寨的計畫「柬單生活」為例，從最早的探勘隊、早期有機農業推廣、中期的孤兒院與教室的建築興建，以及今年暑假在村落推廣的火箭爐與衛生廁所，每一個計畫都必須經過再三檢視，才能確定帶進村落的方案是否符合村民的需求。

一開始村民總是非常客氣，有什麼方案帶進去都會接受，然後回訪後發現許多的問題，像是開墾田地的畦和溝，其實是非常耗費力氣的工作，因此真正會繼續使用這個方法的村民，十人中僅存一二。

又譬如孤兒院與村落中的教室興建計畫，也面臨過相當大的危機。

二〇一二年初，以立與一位當地人Mr. Yang合作，由他負責與手工藝婦女村的聯繫，要幫這個村落重新修建教室。經過了一個寒假的接力，教室興建好了，陳聖凱也認為他的辦事能力不錯，因此聘為以立在柬埔寨的員工，負責村落的回訪及聯繫，並回報新教室的使用狀況。沒想到七月初再到柬埔寨時，才發現狀況不對，收到許多村落的居民反應。

「Mr. Yang侵佔了手工藝婦女村教室的主權，所以我們還要上法院，跟法官說明我們那一棟教室是要蓋給手工藝婦女村的小孩子使用，而不是給他用的。」他說起這件事情依舊很無奈，「然後等法院的判決下來，確定教室的主權是以立的，是要給手工藝婦女村使用的之後，隔天他就立刻把教室裡面沒有被判決宣告的白板、桌椅等東西都搬走了，好像從一開始，就在等著這一刻。」

經歷這件事之後，以立才學習到在開發中國家想要辦好事情，光是憑著一股熱血是不夠的，了解需求並找到解決方案之後，還需要莫大的智慧，以及更現實的考量與判斷，才能讓想完成的好事，真正傳達到需要的人手上。

經營在地社群，優化服務品質

從創立至今，以立遇上的大部分問題都是人的問題。一方面是與當地人合作，需要耗費更大的力氣去

以立國際服務出隊人數統計

2010年	66人
2011年	314人
2012年	647人
2013年	763人

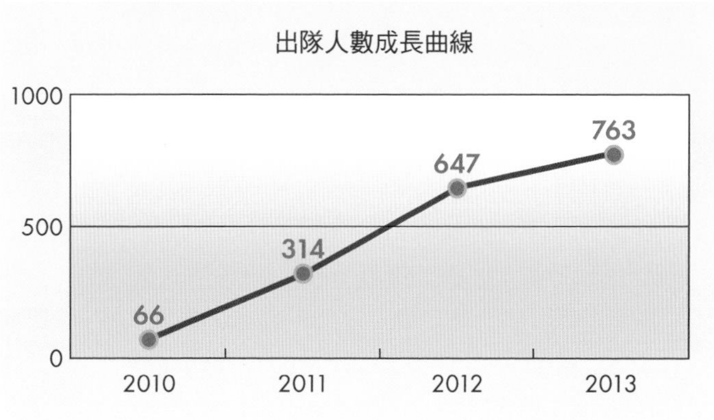

資料來源：以立國際服務

判別是否足以信任。另一方面，由於初來乍到，當地社群對於組織也尚未建立信任感，所以許多資料不可能靠探勘及訪問得到，而是要靠一次又一次的回訪及觀察才能做到。因此，如何經營在當地的社群，是以立能否將計畫做好的關鍵。

最初因為大多數工作都是由志工分攤，但許多的志工來了又走，無法持續，難以有足夠的累積，也無所謂傳承，自然也沒辦法對每個計畫進行深度規畫及討論。但開始招募員工，卻又抓不準節奏，一口氣招募了太多人，結果營運情況沒有跟上，只好又再緊急解聘部分員工，才幫急速下降的現金水位止血。

再接下來，公司就靠著七個核心成員開始營運，而參加服務計畫的志工，從二〇一〇年的六十六人，到二〇一一年超過三百人，到了二〇一三年已經有將近八百人。不過，隨著計畫的拓展，以及在二〇一二年進行的一個大型綠色園區計畫，核心員工的數量並沒有跟著增加。

二〇一二年的下半年，可以很明顯地感覺到所有人的精力都被耗盡了，「因此二〇一三年我們訂為休養的一年，把節奏再慢下來，相同的計畫，我們招募

1 七位年輕核心成員成功經營以立的故事受到媒體關注。（圖片提供／以立，取自《台灣光華雜誌》二〇一三年一月號）
2 二〇一三年夏天「柬單生活」計畫，幫柬埔寨Svey Cheak村落興建衛生廁所。
3 二〇一二年冬天「藍天竺地」計畫，在印度協助被排除於種姓制度的賤民達利人一起建造家園。

了更多的員工，希望可以把計畫優化。在今年我們多招募了七個員工，四位柬埔寨當地的員工，負責照顧小朋友及綠色園區；三個台灣員工，分別負責園區管理、村落回訪以及台灣內務支援。」

在談到二〇一三年的志工招募時，陳聖凱說：「有趣的是，即使今年我們放慢腳步，甚至因為內容調整而提高售價，願意來參加的人反而更多了。」以立在二〇一二年的總營收約新台幣一千一百萬元，但二〇一三年到八月底的營收就已經超過一千二百萬台幣。

用心於客戶的社群經營

從談話的過程中，可以看出客戶的社群經營是最重要的。以立的經營大致有下列三項：

一、在當地有長期且紮實的計畫，定期地回訪與經營，讓當地社群對於以立越來越能信賴，也越敢說出自己真實的需求。因此從有機農業推廣、教室與房屋修建、再到村落的火箭爐及衛生廁所推廣，參與的隊員可以親身經歷村民的改變，而以立也會用電子報將當地的情況持續回報給參與的志工，讓志工對以立做的事情更有認同感。

二、在過程中讓志工有充分的分享與討論，激發熱情與想法，讓他們從第一線的衝擊中反思，進而在回國之後發揮其社會影響力。有許多出隊過的志工回國後都會舉辦分享會，有些學生回到學校後，創辦了國際服務性社團，有些志工甚至開創自己的事業，一樣以社會企業的方式營運，持續影響身邊的人。

三、口碑效應。目前參加以立的隊員中，有七成是因為身邊的人曾經參加過，所以才會選擇參加以立。因為社會企業是要推動一些新的觀念給一般大眾，但是新的觀念很難一下子就被一般人所接受，所以透過口碑，讓實際參與過的人來說故事就非常重要，這也是以立能夠迅速成長很重要的一點。

最後，談到未來的規劃，陳聖凱說現在公司內部已經有計畫、行銷及內務的鐵三角團隊，因此以立接下來會以現在的架構持續經營下去，同時也會回過頭來試著開發國內服務的據點，希望能夠用穩健的腳步，繼續透過志工服務，影響更多的人。

※本文圖片取自以立國際服務臉書。

創辦人Q&A

「透過國際志工追蹤式的學習和服務，鼓勵年輕人投入鄰近開發中國家扶貧自立、改善環境的工作。」

——以立國際服務創辦人陳聖凱

Q 最初是什麼原因讓你想要投入國際服務？

A 我是苗栗人，高中念武陵高中，大學是台大園藝系。在國小時看過《異域》這一部電影，一群國軍跑到泰緬邊境的深山裡面，卻還和我們一樣每天都升國旗、唱國歌、用國立編譯館的課本。可能是因為同胞之愛吧，那時候我就很想為他們做點什麼。

後來長大了才知道，已經有很多組織持續地在那裡從事服務，但也因為這個契機，讓我可以打開眼界，看到國際上其實有很多需要幫忙的地方：越南、菲律賓、柬埔寨……，所以應該是透過這部電影打開我對服務的心，進而讓我看到這個世界的需求。

Q 創業的契機是什麼？

A 我第一份工作是在若水，那時候有個計畫是招募國際志工到菲律賓去蓋房子，而那時候我的Home Mother跟我說了一句：「What a beautiful house I have.」而她的房子小小的、舊舊的，讓我感受到原來她是那麼的感恩、知足。

反觀我們在台灣，明明擁有很多，卻不見得滿足。所以回台灣之後就跟我老闆講，他也很支持，加上當時還很年輕，覺得自己nothing to lose，因此就決定創業了。

Q 創辦以立的初衷為何？

A 最初是希望可以像尤努斯那樣，希望能找到一個方法或一個產品，可以改善大家的生活吧。可是後來一邊做，發現也有很多人希望做這樣的事情，因此後來就是希望透過國際志工，鼓勵大家一起來做改善社會的事情。

Q 對於社會企業的定義是什麼？

A 其實最近我有一個新的想法，就是所有企業應該都是社會企業，只是一般的企業連基本的社會需求都達不到，經營的目的完全是為了利潤，所以大家才要特別創一個社會企業來填補這個漏洞。

Q 比較欣賞的社會企業有哪些？

A 國外的話應該是Shokay吧，因為藏人一直在那裡，犛牛也一直在那裡，但從來沒有人想到要把犛牛絨重新設計，做出創新的商品，再與其他有需求的市場連結起來，我認為這是一個很創新的概念。國內的話，我很喜歡BCI X Rabbits，因為他去了解很多小議題或NGO的訴求，然後找設計師把這些訴求設計出來，同時利潤還會回到一些他們關注的議題上，所以可以自給自足，又可以幫小的NGO發聲，我覺得這樣很好。

Q 對以立未來的期許？

A 希望可以媲美，甚至超越誠品。誠品叫做文創，那我們也許叫做「土地創」吧。誠品特別的地方是他有一種調性，這種調性已經影響到全台灣，而且台灣人會引以為傲。這其實就是台灣人去形塑出一種氛圍，去影響到華人區。但台灣有另一塊也很棒，就是台灣人對土地的情懷。

我希望能夠把台灣人對土地的情懷、對人的情懷推廣出去，變成一種台灣的形象，進而影響到台灣的各層面，並拓展到華人圈。

香港

長者安居協會

平安鐘，拯救獨居老人的即時雲端服務

為了解決獨居長者照護問題，香港一群善心人士成立了「長者安居協會」，目標是打造二十四小時的緊急支援服務。「一線通平安鐘」是全天、全年無休的關懷及呼援服務中心，至今共有近四十萬人次的長者透過服務送入急診，挽回一條條寶貴生命。

文／陳玟成

一九九六年初的夜晚，一場突如其來的寒流襲捲香港，持續八度低溫的氣溫，造成一百五十名獨居長者因身體不適求救無援而猝逝。這樣的悲劇很快就成為隔日各大報紙的頭條，在香港社會引起軒然大波，各界人士議論紛紛，身為亞洲四小龍之一的香港，為什麼還會發生「路有凍死骨」的悲劇。

為了解決獨居長者照護問題，有一群善心人士成立了「長者安居協會」，目標是打造二十四小時的緊急支援服務。當時在國際救援機構工作的馬錦華看到這個機會，考慮到自身在大學時修讀老年學專業，認為可以貢獻自己所學能力，於是付諸行動，自薦加入協會服務行列，成為推動平安鐘服務的重要角色，並擔任長者安居協會首任總幹事長達十五年。

從使用者習性出發的便利設計

八十八歲的伍婆婆在多年前罹患中風，導致雙腳無力行動不便，走路要仰賴四腳架協助。平時子女在外地工作，伍婆婆必須一人在家中自行照料生活起居。但是年事已高的她，有次在浴室突然全身無力，雙腿一軟跌倒躺在地上，無法起身打電話進行求救。

在這關鍵時刻，伍婆婆使用隨身的平安鐘遙控器聯絡服務中心。過沒多久，救護車到達現場，將人送至醫院，拯救伍婆婆脫離險境。「一個人住很無助寂寞，發生意外時也不知道該怎麼辦，幸好當時有一線通平安鐘服務。」躺在病床上的伍婆婆有驚無險地說著。

一般而言，獨居長者無人陪伴，在身體虛弱時無法撥打電話連絡外界救援。即使打得出，亦未必能清楚或清醒地說出詳情；或在危急之際，無法清楚地描述自己所在位置和病況，影響救援的關鍵時間。

考量到長者使用習性和便利性，協會研發出「一線通平安鐘」的服務系統，主機是一個免提聽筒式雙向溝通的機台，只要家裡有市內固網電話即可安裝，並且附送一個隨身遙控器。長者只要用手指按單一按鍵，就可以連線到廿四小時運作的關懷及呼援服務中心。服務中心當值員工接到電話後，先了解長者情況再安排相關支援行動。如果發現長者按鈴超過兩分鐘卻沒有聲音回應，就會以緊急事故形式處理，立刻聯

長者安居協會至2013年底的服務統計

服務類別	本月數字	累積數字
透過「平安服務」尋求支援或關懷服務	63,039次	6,965,855次
透過「平安服務」需送入急診室	3,796次	373,780次
透過「平安服務」要求協助報警	35次	3,761次
電話慰問	33,741次	6,946,370次
註冊護士透過電話提供健康輔導	153次	50,013次
社工提供短期輔導	13案	18,308個案
轉介其他服務機構	141個案	5,378個案
義工服務（由2012年1月起計）	2,782小時	69,693小時

*「平安服務」包括「平安鐘」、「平安手機」、「隨身寶」及「智平安」服務。

*蒙各界熱心人士捐助，現時「平安鐘」或「隨身寶」慈善個案服務使用者共10,038人，累積受惠人數共21,736人。

資料來源：長者安居協會官網

1

2

1 每天有上千通電話透過「平安服務」尋求支援或關懷服務。
2 由於「長者安居協會」是為了照護銀髮族而成立，就連官網的設計上，也設有貼心的放大鏡功能，方便長者閱覽。

絡救護車、消防車及警車等到場支援。

建立廿四小時關懷及呼援中心

協會在成立初期，曾經參考國外的機制，發現有類似平安鐘概念的產品，讓獨居長者在危急之際，透過控制鈕自動撥電話給別人求救，「但是我們發現這個產品只能儲存四個電話號碼，會有無人接聽的可能性，而且一般人接到電話還再要打給救護車急救，增加額外的聯絡溝通時間，影響救援效率。」

「在經過研究之後，我們認為建立廿四小時運作的關懷及呼援服務中心，是建構急救聯絡及支援網絡的核心關鍵。透過支援中心，每一通電話都會被接聽到，即時掌握長者的生命動態。長者安居協會成立十七年來，至今共有近四十萬人次透過服務送入急診，挽回一條條寶貴生命。」長者安居協會前總幹事馬錦華自信地說。

「一線通平安鐘」最大的特色是整合緊急聯絡系統，中心內部有資料庫存放取得授權的病歷資料和親友聯絡資料。一旦發生緊急事故，當值呼援服務員會同時告知長者的緊急連絡人，並且將長者的病歷紀錄

▲戶外版的平安鐘「隨身寶」，為長者提供廿四小時全方位支援。

傳送至急診中心，提高醫院急診效率，急診中心也因此可在病人送到前已作出相關準備。此外，醫院也會將長者治療狀況回傳給服務中心，讓服務員也能夠掌握病況並且告知親友。

陪伴獨居老人的生活管家

隨著使用者增加和需求多元化，平安鐘的功能也隨之擴大，有些長者因為獨自生活寂寞，把平安鐘當作心靈慰藉，不時和當值員工聯絡感情。甚至當發生危及治安事件或火災時，長者也透過平安鐘作為平台聯絡相關單位。

談到平安鐘服務與長者的互動情況，馬錦華說：「很多獨居長者一個人在家裡悶久了，就會使用平安鐘與服務中心當值員聊聊天，時間一久還跟他們成為無話不談的好朋友。服務員除了透過電話關心生活近況、提供生活資訊、天氣預報、提醒看診吃藥，還會視情況和需要安排志工到府探訪並且提供需要的物資。」

「其實這些長者很需要有人陪伴和關心，平安鐘服務成為他們的生活管家，是在我們的意料之外的。」

社企小檔案

「以『企業養福利』、以人為本的服務及科技，提昇長者於社區生活的素質，將平安延伸至社會每個角落。」

長者安居協會成立的起源，是因應一九九六年一場低溫寒流造成一百五十位獨居長者猝死的悲劇。

當時一群熱心人士發起協會，建立廿四小時運作的關懷及呼援服務中心，打造香港長者的社會安全連絡網。一旦發生緊急狀況，長者只需要按下平安鐘的按鈕，就能夠直接聯繫到服務中心，服務中心值班人員會視狀況通報救護車、警車和消防單位到現場進行搶救。

協會成立十七年以來，有近四十萬人次透過服務送入急診，挽回一條條寶貴生命。隨著使用者增加和多元化需求，協會近年推出「隨身寶」、「平安手機」等服務，確保長者戶外活動的安全。目前協會有二百五十名全職員工，以及八萬名的服務使用者。

- **公司名稱**：長者安居協會
- **公司地點**：香港
- **創會總幹事**：馬錦華
- **成立時間**：一九九六年
- **公司人數**：逾二百五十名
- **網站**：www.schsa.org.hk/tc/home/
- **臉書**：www.facebook.com/pages/長者安居協會-Senior-Citizen-Home-Safety-Association/229564217066600

但是我們很開心透過這個平台，讓更多長者的身心靈都受到關懷照顧。」

根據協會統計，截至二〇一三年十二月止，協會曾收到和發出超過六百九十六萬通的長者關懷電話，單是二〇一三年十二月就有六萬三千次，相當於一天超過兩千通，遠比使用在急診服務二十七萬次來得高，顯示平安鐘獲得長者們的肯定和信任，在生活上成為其不可或缺的角色，同時成為香港長者社群安全重要的一環。

創新來自需求

隨著科技技術日新月異，長者安居協會投入資金研發新產品，將關懷及呼援中心的概念結合科技創新，推出「隨身寶」、「平安手機」、「智平安」等服務。

「隨身寶」是戶外版的平安鐘，「平安手機」是把平安鐘功能加在手機上面，讓長者在戶外也能和服務中心進行聯繫，家人也能夠透過服務中心或APP掌握長者所在的位置。「智平安」結合平板電腦和APP功能，讓服務員透過平板電腦提供平安鐘服務項目，長者也能利

長者安居協會2011－2012會計年度財務報表

收入	2012		2011	
	港幣（HK）$	%	港幣（HK）$	%
運作收入	92,183,467	77.9%	80,772,087	78.2%
•服務費及銷售平安鐘 / 隨身寶 / 平安手機收入	78,561,427		72,351,676	
•管家易家居服務收入	12,288,490		7,574,335	
•其他運作收入	1,333,550		846,076	
公眾捐款	17,309,248	14.6%	17,926,642	17.4%
利息及投資	2,536,637	2.1%	3,142,364	3.0%
其他收入	6,231,314	5.3%	1,438,337	1.4%
總收入	118,260,666	100%	103,279,430	100%

支出	2012		2011	
	港幣（HK）$	%	港幣（HK）$	%
服務運作	91,590,384	76.4%	79,363,352	76.7%
•長訊支出	3,158,006		2,859,875	
•推廣及廣告費	6,007,284		3,735,159	
•員工支出	62,346,841		54,395,279	
•其他運作支出	20,078,253		18,373,039	
折舊	10,184,336	8.5%	10,965,285	10.6%
銷售成本	17,757,877	14.8%	12,530,865	12.1%
籌款	425,976	0.4%	677,698	0.6%
•籌款活動主要支出	425,976		677,698	
總支出	119,958,573	100%	103,537,201	100%

協會二〇一一至二〇一二會計年度財務報表。總收入為$118,260,666，來源為服務使用者支付的服務費及公眾人士（個人或機構）的捐款。總支出為119,958,573，為員工支出、銷售成本、推廣及廣告費用、折舊及其他運作支出等。
資料來源：長者安居協會官網

用平板電腦接受多元化的健康和娛樂資訊。

「長者安居協會是香港第一個有研發部門的社福團體，我們每年會投入一定比例的資金在研發新產品。（註：根據二〇一二年財報佔營收百分之零點三）。我們必須不斷創新，和供應商協力合作提昇軟硬體服務，以滿足長者的各項不同需求。」

除了硬體的創新，長者安居協會也致力提升軟性的服務。「管家易」提供長者居家照護和清潔服務，

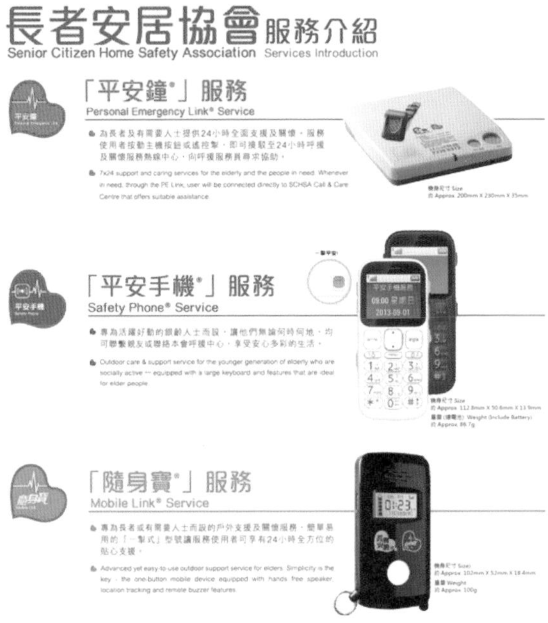

▲平安鐘、平安手機及隨身寶服務使用的機身。

「老友網」建構長者生活資訊和社群交流的平台，目的都是幫助提升長者的生活品質。

起死回生、穩定成長的轉折點

長者安居協會在香港被前特首曾蔭權先生譽為「最成功的社會企業」，但是在經營過程中備受挑戰。平安鐘的收費標準是每個月一百元港幣（約新台幣三百七十七元），但是看似便宜的收費標準，卻沒有在協會成立初期吸引消費者普遍使用，造成收入來源不穩定，其間一度負債近千萬港幣。

由虧轉盈的轉捩點，是在二〇〇三年時，有一位善心人士看到平安鐘廣告後深受感動，捐出數百萬元資助協會。協會便利用這筆資金購買大批平安鐘硬體並加強宣傳，在各大媒體刊登廣告，也在天寒時刻提供記者長者求救數據作為報導，讓社會大眾覺得平安鐘是不可或缺的生活必需品。光在這一年之內，客戶人數就由從一萬多人倍升至二萬五千人，協會因此擺脫財源窘境，開始穩定成長。

現在長者安居協會有二百五十多名全職員工、九百多名義工與約八萬名的服務使用者。目前協會

透過產品服務收入（包括平安鐘、隨身寶和平安手機），就能獲得七成的收入來源，二〇一二年服務收入約七千八百萬港幣（約新台幣兩億九千萬元），達成自給自足的目標。

長者安居協會的社會企業精神，成功體現商業和社會目標的結合，吸引商業界人士投入行列。原本在電訊界擔任高階主管的梁淑儀女士，因為和協會合作開發「隨身寶」產品，接觸到社企的理念，最後甚至轉行接任長者安居協會行政總裁。

老吾老以及人之老

「在服務長者的過程中，我們察覺在匆忙的生活和工作環境中，子女容易無奈地疏於關心家中長輩，導致很多家居意外發生。我們提供的各項平安服務，雖然讓子女可以放心在外工作，但是我們更希望透過產品和活動推廣，傳遞關懷長者的重要性。」梁淑儀女士說。

她加入協會之後，致力提升大眾關懷長者的意識，在佳節時刻舉辦宣傳活動，邀請大眾打電話回家關心長輩，近期更是推出兩項創新產品服務。「愛留

▲二〇一三年底，協會號召近千名商界、學界及個人熱心義工，進行大型長者探訪服務，約有一千兩百位「平安鐘」用戶受惠。

聲」讓客戶錄下一段給家人的內心話作為禮物贈送。東方人難以開口表達愛意和感謝的習性，巧妙地透過禮物的包裝，呈現對於家人關懷的真情流露。「生命歷情體驗館」運用創新的科技互動裝置，讓參加者在體驗活動的過程中反思年老的意義，更了解長者的生理和心理，進而產生同理心。

「一般人對於年老抱持著生病、衰弱、殘廢的負面印象，但是面臨老齡化的未來，人人即將經歷很長一段的老年生活。如何翻轉年老的印象，重新尋找長者的價值，是未來我們要努力的方向之一。」

1 運用科技互動裝置的生命歷情體驗館。
2 長者安居協會新總部，獲得香港賽馬會慈善信託基金的資助。

海外取經的模範

長者安居協會因為推出「一線通平安鐘」和「隨身寶」等創新服務，屢獲各項國內外大獎，在二○○九年度獲得施瓦布基金會（Schwab Foundation）東亞區社會企業獎，二○一○年度又獲得世界信息峰會移動大獎（Winner of the WSA m-Inclusion & Empowerment）。

隨著老齡化社會的來臨，老人照顧議題逐漸被各國政府關注。長者安居協會的創新，啟發上海、廣州、深圳、成都等地向香港取經，企圖複製成功經驗。協會順勢提供海外顧問服務，運用過去創立平安鐘服務的知識和經驗，協助各地導入相同的產品服務。

「香港老年人口估計一百一十萬人，我們的使用者是八萬人，這代表我們還有很多努力的空間。未來透過更多人使用平安服務，降低平均成本，可以幫助更多長者使用我們的服務。」長者安居協會創立十六年仍屹立不搖，其中不敗的道理，大概就是洞見需求、持續創新並致力追求突破吧！

※本文圖片取自長者安居協會官網及臉書。

創會總幹事Q&A

「面對老齡化的未來，我們建立廿四小時運作的關懷及呼援服務中心，打造香港長者的社會安全連絡網。」

——長者安居協會創會總幹事馬錦華

Q 當初為什麼會加入長者安居協會？

A 那時我已經在國際救援機構工作六年，並且擔任總經理一職。一九九六年那起獨居長者猝死的意外事件，讓我重新思考長者照護的重要性，所以後來毅然選擇轉向另一個職業旅程。雖然對未來有很多不確定性，但是我心中有一個支持我走下去的信念，那就是我不能再讓相同的悲劇再發生了。

Q 長者安居協會自稱社企，為什麼還接受大眾捐款？

A 社會企業是一種概念，注重在自營自足的永續精神。目前我們透過販賣產品服務的收入佔總收入的百分之七十七，相對其他非營利組織來說是很高的比例。另外因有長者基於不同原因而不能負擔相關費用，在不能因缺錢而令某些人被排除在服務以外的前題下，我們所有捐款全部用在慈善專案，而非用在支付單位人事成本。慈善專案協助無法負擔平安鐘服務的長者獲得服務，保障這些經濟弱勢的長者。至今約有一萬五千名使用者是接受我們慈善專案的免費服務。

Q 在推廣平安鐘面臨最大的挑戰是？

A 協會建立初期經營困難，導致協會負債千萬，當時我不得不尋求其他的資金管道。透過朋友介紹，我向不少名人及有錢人借錢，過程中也被人質疑是否有還款能力。幸好最後我們獲得有心人的捐款資助而得以生存下去，並且償還債務。當然，當時的眾董事願意承諾，「若最終不能解決相關難題，他們願意一起承擔」，更是解決這難題的關鍵。

Q 平安鐘服務是否有競爭對手？

A 其實在創立初期，市場就有競爭對手推出類似產品。我們不同意削價競爭，因顧客更在意服務品質。我們一方面加強產品設計與服務中心的優化，另一方面也投入資源在媒體公關，讓更多人關注並且使用平安鐘服務。近年來甚至有新的廠商仿冒平安鐘品牌，讓協會決定註冊「平安鐘」商標，避免消費者混淆和受害於品質不佳的其他廠商服務。

Q 卸下協會總幹事的下一步是？

A 卸下協會總幹事一職之後，我的生活變得更忙碌。目前我擔任城市大學「火焰計劃」執行總監，在大學推動社會創新及企業精神和服務，協助更多年輕學子了解和接觸社企這個領域。另外我也受邀至政府單位擔任不同委員會之工作。其實我目前仍然在協會擔任董事會底下之工作小組委員，支持協會服務之持續發展！

Q 對年輕人從事社企行業的忠告？

A 我個人十分贊成年輕人加入社企行列，但需要考慮以下問題：

- 你從事社企，想為社會和受服務者帶來什麼改變？
- 如果你的社企不幸結束營運，哪些人有最大損失？
- 在生命結束前一天，你希望別人如何描述你？
- 你有檢視所擁有的支持嗎？例如來自父母、政策、政府等。
- 你有檢視你有什麼能力嗎？如會計、設計、銷售、籌資、市務、項目管理等。

回答了上述問題，又得到具體答案後，你就要找到你的創新點和可行性。最好找多一點人說出你的想法，並盡量接受其他人的挑戰，讓你能更仔細地去設計和計畫你的方案。最後提醒：盡量不要重覆人家已經在做的事情，除非你能做得比別人好。

德港台

黑暗中對話

讓視障者發掘自我潛能

蒙上眼睛，踏進一個伸手不見五指的漆黑環境，心情不由自主地緊張起來。突然傳來一陣帶著溫暖語調的聲音。「有聽到我的聲音嗎？請跟著我的聲音往前走。」在旅程接近尾聲時，發現帶領這次「黑暗旅程」的嚮導，竟然是一位視障者。

文／陳玟成

蒙上眼睛的遊客，在黑暗中眼睛雖然看不見，但是卻意外地打開其他感官能力。

他們在商店中用觸覺區分商品種類，在電影院用聽覺辨認是哪部電影，在咖啡廳用自己的舌尖作美食評論，雖然完全看不到旅程的場景，仍然可以在心中勾勒出一幕幕生動的光景。然而，整趟旅程最精彩的一幕，是在旅程接近尾聲時，發現帶領旅程的嚮導原來是平常最熟悉黑暗的視障者。

「那次的黑暗體驗令人印象深刻。黑暗的不確定性和不安全感，讓我更加了解視障者所處的環境，原來他們生活上有這麼多困難和不方便的地方。但是更令我訝異的是這些黑暗中的嚮導能在黑暗中來去自主，還具有豐富生動的聲音表達和說故事能力，這讓我重新認識他們。」香港黑暗中對話創辦人張瑞霖先生，回憶起第一次參加體驗的經歷，依然記憶猶新。

從企業家到社會企業家

香港創辦人張瑞霖先生原本是香港成功的企業家，但是在一場大病之後投入公益領域。在偶然一次機緣下，他透過謝家駒博士接觸到社會企業的概念，了解「黑暗中對話」（Dialogue in the Dark）運用創新的商業力量，提供視障者一個傳遞價值的平台。

「黑暗中對話」起源於德國，由德國對話社會企業創辦人海寧克博士（Dr. Andreas Heincke）於一九八八年創立，全球有超過卅個國家、七百多萬人體驗過相關活動。

「我和謝家駒博士在二〇〇八年飛往德國瞭解黑暗中對話的經營模式。一開始我聽創辦人海寧克博士講社會企業能夠賺錢又做好事，直覺那是騙人的。之後又聽聞他因為創立對話社會企業而申請破產兩次，就更加懷疑黑暗中對話的商業獲利模式，不斷質疑社會企業獲利的可能性。」張瑞霖先生提及他最初的質疑。

他接著說：「最後海寧克博士雙手一攤，坦誠表示如果要賺錢就不要做社會企業，因為他不是因為賺錢而做對話社會企業的。當下我才領悟到，社會企業本質上與一般企業的差異性。」

張瑞霖先生是位具有創業家精神的企業家，認為創業是一種人生態度，必須不斷面對問題並且解決問題。雖然知道社會企業經營不易，但是他本身就喜歡開創新事業，也認為香港需要這樣創新的商業模式來幫助視障者，所以決定引進黑暗中對話到香港。

給視障者不一樣的舞台

「一般人對於視障者普遍存在弱勢的刻板印象，我們要扭轉這個現象，讓視障者成為幫助別人的角色。

▲將企業課程包裝成體驗式教育訓練。

過去我們因為和視障人士接觸的機會不多，所以容易受限他們是弱勢的刻板印象。但是透過黑暗中對話這一個不一樣的舞台，我們賦予視障者嶄新的角色，他們不僅可以做按摩工作、接線生、歌手，還可以是黑暗旅程的嚮導，也可以是協助學員探索自我的導師。」張瑞霖先生直接點出視障者可以擁有的新角色。

黑暗中對話一開始的產品服務主打行政人員管理工作坊，客戶目標瞄準企業高階管理人員。工作坊內容分為兩階段，由視障培訓師帶領兩小時的黑房活動，之後由一般明眼人分享師引導學員進行一小時的光房討論。

「許多高階主管在過程中發現要在黑暗中完成任務，必須卸下心防，彼此建立信任，充分運用溝通和領導技巧。但是他們往往不知道，在黑暗中指派任務的主持人，其實是我們的視障培訓師。所以每當黑房活動結束之後，視障培訓師在光房登場，都造成學員驚呼聲不斷。他們訝異的不僅因為主持人是視障者身分，對於視障培訓師鉅細靡遺的觀察分析能力更是讚嘆不絕。」張瑞霖先生分享他對學員的觀察。

許多高階主管在參加工作坊之後，都回饋表示工作坊協助他們自己看見平常沒有看到的盲點，還能提升溝通、團隊建立、領導、同理心等軟實力。

他說明一開始的經營策略：「我們初期在一週內舉行二十二場工作坊，讓參加的五百位高階主管成為最佳的背書者，促成許多公司將工作坊列為年度訓練之一。雖然工作坊收費訂價對於香港當地企業而言，屬於中高價位的教育訓練，但是香港黑暗中對話將課程包裝為體驗式教育訓練，並且與知名企業顧問講師合作，讓他們成為黑暗體驗後的『光房分享師』，同

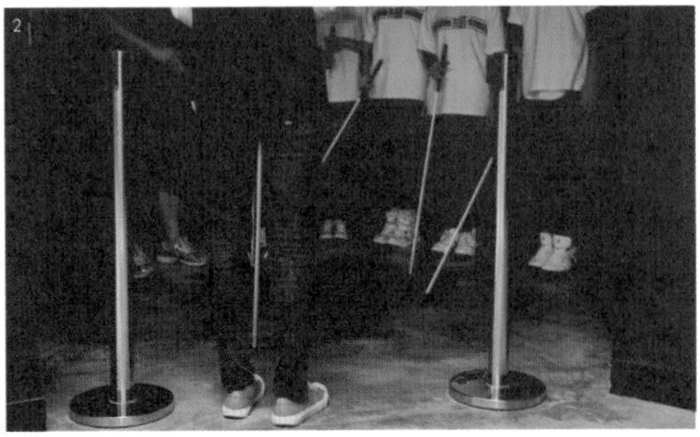

1 黑暗中對話體驗館。
2 體驗館的參加者預備進入黑暗旅程。

時提升課程的專業形象和市場競爭性。」

張瑞霖先生運用過去的經商經驗和事業人脈，建立香港黑暗中對話的收入來源基礎。他也了解到社會企業必須善用社會資源來幫助事業成長。成立初期，即獲得香港視障者團體的支持，著名視障者代表莊陳有先生，亦曾多次公開為黑暗中對話站台和背書。

黑暗元素的多元運用

藉由工作坊站穩了第一步之後，接著就是著手建立黑暗體驗館。

「我們知道體驗館需要龐大的財務成本支撐，但是體驗館提供更多視障者穩定的工作機會，以及讓一般大眾團體都能夠參與黑暗體驗，相對來說可以發揮更多社會影響力。」張瑞霖先生說道。

香港黑暗中對話投資四百五十萬港幣，改建美孚一間商場內部成為體驗館。每月的人事和營運成本帶給團隊不小的壓力，也讓黑暗中對話經營團隊重新思索策略。

「光是靠香港的遊客無法支撐體驗館的營運，但是別忘記每年來港遊玩的三千萬名遊客。如果我們讓

社企小檔案

「讓不同才能的人們，可以創造不同的社會影響力。」

黑暗中對話起源於德國，由德國對話社會企業創辦人海寧克博士（Dr. Andreas Heincke）於一九八八年創立，全球有超過卅個國家、七百多萬人體驗過黑暗中對話的相關活動。活動主要在黑暗中進行，讓一般明眼人與視障者在黑暗中互動，目的是透過創新的職種設計，提供視障者發揮價值的舞台。

香港黑暗中對話由張瑞霖先生和謝家駒先生於二〇〇八年成立，目前經營項目包括體驗館、工作坊和音樂會，視障和聽障工作者有十八位全職，四十位兼職，並且有超過八萬人參加體驗館活動。學員參加完體驗活動，不僅感到有趣好玩，會對視障者有重新認識，也會對日常生活產生自我反思。

- **公司名稱**：黑暗中對話（香港）有限公司
- **公司地點**：香港
- **創辦人**：張瑞霖、謝家駒
- **成立時間**：二〇〇八年
- **公司人數**：約六十人（含全職及兼職）
- **網站**：www.dialogue-in-the-dark.hk
- **臉書**：www.facebook.com/DiDHK
- **備註**：二〇一四年起黑暗中對話和無聲對話整合成「對話體驗」新品牌

體驗館成為外國旅客的觀光行程，就能夠確保體驗館有穩定的客戶來源。」這樣的新思維推動黑暗中對話和旅行業者合作拓展業務，成功提升體驗館的使用率至百分之六十。

目前黑暗中對話體驗館佔據旅遊網站Trip Advisor旅客最佳推薦的前三名，更被香港旅遊發展局列為香港具特色的熱門景點之一。體驗館親民的門票價格加上訴求特殊體驗的行銷方式，使得體驗館成為遊客在香港迪士尼樂園以外的好選擇。

黑暗中對話團隊是個富有實驗精神的團隊，運用創新手法把黑暗元素融入在不一樣的活動當中。

「我們嘗試過很多不一樣的活動，例如『暗中夜宴』讓參加者品嚐佳餚的美味；『暗中約會』讓異性之間能夠用不同的角度去認識彼此；『暗中生日』會讓壽星有個特別難忘的生日派對。這些活動有成功的也有失敗的，但是我們能在摸索中發掘市場需求。而我們最成功構想的活動，就是『暗中作樂』聲演會。」張瑞霖先生補充。

暗中作樂聲演會是領先全球黑暗中對話的獨創項目，與香港知名歌手黃耀明、容祖兒等人合作，讓參加者在全黑的環境中聆聽歌手的演唱。視障者在演唱會中扮演重要的管理角色，不僅帶領聽眾進場入座，還擔任現場製造氣味、聲音等舞台環境效果的場控，同時他們也參與演唱會的籌備企劃和舞台演出，讓演唱會更具有特殊的感官效果。二〇一三年暗中作樂聲演會邀請台灣視障歌手蕭煌奇，更添加演唱會的話題性。

做生意更要做公益

香港黑暗中對話有別於其他社會企業倚賴政府補助或基金會贊助，強調透過自給自足的方式運作，公司在創立後兩年開始損益兩平，在二〇一二年淨收益一百九十萬港幣。

「在籌備黑暗中對話的初期，我們有考慮要成立為公司還是基金會。但是為了要挑戰資本主義不能做公益的老觀念，還是集資使用公司的型態成立。最後我們發現公司型態不但經營上有效率，認同理念的股東董事也成為事業成長的最大支持者。」張瑞霖先生進一步舉例說，股東之一的香港社會創投基金（Social Venture Hong Kong）正是暗中作樂聲演會幕後的重要推手，也幫助提升黑暗中對話的知名度。

▲暗中生日會。

社會企業的重要精神是把營業利潤回饋社會，而這部分也是香港黑暗中對話正在進行的任務。

「我們要幫助更多視障者發掘自我潛能，公司底下的基金會就是在執行這個目標。每年演唱會的盈餘都會捐助至基金會底下，公司也會撥出一部分的盈餘給基金會。我們每年贊助視障學生到國外進行體驗交流，學習更多技能和提升個人發展。」他表示。

黑暗中對話對於身心障礙者的重視，也引起政府單位合作的意願。香港勞工及福利局從二〇一〇年和黑暗中對話合辦「傷健共融，各展所長」的青少年計畫，在香港各中學校展開對於身心障礙者認識和尊重的推廣教育。

「讓不同才能的人們可以創造社會影響力是我們的經營理念，我們也相信透過提供視障者就業機會，能帶給視障者福利和社會價值。目前香港黑暗中對話的視障工作者有十五位全職，二十五位兼職。視障者必須接受一連串的訓練，包括活動引導、敘事表達、聲音表演等訓練，並且通過考核之後才能執行工作。有些原本能力不足的視障者，經由訓練之後，成功獲得一份工作。而有些視障者則是在黑暗中對話工作一

▲由聽障者擔綱的無聲對話工作坊。

陣子之後，獲得其他企業的青睞往更好的公司發展，或是受到啟發自行創業。」

黑暗中對話的成功使得經營團隊後續引進無聲對話工作坊到香港。由聽障者擔任主角的工作坊，引導參加者帶著耳機蒙蔽聽力，運用表情和肢體語言進行互動。無聲對話工作坊也成功吸引企業公司包班參加，成為香港黑暗中對話有限公司底下另一個服務產品。

張瑞霖先生道出他的期許：「我們希望建立一個成功的社會企業模式，複製到更多地方，造福更多視障者。」

從二〇一一年開始，台灣也在愛盲基金會董事長謝邦俊和一群熱心公益的友人努力之下成立黑暗對話社會企業。目前香港黑暗中對話正在中國廣東擴點開辦工作坊。

「黑暗並不可怕，可怕的是孤單。」是許多參加者體驗後的感想，也同樣適用於平常處在黑暗的視障者。黑暗中對話幫助視障者在人生道路上不孤單，讓他們走出另外一條不一樣的路。

※本文圖片取自香港黑暗中對話官網及臉書。

創辦人Q&A

「用創新的商業模式，將視障者的生活感受設計成黑暗體驗的課程，讓他們發掘自我的潛力，也發揮社會影響力。」

——黑暗中對話香港創辦人張瑞霖

Q 你鼓勵人們從事社會企業嗎？

A 不是每一個人都要創立社會企業，成為社會企業家。每個人在不同工作崗位上都可以有社會企業家的精神。你覺得社會上有哪些問題，就提出想法，著手去做，你也是可以改變社會的一分子。

Q 你認為創立社會企業的第一步是什麼？

A 了解社會問題是第一步，跟對象人群一起生活，了解對方需要什麼幫助。如果沒有深刻了解需求，就不會有非得要解決的使命感。雖然當初我對於視障者沒有深刻認識，但是後來我還是花很多時間來了解他們的問題和需求。

Q 如何找到好的社會創新模式？

A 世界上有許多人和你一樣想要解決社會問題，任何一個問題，全球至少有超過十萬人在處理同個問題。你可以透過參與網路社群挖掘點子，從別人的經驗中學習，最終可以找出適合的社會創新模式。

Q 成功創辦黑暗中對話的下一步？

A 我關注老人議題，所以創辦另一個叫做尊賢會的社會企業，讓年輕人到府關心獨居老人。我喜歡開創事業，一旦公司發展穩定就交棒給專業經理人，目前黑暗中對話經營主要都由總經理彭桓基先生在

▲二〇一三年暗中作樂聲演會，台灣視障歌手蕭煌奇受邀擔任演出者之一。

負責。

Q 對於年輕人進入社會企業工作或創業的看法？

A 年輕人不要認為自己資歷少就沒有自信，其實年輕人的強項在於有創意。黑暗中對話的工作團隊很年輕，但都能夠獨當一面，無論是和客戶談生意或是企劃執行活動，都可以展現出自信和創新的一面。

Q 從商業轉變到社會企業的改變和收獲是什麼？

A 最大的收獲就是變得很快樂，因為我現在做的事情是為大多數人謀幸福，而不是像過去一樣追求利潤最大化。我也因為投入社會企業交到一群好朋友，因為在社會企業領域中的夥伴都很願意開放和分享，大家有志一同努力讓社會變好，容易成為知心好友。

4-9

英國 Fifteen Restaurant

美食起義！邊緣青少年變身大廚

廚房溫度越來越高，料理台旁成列的廚師們，以軍隊一般的速度維持亂中有序的出餐步驟：下鍋、調味、烹調、盛盤、擺飾、最後檢查，「噹！」準確的送入外場人員手中。從主廚到所有助手，每天至少六個小時高度緊繃的工作，讓「十五餐廳」團隊建立起絕佳的默契。他們，是最年輕的大廚！

文／郭又甄

看過美食節目的觀眾對這種場景大概都不陌生，忙碌的畫面是用餐時段的餐廳廚房每天都會上演的劇本，不同的是，這間餐廳扣除成本與員工薪資後的所有盈餘，都會捐給傑米．奧利佛（Jamie Oliver）名下的食物基金會（Jamie Oliver Food Foundation），用來培育更多對於美好食物與烹飪有熱情的年輕廚師。

用美食專業改變社會

傑米．奧利佛是英國家喻戶曉的明星廚師，二十一歲就以《原味主廚》（Naked Chef）烹飪節目在全英引起矚目，他不拘小節的隨性烹飪方式，堅持以健康在地食材表現食物原味，打破許多英國人對傳統烹飪的刻板印象，幾年下來累積了不少粉絲，除了電

▲十五餐廳創辦人傑米．奧利佛（左）與餐廳主廚Jon Rotheram。

視節目外，還出版食譜、設計餐具等周邊商品，許多師奶開始照著這個年輕小夥子的食譜改變自家廚房的菜色。

傑米為了拍攝節目常須深入英國大城小鎮，親眼目睹許多青少年因為各種社會及家庭問題無法上學、就業，根據英國國家統計局統計，自一九九〇年代末起，英國十六至二十四歲人口失業率，從百分之十一點八一路攀升到近年的百分之二十二，失業人口超過一百零四萬，光是在倫敦就有十二萬失業青年，平均每四個年輕人就有一個待業中。

傑米認為除了政府的力量，他一定也可以做些貢獻。他想出一個雙贏的辦法，他說：「我一直想為倫敦人開一間提供好食物的超棒餐廳，也希望能讓失業失學的青少年學會養活自己的專業技能，何不讓兩個目標一起完成？」於是二〇〇二年，「十五餐廳」（Fifteen Restaurant）在倫敦誕生。

這間餐廳因為節目的宣傳及特殊的社會意義，開幕至今一直有絡繹不絕慕名而來的人潮，取名「十五」是因為第一屆共有十五名來自全英各地的學員，經過重重考驗後成為專業廚師，之後每年都會有十五至十八名新學員完成訓練，加入就業市場。一整年的訓練課程中，學員一週有一天在廚藝學校上課，三天在十五餐廳實習，其餘時間就用來參加各種活動，例如拜訪食材產地農家、品酒旅行等增加廚師的生活體驗，並且安排學員們學習情緒管理技巧，以面對餐廳廚房高壓的工作環境。

除了專業技巧，這個計畫還包含一個名為「Open Door」的輔導團隊，陪學員一起面對家庭、財務狀況

1 學徒到香草農場實際認識香草作物。
2 十五餐廳主廚向學徒示範如何正確磨刀。
3 學徒扛著等著他們拔毛的雉雞。

等生活中的困境，盡可能幫助學員不要因為外在因素被迫中止訓練課程。

重新為青少年生命調味

這麼周全的規劃其實來自一開始的挫折。招募第一屆學員時，許多人不看好傑米的美好遠景，認為他想要教育社會底層的問題青少年又給他們工作機會，是一件自找麻煩的大工程，特別是許多學員在十多歲就有犯罪及毒癮問題。果然在訓練期間，就曾經出現學員因為訓練過程太辛苦又忍不住重操舊業，因犯罪被逮，面臨整個計畫幾乎停擺的窘境。

傑米總是嚴肅面對這些問題，但他從沒有對學員們失去信心，與計畫的導師們討論後，仍然繼續輔導犯錯的學員，並讓他完成訓練課程。這種不離不棄的包容與信任，是這些從小家庭困頓的孩子們最缺乏的力量，他們獲得肯定後，更能因此下定決心，向過去的惡習與負面影響環境告別。

因為十五餐廳而改寫人生的案例並不罕見。二十歲的學員麥百榮（McBarron）在十四歲就因罪入獄，四年後出獄，忽然驚覺自己不能繼續渾渾噩噩，報名

社企小檔案

「用食物的魔力讓失業年輕人有機會擁有更美好的未來。」

十五餐廳（Fifteen Restaurant）由英國廚師傑米．奧利佛（Jamie Oliver）在二〇〇二年創立，主要目的是提供傑米的公益學徒計畫畢業生們，一個實習與發揮的廚藝舞台。

成立的願景是希望透過食物與烹飪的美好，喚醒更多人對食物的關注。在經營上則是以餐廳的獲利支持學徒計畫，每年招收十五至十八名學徒，支付他們合理的薪資，並由二十五位專家組成導師團隊，提供學徒們教育課程。

目前在英國倫敦、康瓦爾及荷蘭阿姆斯特丹共有三間餐廳，已有逾三百五十名結訓學徒。

- **公司名稱**：Jamie Oliver's Fifteen
- **公司地點**：英國（London）
- **創辦人**：Jamie Oliver
- **成立時間**：二〇〇二年
- **網站**：www.fifteen.net
- **臉書**：www.facebook.com/pages/Jamie-Olivers-Fifteen/15447317774

上學徒計畫後，和其他學徒成員的互動培養出家人般的情誼，還有對食物的豐富知識。「我以為我已經失去作夢的能力，但經過這一年，我現在最大的夢想是成為曼聯隊（Manchester United）的專任廚師，我要天天用食物撫慰我最愛的足球員們！」

二十一歲的單親小媽媽是計畫裡少見的女性學員，一開始朋友鼓勵她申請的時候，她自己非常遲疑，過程中也因為太辛苦一度想要放棄，「但要是現在有機會讓我遇到當時的自己，我一定會毫不猶豫地要她勇敢向前，現在才能擁有充滿希望的人生新開始！」

第一屆畢業生堤姆（Tim Siadatan）從小就要打零工來維持自己生活所需，二〇〇二年結訓時他才十九歲，結業之後，他得到學徒計畫的資助，讓他開設自己的餐廳Trullo，今年他被《華爾街日報》評為歐洲最具潛力年輕大主廚之一，「傑米教我熱愛我的工作，他讓我相信，只要有熱情與決心，再困難的事都可能達成。」

十一年過去，除了倫敦的第一間十五餐廳，又陸續在荷蘭阿姆斯特丹和英國康瓦爾開設分店。傑米的學徒計畫已經培育出三百多位優秀的年輕廚師，他

▲十五餐廳要讓人們品嘗健康美味並且愛上烹飪。

們學到的不僅僅是謀生之道，更重要的是透過達成目標，讓他們看見自身內在的無限潛能，只要願意相信自己，沒有不可能的事。

現在，每年都會有兩百多人申請，只有十五到十八位學員能通過考驗，完成訓練後可以自行就業，或安排到傑米．奧利佛旗下的餐廳擔任全職工作。對這些曾經在人生十字路口徘徊的青少年來說，這會是一場全然嶄新的生命旅程。

▲十五餐廳的菜色講求展現食物天然的美味。

創新營運模式：餐廳和基金會並行

要維持餐廳以及學徒計畫的運轉，除了熱情與衝勁，還需要強而有力的財務支援，傑米．奧利佛一開始就規劃將餐廳的所有盈餘捐給自己名下的食物基金會，由基金會撥款支持每年的學徒計畫。

選擇成立餐廳與基金會並行的好處是，基金會可以在社企餐廳自身營運狀況不佳時，接受外界捐款或小額勸募來維持計畫運轉，不讓學徒的學習中斷；而餐廳的盈餘穩定成長時，則可挹注基金會在學徒計畫之外的活動推廣。除此之外，餐廳的理念宣傳及正面形象更有助於基金會對外募款，使兩者互利共榮。

傑米也很懂得運用自己的名人號召力，舉辦募款餐會或烹飪課程籌措資金，同時他也長期捐出自己其中一本食譜書*Cook with Jamie*的版稅，支持整體學徒計畫營運。

食物起義：從餐廳走向校園

翻開十五餐廳的菜單，義式的菜色講求食材的新

▲傑米．奧利佛（中）的陪伴是年輕學徒強力的後盾。

鮮，不過度調味以展現食物天然的真食味，這不只是義大利料理的精神，更是傑米一直以來希望推動改善英國飲食文化的最主要目標：讓人們用簡單的方法重新認識好的食物並愛上烹飪！

十五餐廳讓傑米向一般消費者證明，食物的魔力除了單純的飲食，更具有社會意義。傑米將眼光瞄準兒童的飲食教育，英國是全歐洲學童肥胖率最高的國家，過去人們想到英國，總認為和法國、義大利相比，英國的食物常讓人不敢恭維，英國學童在學校每日食用的營養午餐品質也同樣令人憂心，傑米擔憂地說：「這是人類歷史上第一次，因為不良的飲食習慣影響，我們的下一代的壽命將比我們還短！而我們每個人都有責任阻止這種情形惡化！」

傑米透過一系列的電視節目，在大眾面前揭露學校供應的營養午餐有多不營養，例如幾片培根加冷凍青豆、炸雞配調味牛奶等。傑米在節目中製作自己設計適合成長中學童的午餐組合，到校園中發送，公然和禁止外食的校方對抗，雖然衝突帶有節目效果，但這個節目確實讓許多家長大為震驚，也迫使英國教育單位開始正視學童營養午餐問題。

推動新飲食教育

除了兒童，傑米也希望重新教育為全家人健康把關的家庭主婦。傑米的食物基金會從二〇〇八年開始，在布拉德福德（Bradford）、利茲（Leeds）等城鎮設立教學中心，接受地方政府及衛生單位的支持，提供免費的實體及線上烹飪教育課程及食譜下載，讓更多家庭受益。

這些不同時期在英國各地區發生的案例，確實對英國的飲食教育帶來影響。英國政府在剛頒布的新教學計畫中規定，從二〇一四年九月開始，烹飪將列入必修課程，和台灣玩票性質的家政課程不同，教學大綱中規定，所有七到十四歲的學童需要在課程中學習烹飪，依照不同年齡設計不同難度的烹飪任務，十四歲的中學生需要學會至少廿道菜餚。課程的目的在於讓學童透過烹飪認識基本的營養學及食物知識，讓孩子在畢業時，都能有餵飽自己及家人的基礎烹飪能力。

有了在校園中推動飲食教育計畫的經驗後，傑米決定發起全國性的食物革命日（Food Revolution Day）活動，從二〇一二年開始號召全球各地的家庭、社區學校組織共同響應。傑米主張我們每個人都應該更關心自己的飲食，透過與家人朋友的共食分享活動，重新學習簡單卻重要的烹飪技巧。目前在世界各地已經有超過六十個國家響應，一起在五月十七日這天，藉由舉辦免費烹飪課程、晚餐分享會等活動，實踐食物革命日的口號「烹飪，分享，生活」（Cook it, share it, live it.），讓人們重新建立與食物的健康連結。

傑米．奧利佛火紅的程度，讓他成為英國知名度最高的廚師，他也從不吝於發揮他的正面社會影響力，持續運作的各種飲食計畫也有效引起大眾的關注。他透過各種方式，一步步實踐改善英國飲食文化的願景，打破許多人對廚師的既有認知。他的理念很簡單，希望讓所有人都能親自感受食物以及烹飪的美好。

「簡單的事，持續做就不簡單！」傑米．奧利佛不受限自己的廚師身分，他用熱情與愛灌注的飲食社會事業，不僅在廚房中飄香，也將食物的魔力感染世界各地的人們。

※本文圖片取自十五餐廳官網及臉書。

創辦人 Q&A

「我想為倫敦人開一家提供上好食物的餐廳，也讓失學失業的青少年學會養活自己的專業技能。」

——十五餐廳創辦人傑米・奧利佛

Q 開設十五餐廳並推動飲食改革運動，目標及堅持是什麼？

A 早從一九九〇年代初期，我看到許多因為失學或家庭因素失業的青少年在社會角落流離失所，我開始思考如何幫助他們學習餐飲的專業技能，讓這些青少年在餐飲業找回自信，重新開始生活。

將近十年後，當時的我出了第三本書，覺得是時候開始做點改變了，決定先在倫敦開一間餐廳。我成立十五餐廳是因為我相信青少年孩子們隱藏在家庭問題背後，存在著沒有被發掘的天賦，這樣的天賦可以透過「美食」和「做有意義的事情」而重新被看見。我非常喜歡社會企業的概念，企業把特定的社會目標當成經營宗旨，不以營利為主要目標，這樣的概念讓企業可以藉由自身的營利來解決社會問題。

於是我招募了第一批總共十五個學員，同時還找來二十五位不同領域的廚藝及經營專家團隊來當他們的導師，長達一年過程當然有歡笑有淚水，我們把這些高低起伏做成六集節目，之中還發生學員在訓練過程中因為偷竊被逮捕的事情，除非他們犯的罪真的嚴重到無法解決，否則我們還是希望可以讓每個人都接受全部的訓練順利畢業。節目製作完成開播的時候，正好餐廳也開幕，這讓十五餐廳瞬間變成全英國最熱門的用餐地點之一，也讓學徒招生計畫變得更順利。

我對這些孩子充滿信心，我也希望他們相信我不只會在訓練過程中陪伴他們，就算他們結業離開，有任何需要我幫忙的地方，我都會是他們強力的後盾。一直到現在，我們都沒有改變最初的目標，我要讓這些孩子因為美食而認知到自己是有能力做有意義的事情的。

▲十五餐廳創辦人傑米・奧利佛（右）與餐廳主廚Jon Rotheram。

Q 十五餐廳的學徒計畫和一般餐飲業的師徒制有何差異？

A 和一般餐飲業的師徒制度最大的差異在於，「十五」的學徒計畫除了傳授學生們專業的烹飪技巧，更重要的是教育他們有關各種食物的起源、歷史以及背後的文化意涵。現代社會變遷造成家庭結構及飲食習慣的巨大改變，老祖宗時代開始在廚房傳承的烹飪技巧與食物的基本知識被新生代忽略，在便利商店和速食連鎖店的包圍下，我們開始逐漸失去人類生存的基本本能，這是非常危險的事情。我認為透過課程的學習，可以讓這裡畢業的學徒們都能夠成為真心熱愛與人分享食物美好的烹飪專家。

Q 會給十五餐廳的學徒什麼樣的建議？

A 對於有心從事餐飲或烹飪事業的年輕人，我會建議他們勇敢給自己嘗試的機會，先從假日的短期打工到寒暑假的長期實習，若在這些實務經驗後仍然感興趣，可以考慮申請全職餐廳工作或就讀專業的

弱勢就業

餐飲學院，完整學習烹飪技巧，同時充實自己有關食物的文化知識。我自己在還是學徒、經濟還不寬裕的時候，就養成習慣和我的夥伴們存錢定期去高級餐館用餐，不是為了享樂，而是為了有觀摩學習的機會。

我多年的心得是，如果你有足夠的熱情和信念，不怕吃苦，到處都有學習的機會，沒有什麼無法達成的目標。

Q 外國人能不能申請學徒計畫？

A 任何可以在英國合法工作的人都可以申請，每年四月我們會開始新學徒的申請作業，我們的網站上有相關的資訊。

Q 請分享以飲食推動社會事業的計畫？

A 我的目標很大，但也非常明確，不論是十五餐廳的經營，或是在各地推廣的食物革命活動，我和團隊所做的一切，都是為了要重新讓人與食物建立友好的關係。因此，我希望在二〇二〇年以前，我們可以維持十五餐廳現有的學徒制度，持續培育一千位以上的年輕人學會一技之長，在食物產業發展自己的事業。在英國的各主要城市都成立飲食教學示範中心，並在英國的各小學推廣以飲食教育為核心的園藝和烹飪基礎課程。

最重要的是，透過實踐這些目標，我希望可以看到因為不當飲食引發的相關疾病如肥胖、心血管疾病可以真正減少。

※參考來源：1. 十五餐廳官網：www.fifteen.net
2. 傑米．奧利佛個人官網：www.jamieoliver.com

國際 The Big Issue

街友變身街頭的超級銷售員！

讓街友接受訓練、結交朋友，並從街頭販售雜誌的互動中，培養責任感，重回有自主性的生活——這是《大誌》的創辦理念。堅持品質，貫徹社會企業產品優先而非全然訴諸愛心，《大誌》目前共在十個國家成功發行，並透過授權，由各地經營在地化版本。

文／邱韻芹

英國《大誌》雜誌（*The Big Issue*），由過去也曾在街頭討生活的約翰．博德（John Bird）和美體小舖（The Body Shop）創辦人高登．羅迪克（Gordon Roddick）發起，一九九一年創立於英國倫敦。目前已經有十個國家取得授權，本著相同的理念，獨立經營在地化的版本。台灣《大誌》雜誌在刊頭寫著：「這是一本屬於愚人世代的雜誌。這是一本給流浪在街頭的人們所販售的刊物，透過一個可以自食其力的機會，重新掌握生活主導權。」為《大誌》的編輯品味下了最好註腳，也扼要地解釋了它的社會使命。

▲英國《大誌》雜誌創辦人約翰．博德受邀來台舉行工作坊演講。（圖片提供／輔仁大學吳宗昇老師）

把手舉起來，而非把手伸出來

英國《大誌》每週出刊，它不像其他雜誌是陳列於店面販售，而是由街頭販售員在英國各個角落的定點兜售。街頭販售員是《大誌》的靈魂人物。無家可歸、失業或者能證明自己即將流落街頭的高風險群體，都能就近和英國各地二十多個《大誌》辦公室洽

1 英國《大誌》雜誌創辦人約翰．博德。（圖片來源／英國《大誌》官網，攝影／Martin Gammon）
2 英國《大誌》以週刊形式發行，每週可賣出十萬份。（圖片來源／英國《大誌》官網）
3 英、澳、日、韓、台及南非在二〇一四年二月發行的《大誌》雜誌，由於品牌授權後由各國採在地化經營，不同國家的版本內容互異。（圖片來源／各國《大誌》官網）

詢。街友在完成講習並簽署行為守則後就能立刻開始工作。他們會先無償取得少量雜誌，以每本兩塊半英鎊（約一百廿五元台幣）的價格在《大誌》指定的據點兜售。取得收入後，販售員可以選擇再以一點二五英鎊的價格進貨並販售。換言之，街頭販售員每售出一本雜誌，便能獲得一半的直接收入（一點二五英鎊）。

英國《大誌》的創辦人約翰．博德指出，對於過去仰人鼻息的街友來說，這種自力更生的成就感是十分深刻的，「每次成功交易就如同取得博士學位那樣可貴而令人感動」。雜誌社則是在將雜誌批售給街頭販售員的過程中取得每本一點二五英鎊的收入，作為維持編輯營運的資金來源。

目前英國《大誌》在全英國有六十三個批售發報站，與大約兩千位街頭販售員合作，每週賣出十萬份雜誌。這種經營模式也透過授權，在日本東京、澳洲雪梨、巴西聖保羅、南韓首爾、南非約翰尼斯堡等十個國家的不同城市帶動《大誌》浪潮。

在地發展模式：以台灣為例

二〇一〇年春天，網路媒體人李取中赴英取得加盟權，讓台灣成為世界上第九個發行此街頭刊物的國家。經過審慎的調查，台灣《大誌》根據街頭販售員的活動情況和潛在讀者的閱讀品味，將目標客群設定為廿到卅五歲的學生與上班族的都會通勤族，內容則聚焦全球社會、科技與時尚等議題，創造人文雜誌的新風格。

台灣《大誌》的經營模式和英國相似，惟出刊頻率是每月一次，且開放身心障礙者擔任街頭販售員。目前台灣《大誌》有六十位穩定合作的街頭販售員，平均年齡在五十五歲左右。雜誌社在經營一年半後取得收支平衡。

公司及非營利組織雙軌經營

由於社會企業至今仍缺乏適當的經營管理規範，因此許多組織往往面臨如何運用盈餘的選擇，甚至質疑。

成立超過二十年的英國《大誌》是以營利公司與非營利組織雙軌制的模式，來回應這道社會企業經營難題。營利公司負責企劃及販售雜誌，基金會負責管理雜誌的收益。他們聘僱專人並準備資金，針對住

社企小檔案

「幫助街友，讓他們幫助自己。」

《大誌》雜誌（*The Big Issue*）於一九九一年在英國倫敦創刊，創辦人為高登·羅迪克（Gordon Roddick）與約翰·博德（John Bird）。其銷售通路是由街友在城市定點販售，希望提供街友賺取正當收入的機會，找回對生活的自主權，進而改善遊民問題。街友在完成講習並簽署行為守則後就能立刻開始工作，每售出一本雜誌能獲得一半的直接收入。

英國《大誌》採營利公司與非營利組織雙軌並行的營運模式，公司負責企劃及販售雜誌，基金會負責管理雜誌的收益運用。

經營穩健的《大誌》在英國、日本、澳洲、巴西、南韓、南非等十個國家發行，透過授權，由各地經營在地化版本。

台灣《大誌》於二〇一〇年創刊，在經營一年半後取得收支平衡，目前有六十位穩定合作的街頭販售員。

- **公司名稱**：The Big Issue／大誌雜誌（大智文創）
- **公司地點**：英國（倫敦）／台灣（台北）
- **創辦人**： Gordon Roddick、John Bird／李取中
- **成立時間**：一九九一年／二〇一〇年
- **網站**：
  英國：www.bigissue.com
  台灣：www.bigissue.tw
- **臉書**：
  英國：www.facebook.com/bigissueuk
  台灣：zh-tw.facebook.com/bigissue.tw

1 台灣《大誌》雜誌創辦人李取中（左二）。（圖片提供／社企流）
2 台灣《大誌》以全球時事、藝術文化、科技及設計為主要內容。（攝影／賴靜儀）
3 日本《大誌》為雙週刊。（圖片來源／日本《大誌》臉書）

屋、健康醫療、財務自主和個人發展等四個領域，提供街頭販售員必要的服務和支持。此外，經營穩健的英國《大誌》也參考影響力投資的概念，投注資金於「未來的事業」，例如環保、醫療和貧窮預防組織等等。

所謂影響力投資（Impact Investment）意指帶有明確社會目標的投資，它介於過去單純捐贈資金和出於個人經濟利益而進行的投資之間；風險稍高、經濟報酬較低，但可望對社會帶來正面影響。英國《大誌》創辦人博德強調，這筆錢並非無償提供給社區組織，而是在投資前就根據組織提案，考慮是否能在未來收回本金和合理利息。

對傳統社會福利提出挑戰

作為社會企業的《大誌》，和社會福利單位為街友提供的協助有什麼不同？

約翰・博德創立《大誌》的初衷，是希望讓街友能夠在不必犯罪的情況下維持正常生活，所謂正常生活可能包含抽煙、飲酒甚至吸毒。他並不從道德角度批判這些行為，但他要藉由《大誌》讓街友自立，賺取報酬來支應生活所需，而非從事搶劫、偷竊或賣淫活動。

出身街頭的他對英國社福單位頗有微詞，他認為救濟式的物資發放對於貧窮問題而言，是昂貴又充滿歧視的處理方案。社福機構透過直接提供實物及服務來控制街友的生活，但也隨之抹煞這個群體的創造力與勞動力，以及藉由工作報酬來維持個人生活方式的可能性。

從協助街友自立的角度切入，《大誌》展現了社會企業積極面對貧窮問題的解方，在各地逐漸開花結果。

英國街頭販售員年度成果分析
2012.4.1－2013.3.31

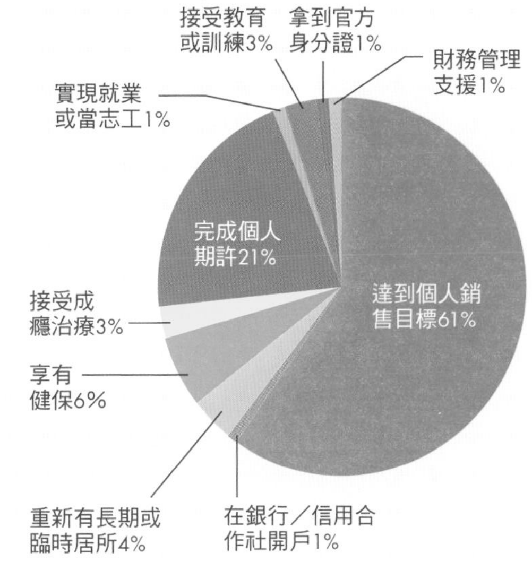

資料來源：The Big Issue Foundation官網

▲《大誌》在英國約有兩千位街頭販售員，自力更生的成就感幫助他們重拾生活尊嚴，有個街友Andrew曾經在一週當中，每賣出一本的收入，就捐出五十便士給兒童慈善機構，雖是棉薄之力，但意義無限。（圖片來源／英國《大誌》臉書）

Part 1 英國

創辦人Q&A

「透過街頭販賣雜誌的互動，讓街友接受訓練、結交朋友並從勞動中培養責任感，重新掌握自己對生活的主導權。」

——英國《大誌》雜誌創辦人約翰．博德

Q 創立英國《大誌》的緣起？

A 我出身貧困的移民家庭，五歲時便流浪街頭，幾年後更鋃鐺入獄。一九六七年時，我正因為吃霸王餐而被英國警方追緝，途中在愛丁堡的一家酒吧認識了高登．羅迪克。他當時還沒有創辦美體小舖，而我們只是一起寫詩喝酒的朋友，在我搬回倫敦後便失去了聯絡。十多年後，我在電視上看到羅迪克，打電話給他，才又重新聚首。

一九九一年，羅迪克受到紐約街友販售街頭報紙的啟發，決心再次創業，便邀請我一起參與。媒體經常誤以為創辦《大誌》是我的點子，而且無論我糾正他們多少次，報導仍然圍繞著我打轉。不過羅迪克對此並不以為意，只顧著埋頭解決《大誌》碰到的各種疑難雜症。在共同經營《大誌》的三年中，我不斷提出各種天馬行空的企劃，但羅迪克總會運用他的商業知識說服我，先穩固經營基礎，再革新求變。

Q 《大誌》草創時期的營運情況？

A 美體小舖提供了《大誌》草創時期的五十萬英鎊資金。後來《大誌》逐步走向財務獨立，羅迪克便淡出日常營運的策劃，但我仍持續統籌《大誌》，也負責撰寫專欄文章。

剛開始經營《大誌》時，我特意組成「丐幫」團隊，也就是由一群沒有顯赫學歷、沒有特殊專長、

▲英國《大誌》的街頭販售員，透過銷售每份兩塊半英鎊的刊物，自給自足，找回生活的自主權。（圖片來源／英國《大誌》臉書）

沒有經營概念的平凡人所組成的工作團隊。因為我來自街頭，對於大學生和專業工作者相當反感；但這卻使得雜誌社在前半年搖搖欲墜，差點倒閉。於是我們開始招募其他具有美術、編輯和經營才能的專業工作者加入團隊，讓來自不同背景的成員相互學習。我從失敗的經驗中學到混合經營的概念。

Q 創辦《大誌》的終極目標？

A 我的終極目標是挑戰現有的社福體系，重塑「給予」和「施捨」的概念。我相信給予貧窮者適當的機會和訓練才能讓他們脫離困境。現在英國政府每年以超過三成的社會福利預算處理貧窮問題，但仍是以提供金錢或食品等最終產物（ends）為主。我認為這只是「製造」出窮人，將他們標誌為特定族群再加以隔絕，卻忽略了其中蘊藏的勞動可能性。

《大誌》是讓街友接受訓練、結交朋友，並從勞動中培養責任感的社會企業，他們將從販售雜誌的互動過程中重回有自主性的生活。

※以上內容摘錄自二〇一三年台灣社會企業創新創業學會與台灣《大誌》雜誌合辦之社會企業工作坊現場交流。

Part 2 台灣

創辦人Q&A

「社會企業仍然是企業，必須為消費者帶來價值而非純粹訴諸善心。」

——台灣《大誌》雜誌創辦人李取中

Q 台灣《大誌》與英國《大誌》之間的關係？

A 台灣《大誌》僅是授權品牌名稱，而沒有像其他國際中文版雜誌一樣，透過內容共享、合作企劃等方式，來保持與母品牌之間的緊密合作關係。台灣《大誌》承繼英國成功的街報品牌之名，雖然能夠在與相關公部門及非營利組織接洽時取得較有利的位置，但資金、編務和實體活動仍得自己獨力張羅。

Q 台灣《大誌》創刊以來的營運概況？

A 就像他國的街報組織一樣，台灣《大誌》前兩年的經營相當困難。這主要是因為街頭販售員和據點不多，銷售量無法顯著成長的緣故。由於台灣《大誌》的廣告收入僅佔總額的一至兩成，又特意削弱網路和實體店面的銷售通路，因此佔收入九成的街頭銷售量，顯然是邁向穩定經營的最重要因素。

我們約莫在創刊一年半後達成收支平衡，目前有六十位穩定合作的街頭販售員，平均年齡在五十五歲左右。比較有自信、販售時間固定、能與路人互動並建立關係的街頭販售員，通常能取得較好的銷售成果。

Q 台灣《大誌》的內容定位？

A 我們的販售據點大多在都會區的捷運站出入口，所以目標讀者是以二十到三十五歲的大學生和社會新鮮人為主。

在決定雜誌定位時，我們發現這群讀者在八卦雜誌與各式新聞之外的閱讀需求還沒有被滿足，所以選擇以全球時事、藝術文化、科技及設計為主要內容，發展出這本人文雜誌。我們也參考其他同類型雜誌的規格來設定頁數與內容分量。

Q 以社會企業模式經營雜誌有什麼成功要件？

A 社會企業仍然是企業，必須為消費者帶來價值而非純粹訴諸善心。雖然《大誌》強調讓街友自立的社會使命，但回歸雜誌本身，內容和品質也不能打折扣。這同時也是對街頭販售員的尊重，他們會知道讀者是因為喜歡產品而向他們購買雜誌，而非出於同情和憐憫。

未來台灣《大誌》將持續在各個城市拓展銷售據點，並在編務可負擔的情況下從月刊轉為雙週刊。

▲台灣《大誌》在都會區捷運站銷售。（圖片來源／台灣《大誌》臉書。右圖攝影／賴靜儀）

西非

Divine Chocolate

西非農民的巧克力夢工廠

由西非農民一起創立的Kuapa Kokoo合作社，協助可可農提升耕種效率、轉型友善農法、改善經濟和生活。他們也是國際巧克力品牌「非凡巧克力」的大股東，年營收逾千萬美元，更體現了公平貿易的原則：建立公平、可責信的交易制度，並和全體農民合理分配利潤。

文／金靖恩、余昌柔

在美國，平均每人一年可以吃掉七公斤的巧克力，歐洲每人一年吃掉超過十公斤，而全中國上下十四億張嘴，僅一年就食用了將近十六萬噸的巧克力。在這數以萬噸的巧克力糖背後，藏著高達八百多億美元的商機，就算只把其中萬分之一的比例回饋到可可農的手中，也足以改善全球數以萬計農民的家計。

在西非，有一群可可農真的掌握了這萬分之一的巧克力市場，他們不僅是可可豆的栽植者，更是一間國際巧克力品牌的大股東，旗下品牌的年營收將近一千五百萬美元，二〇一一年的獲利更將近十萬美元。究竟這群小農是如何辦到的？

打造紅利八十萬美元的農民合作社

一切都從幾個敢作夢的可可農開始。

位於西非的迦納是全球高品質可可豆的主要供應來源，境內有超過兩百萬名可可農，這些農民天天在烈日下揮汗，每日平均收入卻不到台幣二十一元，因為可可中間商的欺瞞、剝削與延遲付款，每年都在迦納農村一再上演。

直到一九九〇年代，當迦納開放可可的自由競爭市場，幾位有見識的農民突然意識到自己除了種植可可，也能自主成立透明、公正的合作社，取代過去失職並欺騙農民的中間商。於是在雙子貿易公司（Twin Trading）的協助下，部分可可農在一九九三年正式成立了Kuapa Kokoo合作社（意為「優良的可可培育者」），一切交易過程除了公開、民主，還透過農民自行選出的量測員來交易他們所種植的可可豆，並確實執行四項承諾：

- 確保以合理價格收購可可，絕不欺騙社員或延遲付款。
- 將利潤分享給所有社員。
- 確保女性在社內委員會的席位，並支援多項婦女自立的經濟活動。

1 農民把發酵好的可可豆放在太陽底下晾乾。
2 農民忙著剝開可可莢取出裡面的可可豆。

- 協助社員以對環境友善的方式種植可可。

由於Kuapa Kokoo從選豆、秤重到輸出，全都做得比國營可可公司還要有效率，讓他們成長極為快速，從剛開始的兩千名會員，發展到目前為止已涵蓋迦納中、西部五個區域，共有一千四百個村莊加入合作社，會員數高達六萬五千位農民。Kuapa Kokoo不只扮演中間商的角色，也提供完整且良好的農耕訓練給旗下所有會員，協助農民提升耕種效率，並使用較永續、對環境友善的農法種植可可。

在Kuapa Kokoo的輔導下，會員們的年產量與獲利大幅提升，二〇一〇年整個合作社共生產了四萬噸的可可豆（約佔全世界百分之一的可可豆產量），其中有六成被銷往公平貿易市場，每銷售一噸還可獲得二百美元的公平貿易津貼（Fairtrade Premium，可用於社區發展或提升合作社的公共利益），在二〇一一年，Kuapa Kokoo甚至分配了八十萬美金的紅利給社員！

另一方面，在合作社產量穩定且逐漸獲利之後，社員們也開始思索自己在這八十億美元的可可產業中，還可以做什麼樣的大夢？於是在一九九七年的社員大會上，他們表決通過一項重要決議：成立自己的巧克力品牌，進入歐美主流市場，與其他品牌一較高下！

史上頭一遭，農民自創巧克力國際品牌

一九九八年聖誕節，由西非農民自行創立的「非凡巧克力」（Divine Chocolate）悄悄進入英國連鎖超市的貨架，用最純正、高品質的公平貿易巧克力，與英國上百家領導品牌一較高下。不過這得來不易的機會，其實是幕後五大股東聯手推動的結果。

▲Kuapa Kokoo合作社農民Adwoa Asianaa拿著非凡巧克力，一個她也是共同擁有人的巧克力品牌。（攝影／Kim Naylor）

一九九七年，當Kuapa Kokoo決定自主成立巧克力品牌時，雙子貿易公司、美體小舖、基督徒救援會（Christian Aid）及喜劇救濟會（Comic Relief）等大型企業和組織紛紛伸出援手，投注資金，英政府國際發展部門（DFID）更卯足全力提高非凡巧克力的融資額度，降低創業貸款利息，共同促進非洲史上第一個農民自創品牌的誕生。

這些關鍵的資金來源不僅協助非凡巧克力度過艱難的草創時期，也讓Kuapa Kokoo得以在創立之初，便獲得四十萬歐元的貸款，並取得百分之卅三的股權，確立農民在該品牌的定位與發言權。目前Kuapa Kokoo持股比例已高達百分之四十五，為最大股東。

選對市場與通路，也是非凡巧克力成功的另一特點。

他們並不像傳統的公平貿易商品一樣選擇利基市場，只透過小型公平貿易通路來販售；反之，對自己的可可豆充滿信心的農民們，決定選擇商機龐大的大

眾巧克力市場作為切入起點。起初非凡巧克力乏人問津，沒有什麼超市願意讓當時還沒沒無聞的西非小品牌上架，但在合作夥伴基督徒救援會的全力協助下，他們集結所有在英國的人脈網絡，一人一封信寄給家裡附近的超市要求販售非凡巧克力，在如此龐大的消費者力量推動下，非凡巧克力終於攻進英國大型連鎖超市聖斯伯利（Sainsbury's）的貨架。

不打同情牌，用品質和創意讓世界看見

與其他大品牌相比，非凡巧克力擁有相對較少的行銷預算，但長達十餘年的市場經驗告訴他們，最有效果的宣傳方式就是讓更多人嘗試他們的產品。因此，當前的策略便是透過舉辦試吃活動、登上美食節目秀，或是異業結盟的合力促銷，讓更多人認識並品嘗非凡巧克力。

二〇一三年，非凡巧克力首次挑戰全國性的廣告活動，在擁有超過二十七萬名讀者的聖斯伯利超市消費雜誌上刊登折價廣告，讓消費者藉此獲得五十便士（英國貨幣）的折價。在這個廣告之後，非凡巧克力緊接著聯合品牌贊助商，共同舉辦了全國性的「巧

社企小檔案

「持續做出美味的巧克力，並實現一個眾人同珍惜的社會商業模式。」

非凡巧克力（Divine Chocolate）是唯一一家可可農持股達百分之四十五的公平貿易巧克力公司，由西非迦納的可可農合作社Kuapa Kokoo發起創立自有品牌，獲得英國大型企業和組織挹資，一九九八年於英國倫敦成立。

其社會使命為：在全球廣大的巧克力市場建立一個創新的品牌，秉持公平貿易原則，改善西非可可小農的生活和機會，進而提升農民在價值鏈的地位。

非凡巧克力選擇直接切入大眾巧克力市場，在英國創下銷售佳績，並在二〇〇七年進軍美國市場。Kuapa Kokoo的農民非常驕傲他們在英國擁有一家成功的公司，除了個人生活和社區發展有所改善，還可以獲得巧克力市場的第一手資訊，並擁有發言權。透過合作社與品牌的良性整合機制，不僅為西非可可農創造福利與尊嚴，也驅動品牌的成長。

- **公司名稱**：Divine Chocolate Ltd
- **公司地點**：英國（倫敦）
- **創辦人**：Kuapa Kokoo合作社
- **成立時間**：一九九八年
- **網站**：www.divinechocolate.com
- **臉書**：www.facebook.com/divinechocolate

克力週」慶典，和英國境內超過四十家商店、咖啡廳與餐廳，合力創造美味的巧克力餐點，讓更多人認識這個品牌，並連結先前的折價廣告在超市舉辦促銷活動。透過一連串相互配合的廣告促銷，非凡巧克力重新在二〇一三年秋冬的銷售上創造佳績。

然而，要在競爭激烈的巧克力市場中持續生存，除了創意的行銷宣傳，商品本身的競爭力以及與消費者之間的緊密連結，更是建立品牌忠誠度最不可或缺的要素。

1

2

1 非凡巧克力復活節應景商品。
2 巧克力包裝上有西非迦納的獨特圖騰。

因此，Kuapa Kokoo合作社定下了「Pa Pa Paa」（好之最好）的標語，透過一連串提供給會員的農耕培訓，致力於提供最高品質的巧克力豆給非凡巧克力品牌。他們也努力為顧客創造難忘的消費體驗，除了經常舉辦試吃推廣活動之外，顧客還有機會一起參與新口味的研發、參加非凡巧克力舉辦的烹飪活動，並在社群媒體上與之互動等等。當然，包裝設計也是相當重要的行銷手段，非凡巧克力設計了屬於西非迦納的獨特圖騰，讓每個巧克力棒看起來都像精緻的禮物，搶攻巧克力禮品市場。

目前非凡巧克力的發展策略已不局限於英國市場，而是致力在世界各國發掘更多商機。二〇〇六年，由於多了微型金融機構Oikocredit與路德教會世界救濟會（Lutheran World Relief）的資金加持，讓品牌得以擴大規模，向第二個國際市場做準備。二〇〇七年情人節，非凡巧克力正式進軍美國市場，並在該年創造出超越百分之十九的銷售成長率，以及將近七十萬美元的稅後淨利，締造品牌的第二奇蹟。

在十五年的努力下，目前非凡巧克力的足跡已遍及英國、美國、加拿大、捷克、荷蘭、澳大利亞、韓國和日本等地。

實現「利潤共享」的公平價值鏈

為了達到品牌創立的初衷：「在巧克力市場創立屬於自己的獨特品牌，以提升農民在價值鏈中的地位，提高西非可可農的生活水平」，非凡巧克力在與Kuapa Kokoo的交易上確實體現了公平貿易的原則：建立公平、可責信的交易制度，並合理分配利潤。目前Kuapa Kokoo合作社的全體農民可以共同享有來自非凡巧克力的四種收益：

- 販售可可豆的收入：非凡巧克力嚴格遵守公平貿易制度所訂定的最低收購價格（Fairtrade minimum），而當市場價格優於公平貿易最低定價時，非凡巧克力便以市價收購可可豆。
- 公平貿易津貼／基金：每收購一公噸的可可豆，非凡巧克力便會提撥兩百美元作為Kuapa Kokoo合作社的發展基金。
- 部分營業額回饋：經過協議，每年非凡巧克力均回饋百分之二的營業額作為支持生產開發的基金。
- 可分配利潤：由於Kuapa Kokoo合作社農民擁有公司百分之四十五的股份，農民可以得到將近一半的可分配利潤。

對於合作社所獲得的津貼與發展基金，每位農民皆可使用民主方式決定該筆款項應如何運用於農地與

▲Kuapa Kokoo合作社很重視對女性權益的保障。

社區的開發，而其中一項為人稱道的項目，就是對女性權益的保障。

Kuapa Kokoo不僅保障女性會員的比例（目前女性約佔三成左右），也確保委員會的席次能達到兩性平權，在二〇〇六年的選舉中，女性委員的席次甚至高於男性，而在「國際婦女節」的一百週年紀念日，合作社更票選出史上第一位女性的全國委員長！這不僅代表了女性在合作社能享有決策發言權，也開始具有領導地位。

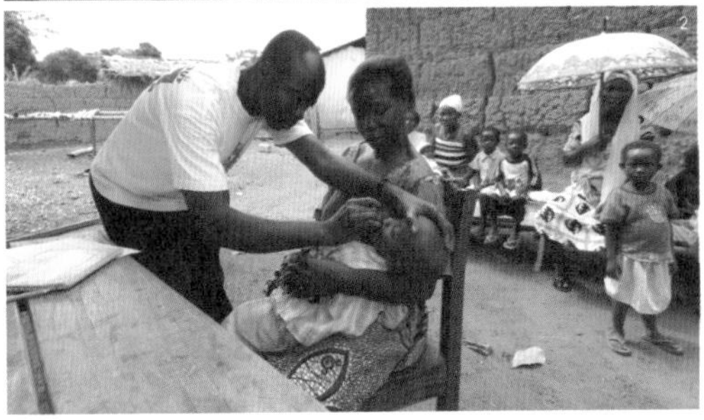

1 Kuapa Kokoo將公平貿易的津貼用來蓋學校，Jennifer（前排右）終於可以在自己的村子裡就學，不用再每天走兩個小時去別村上學。
2 Kuapa Kokoo和非凡巧克力之間的機制所創造的效益，改善了可可農社區的醫療環境。

除此之外，合作社也成立「Kuapa Kokoo女性發展基金」，提供農村婦女企業能力與領導力的相關培訓，並提供小額的創業貸款，協助她們在無法種植可可的季節也能創辦微型企業以貼補家用，例如投入染製與肥皂事業，以及小型園藝事業等。

如今，在Kuapa Kokoo合作社與非凡巧克力品牌的雙軌運作下，許多西非農民的生活與成就已不可同日而語。

「今天，我以身為Kuapa Kokoo的可可農為傲，在上個季節，我已能夠靠自己的力量達到可可的大豐收，把豆子裝滿了廿袋之多。在三年前，我甚至被整個社區選為可可豆的量測員，在我有生以來，從來沒有想過自己有朝一日也能擔任這個職位。」阿里（Fatima Ali），一位兼任Kuapa Kokoo全國委員之一的可可農如此說著。

非凡巧克力的成功經驗在公平貿易界堪稱傳奇，從推動可可豆的公平交易開始，進而向下整合，入主終端產品市場，分食一千億美金的大餅，並在過程中確保所有農民的福利，讓可可農成為能獲得分紅的股東，如此的機制才是創造品牌不斷成長與進步的驅動力。

※本文圖片提供／Divine Chocolate

創辦人Q&A

「在西方巧克力市場創立屬於自己的獨特品牌，提升西非農民在價值鏈中的地位，提高可可農的生活水平。」

——創辦人Kuapa Kokoo農民合作社

Q 非凡巧克力的公司管理結構為何？

A 非凡巧克力是一家私人股份有限公司，由Kuapa Kokoo合作社持有公司最大股權百分之四十五（其中有一部分是美體小舖捐給合作社的），在董事會佔有兩席，其他組織則是雙子貿易兩席，Oikocredit、基督徒救援會及喜劇救濟會各一席。在英國公平貿易界，這是第一次產品原料的農民也擁有公司股權，這樣的管理結構在英國的糖果零食市場亦屬獨一無二。從一九九九年起，公司就因為創新的組織模式和作為社會企業的卓越表現得了好幾次獎。

▲迦納可可農Elias Mohammed，他生平第一次搭飛機出國，就是代表Kuapa Kokoo到英國，陪同非凡巧克力參加「公平貿易雙週」的推廣活動。

Q為什麼非凡巧克力不在迦納製造？

A 公司的首要使命是要改善西非可可農的生活，並藉由創造一個農民擁有公司所有權的模式，來確保Kuapa Kokoo能進入價值鏈的最高點，因而可在財務上獲益。把製造業引入迦納無法帶來同等好處，而且若要讓巧克力進入市場，在財務和環境上也會產生新的限制。再者英國市場偏好牛奶巧克力，牛奶和其他原料就都必須進口到迦納，而迦納氣溫高，巧克力馬上會變軟，不管在工廠或船上，存貨勢必都要冷藏起來才行。

Q共同擁有公司對可可農的意義？

A 這是一個非常特別的關係，因為Kuapa Kokoo可可農合作社在非凡巧克力公司的董事會擁有兩席，所以針對公司如何發展可以行使影響力，而且可以從公司獲利得到相當可觀的分紅。這種擁有權也讓Kuapa Kokoo在可可產業更有分量，享有發言權。Kuapa Kokoo的農民很驕傲他們在英國擁有一家公司，而且知道生意做得不錯，也很振奮人心。

※參考來源：Divine Chocolate官網。

4-12

日印 Pre-Organic Cotton

支持印度棉農的永續綠色時尚

為促進有機棉花栽培，減少農藥化肥引起的各種問題，日本Kurkku株式會社、伊藤忠商事株式會社、印度拉吉生態農場，共同合作推動「準有機棉計畫」。他們邀請了知名設計師、音樂家、藝術家合作，設計出高質感的服飾，將環保意識推向時尚最前線！

文／楊昌儒

農業發展

除了「吃」得健康之外，我們「穿」得安全嗎？

當你穿著一件白色純棉T恤的時候，可能聯想到的是「天然」、「純淨」，但卻沒有想到一朵朵的白色棉花可能是世界上最「毒」的作物。儘管棉花種植面積只佔全球耕地面積的百分之五，但卻使用了全球百分之廿五的農藥，再加上製造過程的漂白、染色等污染，便宜的棉製品背後，隱藏了生態浩劫和環境破壞的大危機。

全球棉花產量有百分之七十五來自開發中國家，「要製作一件純棉T恤，傳統農法下需要使用一百至一百五十公克的化學農藥和肥料來生產足夠的棉花。」農民因長期吸入含毒性的化學農藥而中毒、死亡，農藥甚至可能滲入土地污染了水源，進一步影響

▲傳統的棉花種植經常使用大量農藥，背後隱藏了生態浩劫、環境破壞的危機。

當地的生態環境，危害居民的健康。

印度，是全球棉花種植量最高的國家，種姓制度仍根深蒂固，當地農民教育程度有限，農民常被迫以高昂的價格來購買化學農藥及肥料，導致貧窮問題益發嚴重，貧富差距日益擴大，再加上有時候一場突如其來的天災，農民辛苦栽種的棉花便毀於一旦，導致負債累累的農民無法償還，只能選擇結束自己的生命。這樣的現象經常發生在一個又一個貧窮的印度農民身上。

從「非有機」到「有機」保價收購

為了改善過度使用化學肥料和農藥導致的各項問題，出現了有機棉花栽培。所謂的有機棉，是指在停止施灑化學農藥、肥料三年以上後的土地所栽培的棉花，利用牛糞尿和雜草搗碎製成的肥料、防蟲劑來取代化學肥料和農藥。然而，從開始採用無農藥栽培到獲得有機認證，大約需要耗費三年的時間，在這個過渡時期所產出的棉花稱做「準有機棉」（Pre-Organic Cotton），短時間產量會下降，農民收入也會減少二至三成。

為了減少農民從傳統農法轉作有機的經濟負擔，二〇〇八年印度最大的有機農業輔導組織拉吉生態農場（Raj Eco Farms，簡稱RAJ）、日本伊藤忠商事株式會社（簡稱伊藤忠）和以音樂製作人小林武史為代表的Kurkku，合作發起了「準有機棉計畫」（簡稱POC），透過較傳統棉花高的價格來收購過渡期間生產的準有機棉，以彌補棉花產量減少的部分損失，保障了農民收入

1 Kurkku代表小林武史（左二）至印度拜訪POC農戶。
2 拉吉生態農場POC計畫經理Rajesh Tanwar。
3 伊藤忠商事株式會社POC計畫負責人大室良磨（中）。

的穩定，進而提升有機棉花的生產意願。

改善棉農的健康和生活

「我的目標是希望能夠改善農民的健康和生活以及農地的生產環境，並將理念推廣到全印度。」RAJ的負責經理唐沃（Rajesh Tanwar）說出了他的理念。

RAJ從二〇〇〇年便開始在印度推廣有機栽培理念，是印度最大的有機農業支持團體之一。RAJ作為準有機棉計畫當地的合作夥伴，在計畫項目中是擔任棉花生產的輔導和採購單位。每年到了三月，RAJ的工作人員便會穿梭在各個村莊招募參加計畫的農民，在確定參加名單後，由伊藤忠預估棉花銷售量，再以一定的價格保證收購參與計畫農民生產出來全部的棉花產量，並在棉花收成之前將費用交予RAJ，再支付予農民，大大減少了農民的擔心和疑慮，也保障了農民收入的穩定。

RAJ在農民轉作有機的過渡期間亦會提供各項生產協助，包括免費提供有機棉花種子、指導使用牛糞及植物製作肥料和殺蟲劑的技術、協助農民通過國際環保認證機構管制聯盟（Control Union）的有機認證等。

社企小檔案

「支持印度棉農轉作有機棉。」

「準有機棉計畫」（Pre-Organic Cotton Program，簡稱POC）由日本以音樂製作人小林武史為代表的Kurkku株式會社、伊藤忠商事株式會社，以及印度有機農業輔導組織拉吉生態農場（Raj Eco Farms），從二〇〇八年開始共同合作推動，幫助印度棉農轉向有機栽培，減少農民在轉作過渡期所承受的經濟負擔，進而改善印度農民的健康與生活，友善當地生態環境。

RAJ負責輔導當地棉花生產，伊藤忠以比傳統棉花更高的價格保證收購，收成的準有機棉送到伊藤忠和Kurkku的合作廠商進行加工，最後生產出來之優質棉製品再送到日本市場上銷售，由伊藤忠和Kurkku負責擬定各個市場的銷售計畫、公關、行銷活動等。印度至今已有超過兩千三百個農戶參加準有機棉計畫，棉花產量從一開始的三百噸提升至二〇一二年的一千噸。

目前日本已有超過四十家紡織品業者及天然化妝品業者的產品引入準有機棉作為產品的原料，與準有機棉計畫合作的服裝品牌超過了六十個。

- **計畫名稱**：Pre-Organic Cotton Program
- **計畫地點**：日本、印度
- **創辦人**：Kurkku株式會社、伊藤忠商事株式會社、Raj Eco Farms
- **成立時間**：二〇〇八年
- **網站**：www.preorganic.com

在農民轉作有機栽培並停止使用農藥後，農民的健康狀態有了很明顯的改善，而有機栽培的理念也逐漸擴及到其他農作物上，減少對當地環境的破壞。

「最棒的是自從我停止使用化學農藥後，我的皮膚再也不會發癢了。除了棉花，我還種了小麥和玉米，現在已全部改成無農藥生產。」Umaldat 村莊的農民南卡（Nanka）表示。

「在市場上聽別的農戶介紹了拉吉生態農場。我們這裡是有三百人的村莊，但其中七成改成了有機農法。」另一位來自Boparupura村莊的農民帕泰（Patel）表示。

從二〇〇八年計畫開始至今，印度已有二千三百四十六個農戶參加準有機棉計畫，其中有一千一百八十四戶已經取得有機棉認證，參加計畫的農戶耕作面積從最小的五英畝到最大的十二英畝，棉花產量也從一開始的三百噸提升至二〇一二年的一千噸，伊藤忠預計二〇一七年目標交易量將達一萬公噸，相關產品銷售額估計上看五十億日元。而隨著棉花交易量持續擴大，印度投入有機棉栽培的農戶將持續增加，可望能改善更多棉農的生活環境和健康，逐

1 棉農使用拉吉生態農場提供的非基改種子播種。
2 收成的準有機棉。

步復原當地生態環境。

與供應鏈廠商協力合作

除了棉花生產問題的改善之外，「準有機棉計畫」也透過加強與供應鏈之間的交流和合作，鼓勵供應鏈——從原棉生產、紡紗、織布、染色到縫製——的合作廠商，都能夠共同實踐勞動和環境友善的觀念，透過與當地具備紡紗、紡織、縫製等良好生產加工能力的廠商合作，來確保優質棉花產品的供應。

在印度，每年十一月乾季是棉花的採收期，農民在棉田裡將一團一團白花花的棉絮從裂開的果實採集下來，送到RAJ的軋棉廠中去除種籽後，再用機器壓縮捆成一包一包送到Patspin工廠進行紡紗。Patspin是伊藤忠和GTN紡織公司合資的一間印度紡紗工廠，該公

準有機棉計畫的營運流程

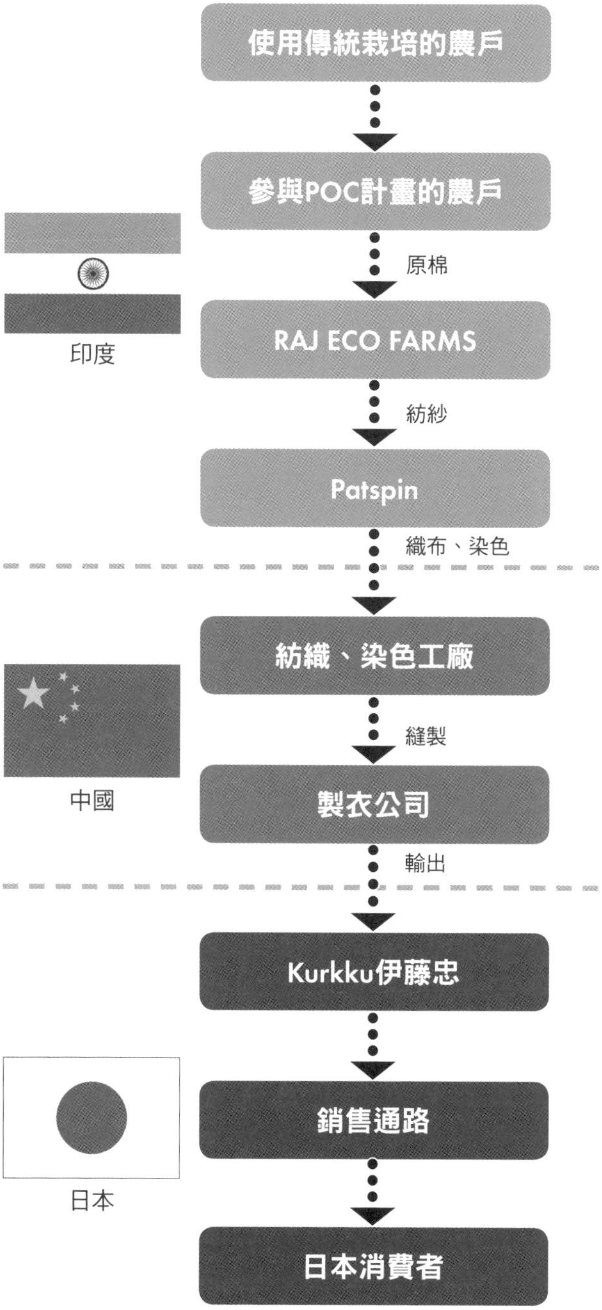

資料來源：準有機棉計畫官網

司有約五分之一的電力是使用風力發電，並通過環境管理的國際標準ISO14001，是一間認同永續發展的公司。

Patspin公司製成的紗線，緊接著被送到了合作的中國上海織布廠、染色廠和縫製廠進行加工處理，而不論是在紡紗、紡織的過程，皆必須小心地不讓準有機棉與一般棉花相混，最後生產出來之優質棉製品再送到日本市場上進行銷售。

高質感的綠色時尚品牌

在市場銷售的部分，由伊藤忠的紡織部門和Kurkku負責擬定各個市場的銷售計畫、公關、行銷活動等，導入準有機棉和時尚品牌連結之概念，透過與設計師、音樂家、藝術家等人合作設計高質感的產品，將環保意識推向時尚最前線，並於二〇一一年獲得了日本優秀設計大獎的肯定。

有鑑於愛護地球的重要性與日俱增，準有機棉等環保紡織品效應逐漸發酵。目前日本已有超過四十家紡織品業者及天然化妝品業者的產品引入準有機棉作為產品的原料，與準有機棉計畫合作的服裝品牌超過了六十個，像是Lee、Urban Research、Elle Planete、Urban Elk等零售品牌，販售的產品包含內衣褲、T恤、襯衫等，甚至包括了鞋子、書套、熱水袋等生活用品。以丹麥品牌Urban Elk為例，這個針對零歲到八歲兒童所設計的服飾品牌，以環境保護為宗旨，強調製作的過程以不破壞環境為優先考量，除了使用準有機棉計畫的棉花作為原料外，亦導入碳足跡的概念，在商品上清楚說明產品製造過程所排放的二氧化碳。

透過市場上不同的品牌行銷策略，伊藤忠和Kurkku一次又一次地向消費者傳達環境永續的綠色穿衣概念，也喚起了日本和歐洲市場等消費地區對於棉

1

2

1 丹麥嬰幼兒服飾品牌以準有機棉製作的幼兒斗篷和手提袋。
2 時尚品牌Urban Research用準有機棉製作的提袋。

1 在軋棉廠去除種籽後的棉花，壓縮捆成一包一包，等著送去紡紗。
2 準有機棉在Patspin工廠進行紡紗，過程中會在機台特別標示，不和一般棉花相混。

花生產問題的關注，從而促使消費意識的改變，消費者也可以找到穿起來感覺更舒適且不易過敏的服飾，並透過消費行動來傳達對有機理念的支持。

生產、銷售、消費三者多贏

透過準有機棉計畫的實施，印度的農民不僅大幅度減少生產材料（包括農藥、肥料和種子等）的支出，將節省下來的資金轉用於住宅的改善、孩童的教育和債務的償還等，農民的健康狀態也明顯提升。根據二〇一二年參與準有機棉計畫農民的調查，有半數以上的農民確實感到健康狀態有了改善，特別是皮膚發癢的程度。未來伊藤忠和Kurkku承諾將擴大準有機棉計畫的規模，可望能幫助更多的印度農民，並改善生產環境。

此外，隨著消費者環保意識的增強，亦加速提高了環保紡織品的市場需求，從二〇〇八年計畫開始後，伊藤忠每年銷售有機棉製品的數量成長了兩倍多，而Kurkku通路產品的銷量也提升了三成，一股不可抗拒的綠色穿衣風潮席捲全球，創造了銷售者、生產者和消費者三者間互利共生的多贏局面。

※本文圖片取自「準有機棉計畫」及伊藤忠商事株式會社官網。

創辦人Q&A

「我們向印度棉農公平契作有機棉，和設計師、藝術家、音樂家跨界合作，設計出高質感的產品，將環保意識推向時尚最前線。」

——Kurkku執行長小林武史

Q 伊藤忠對「準有機棉計畫」的期許為何？

A 為了解決過量使用化肥和農藥導致的各類問題，伊藤忠開始實施促進棉花有機農業的準有機棉計畫，從開始推動以來已經有五年的時間，雖然參加準有機棉計畫的農戶逐漸增加，但仍有更多的農戶還深陷於貧困的漩渦中無法自拔。

準有機棉計畫是一項連接生產者（印度農戶）和消費者的活動，希望能透過產品，在日本和歐美等消費市場喚起對世界貧困問題的關注，從而促使社會發生變化。這也就是在紡織原料貿易行業中累積多年經驗和擁有平台的我們的責任，本著此精神，未

▲有機耕作的棉花田，跟玉米一起種植以減少蟲害。（本文圖片引用自官網）

來伊藤忠將持續推動準有機棉計畫。

※參考來源：伊藤忠商事株式會社，POC負責人大室良磨，www.itochu.co.jp/cn/csr/activities/poc/

Q 印度配合推動「準有機棉計畫」的目標為何？

A 一九六〇年代因化肥和農藥的普及，印度棉花栽培的產量有了飛躍性的成長，但在產量增加的同時，土壤的自然環境惡化，且農民因過量使用或直接吸收農藥引起皮膚病和肺病，加上化肥和農藥的成本負擔大，導致農民即使產量增加也無法擺脫貧窮。我們的目標即是希望能全面改善農戶的健康與生活，以及農場的環境，並將之推廣到全印度。

※參考來源：拉吉生態農場，POC計畫經理Rajesh Tanwar，www.doc88.com/p-84981175463З.html

Q 拉吉生態農場在計畫中扮演什麼樣的角色？

A 每年三月，RAJ都會招募有意願參與計畫的農民，並在計畫開始後提供非基改種子，並指導農民做有機肥料和驅蟲劑的方法，輔導人員會定期拜訪農村，進行技術指導，RAJ也會進行農藥使用的監測和記錄保存，並協助農戶取得第三方機構的有機棉認證。

※參考來源：拉吉生態農場，POC計畫經理Rajesh Tanwar，www.undp.org/content/undp/en/home/presscenter/pressreleases/2012/08/28/farmers-in-india-to-benefit-from-japanese-organic-cotton-business-partnership/

Q Kurkku推動「準有機棉計畫」成效如何？

A 自計畫推動以來，Kurkku銷售增加了三成，目前銷售合作的服裝品牌有六十個，這個數字預計到二〇一五年將成長至二百五十個品牌。在過去的四年當中，準有機棉計畫已有一定的成效，而我們也一直能夠建立不同項目合作夥伴之間的信任。我希望我們參與企業行動倡議（Business Call to Action, BCtA）可以鼓勵更多的人支持這一個行動，幫助改善印度農民的生活水平。

※參考來源：Kurkku株式會社，執行長小林武史，www.preorganic.com/about/pocp_management.html

第5章 台灣社企地圖亮點

二〇〇七年，台灣正式引入「社會企業」的概念；迄今，在創新育成、資金創投、教育推廣、社群交流等面向，已形成互為支援的社企生態圈。

本章依據社企創業的四大類別，解析台灣成功實例，讓你一手掌握社企發展的最新脈動！

——採購特定族群的產品服務

——創造特定族群的工作機會

——提供滿足社會或環境需求的產品服務

——透過研發更有效地運用資源

5-1

看見台灣社會企業！

台灣是塊愛心充沛的寶島，大眾慷慨解囊的熱情，從二〇〇八年中國四川大地震、二〇一一年日本三一一大地震後，台灣皆為賑災捐款金額最高的地區，可略知一二。近數十年來，台灣展現高度創業精神，靈活、有彈性的中小企業超過一百萬家，造就經濟繁榮；非政府、非營利部門亦蓬勃發展。近年，我們看見台灣社會企業歷經播種、萌芽、成長階段，展現了民間對創新的渴求。

文／林以涵．陳一強

社會企業概念在歐美行之有年，亞非洲的新興市場國家，一來與歐美國家因國際援助關係緊密、耳濡目染，二來因經濟體系的金字塔底端族群生活需求大，易誘發創新與商機，發展社會企業的腳步不遑多讓。

社會企業在國際間的成功案例，為以中產階級為主的日、韓、香港等地打開一扇窗；台灣民間對於公益的熱情與創新的渴求，也呼應了這股國際的脈動。

社會關懷，播種生根

二〇〇六年，經濟學家尤努斯博士因一九八〇年代在孟加拉創辦「格拉明銀行」（又稱窮人銀行或鄉村銀行），提供小額貸款助窮人自立，榮獲諾貝爾和平獎而廣為世人所知；二〇〇七年，趨勢科技董事長張明正、作家王文華在台灣創立若水國際，期能投資、育成社會企業，被公認是台灣普遍開始認識社會企業的「播種期」。

其實早在二〇〇七年之前，台灣已經有一群在產業或非營利組織的實務工作者，運用前瞻、創新的思維創造公益價值，有些甚至已具備永續發展的商業模式：大愛感恩科技、興采實業透過研發將垃圾變為黃金；勝利身心障礙潛能發展中心多角化經營事業體，低調開拓身心障礙者就業版圖，類似機構還有陽光社會福利基金會、喜憨兒社會福利基金會等；里仁連結農友、通路與消費者，打造全台最大的有機健康產品通路……等。

台灣社會企業組織型態多元

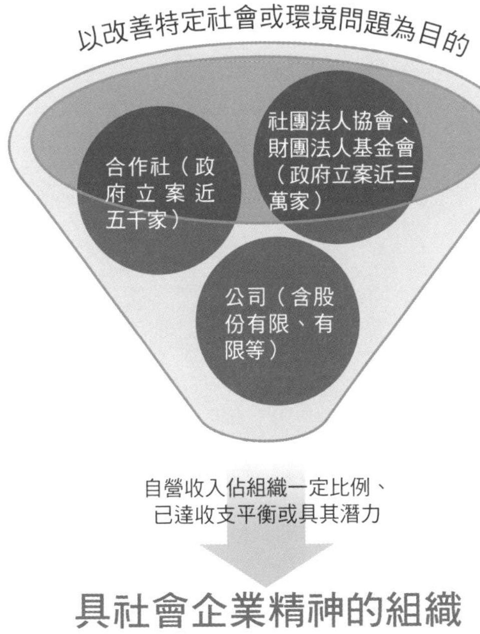

他們的努力，因為被「正名」為社會企業，而受到各界更多關注。

創新思維，萌芽勃發

二〇〇九年後，台灣的社會企業進入「萌芽期」——公益組織思考如何發展更多可創造自營收入的業務活動，以增加財務自主性；產業界則更加關注社會問題並積極挖掘市場需求，以期落實社會責任，鼓勵創新創業，創造共享價值。

約略統計，台灣社會企業的數量約有數百家至數千家，視其對社企的定義廣狹而有所不同。

一，以社會企業最廣泛的定義來看，包括以協會、基金會、庇護工場與產銷合作社等型態營運，計畫發展或轉型成社會企業的民間組織，為數頗多。特別是行政院勞動部自二〇〇二年起推動「多元就業開發方案」，與民間團體合作，透過發展創意計畫，改善各地方文化保存、環境保護、照顧服務等社會層面，並創造工作機會，促進在地產業發展；近年許多申請方案的合作組織陸續接受輔導，逐漸開始自力運作，希望不依靠政府或外界援助也可達到其公益目的。

二，除了民間團體，以公司型態營運（包含獨資、合夥、有限、股份有限公司等）且具有社會企業精神的組織約有近百家。多數組織成立至今（二〇一四年）未滿五年，仍在成長階段，應能樂觀期待，未來會有更多財務已達收支平衡或營運略有規模的組織出現。

社企創業的最新脈動

廣義而言，台灣具社會企業精神的組織，七成為公益團體，三成為私人企業，後者百分比近年持續增長，顯示越來越多個人或機構以私人投資方式創立社會企業，展現台灣特有的中小企業精神。

具體分析，台灣的社會企業展現以下特色：

一，**創業類型的兩大亮點**：台灣以友善農業環境、促進弱勢就業兩大議題的社會企業為大宗，從生產、通路、到消費端，在價值鏈（value chain）上嘗試創新。如「鄰鄉良食」整合企業社會責任（CSR）資源支持台灣在地農產，《大誌》雜誌以街友取代傳統雜誌販售管道等，更有喜願共和國結合兩項議題，設立烘焙坊僱用身心受限朋友製作麵包，烘焙坊的小麥、大豆等原料則來自農友契作，以社區協力行動鼓勵在地農業發展。

二，**年輕世代投入比例增加**：根據輔仁大學管理學院社會企業研究中心調查，約有百分之十五的社會企業是由年輕人組成的，從在校園參與社團、發起專案，到決心創立社會企業實踐好意念，顯見卅五歲以下的年輕人世代，較上一代擁有更多選擇，也有更高機率投入社會創新、創業實踐。

三，**新世代登上國際舞台發聲**：美國柏克萊大學商學院主辦的全球社會企業競賽（Global Social Venture Competition），近年來亞洲區獎項皆有台灣學生獲獎。而以二〇一三年為例，由香港社會創投基金所主辦的「亞洲社企創新獎」，亞洲區三名得獎者皆來自台灣；由新加坡大學與星展銀行合辦的「DBS-NUS社會企業挑戰賽」，台灣也有超過二十支隊伍參賽，讓亞洲各國見識到台灣在社會創新、創業的潛力。

四，**來自資金、營運的多重挑戰**：綜合社企流實地訪談社會創業家與學界研究，目前社會企業的啟動基金，依比例主要來自政府資金支持、所屬非營利

台灣社會企業的中介組織

教育推廣

大專院校
- 輔仁大學管理學院社會企業研究中心
- 台灣社會企業創新創業學會
- 中山大學社會企業發展研究中心
- ENSIT社會創新人才培育網
- 台灣大學Net Impact
- 清華大學微世代

媒體出版
- 社企流
- 聯合報願景工程

商業競賽
- TiC100
- 亞洲社企創新獎（香港主辦，台灣可參賽）
- DBS-NUS社會企業挑戰賽（新加坡主辦，台灣可參賽）

社群建立

產業交流
- 台灣社會公益行動協會
- 台灣公益CEO協會
- 社企流

認證機制
- 公益公司法（草案）
- 社會企業發展條例（草案）

共同空間
- 好伴

財務資金

社會創投
- 活水社企開發

群眾募資
- flying V
- 嘖嘖

能力建置

顧問諮詢
- 活水社企開發

育成網絡
- 活水社企開發
- 社會事業發展協會
- AAMA台北搖籃計劃

行銷通路
- 公平線上
- 公平超市
- 台灣社會公益行動協會
- 好日子購物網

台灣社會企業的特色

1
創業類型的兩大亮點
以友善農業環境、促進弱勢就業議題為主
2
年輕世代投入比例增加
約15%的社會企業由年輕人組成
3
新世代登上國際舞台發聲
台灣團隊屢屢在國際社會企業相關競賽獲獎
4
來自資金、營運的多重挑戰
台灣社會創業家面臨兼顧公益與獲利的挑戰

組織斥資開辦或私人投資；經營上則普遍面臨缺乏資金、創新能力、產品競爭力、管理人才等挑戰。社會創業家時常面臨如何兼顧公益和獲利的決策點，不同於一般企業以效率、成長為首要追求，在決定業務比重時，看重的不是毛利高低，而是社會需求多寡、社會影響力。社會創業家亦顛覆傳統企業規模化、募資等準則，許多社會企業終極目標是消失（代表已無需要他們解決的社會問題），而非組織擴張；衡量報酬時除了財務自足外，亦重視投入資源與創造社會改變的成本效益比例。

二〇一四，台灣的「社會企業年」

社會創新、社會創業成為新一波的公民運動，以此為主的生態圈（eco-system）陸續成形（如前一頁附圖），標誌出台灣社企發展的重要里程碑。

輔仁大學管理學院社會企業研究中心、台灣社會企業創新創業學會為學術研究的領頭羊，也帶動以社會企業為主題的學生社團（如台灣大學Net Impact不同凡響社、清華大學WE Style微世代等），以及中山大學社會企業發展研究中心的成立；教育部跨校推動

「ENSIT社會創新人才培育網」，期望透過研究、課程及地方產業合作，培育出能以創新方式推動社會進步的青年人才。

在支持系統方面，社企流期望透過資訊平台傳播資訊、建立社群並促進交流；台灣公益CEO協會、台灣社會公益行動協會也藉由活動舉辦、分享討論，讓大眾更了解社會企業面貌。群眾募資平台（如flying V、嘖嘖），提供社會創新專案、社會企業創業者取得啟動資金的新管道，共同工作空間（如好伴）為創業者降低營運門檻；公平超市、17 Support、好日子網站等則透過網路或實體空間，為社會企業提供銷售平台。

在創業育成方面，中華民國社會事業發展協會、活水社企開發、AAMA台北搖籃計畫幫助社會創業家站得更穩；勞動部勞動力發展署的「勞動力發展創新中心」作為政府跨部會溝通平台，推動社會企業相關政策法規；研華科技、星展銀行、新竹物流、安侯建業聯合會計師事務所（KPMG）等大型企業也共襄盛舉，運用核心能力與社會企業合作，創造雙贏局面。

展望二〇一四年，台灣的社會企業已進入「成長期」，展現蓬勃生機：

- **政策法規方面**：公益公司法、社會企業發展條例等草案，已進入政府相關部門的正式討論。
- **社會支持方面**：聯合報系願景工程將社會企業納入年度追蹤的主題之一；星展銀行、安侯建業聯合會計師事務所，則將促進社會企業的發展列為重要的企業策略之一。
- **創新育成及資源連結產業交流方面**：預期有更多元化及大型活動的推出，如社企流舉辦的年度論壇、小學堂、小旅行等；台灣社會企業創新創業學會所舉辦的社企咖啡館、社企驛站等。
- **創業投資方面**：社企型（公益）公司募資成功的案例增加，專門投資社會企業的創投公司亦在籌備創辦中，櫃買中心亦開始輔導社會企業於創櫃板掛牌。

二〇一四年，可以稱之為台灣的「社會企業年」——社會企業蓬勃發展、生態圈逐漸成型，我們亦樂觀期待，社會企業將能激發更多正面能量，創造共好未來！

用愛創業——台灣社會企業巡禮

社會企業在全球各地風起雲湧，台灣亦遍地開花。來自不同領域的創業家們集資創立社會企業，非營利組織設立新的事業部門以求自立營運，公司企業著眼於社會責任開發新的服務或產品……透過創新的商業模式解決社會問題，並在責任、投入與回報的循環中，逐步符合了社會、財務、環境的三重基線——此時此刻，我們一起見證了來自台灣民間的創意與生命力！本文以社會企業的四大創業類型，介紹台灣精彩案例。

文／黃重豪

採購特定族群的產品服務

在供應鏈中，通路商的角色是採購生產者的產品或服務，再轉售給下游通路或消費者；由於個別生產者的議價資源較薄弱，常被通路商抽去利潤，亦造成產銷關係失衡。

台灣出現了一批新的通路商，他們基於共好的理念，以保證價格向生產者直接採購，發揮公平貿易、友善產銷與綠色消費的力量。

其一是強調地產地銷的農產通路，如厚生市集、鄰鄉良食、光原社會企業等，其二是推動公平貿易的品牌或通路商，如生態綠、地球樹等。

厚生市集：和友善小農站在一起

四十歲前的張駿極，領著半導體公司在全球競技場中廝殺；四十歲後，他摘下副總經理的頭銜，穿梭在田埂、魚塭、農場之間，而後成立農產品運銷通路——厚

1 產品直送的新鮮食材有妥善的分級、包裝，貼近消費者需求。（圖片提供／厚生市集）
2 早上十一點以前訂，厚生市集傍晚就會快遞到府。（圖片提供／厚生市集）

生市集。早先的商場生活讓張駿極清楚「資訊壟斷」是成本最低的套利方式，但厚生市集卻完全反其道而行，試圖建立從少數農民、小型集貨站到地區消費者的分散式透明供應鏈。

在傳統的產銷模式中，盤商以非常低的價格跟農民收購生鮮作物，代為分級、包裝後銷售；盤商會按照販賣的便利性引導生產方式，並將不同產地的作物混在一起運銷，最後「堆高高、俗俗賣」，就算被驗出農藥殘留，也找不到生產者負責。

經過一連串訪查，張駿極發現如果用自由貿易、價格競爭的邏輯經營農業，台灣小農將難以與農企業和進口作物競爭，也拉長食物運輸里程，甚至破壞生物多樣性。

厚生市集決定當在地小農與消費者之間的橋樑，其採購的蔬菜、水果都通過有機認證，肉品、水產亦來自生態養殖；工作人員會輔導農民基本分級和包裝，再由厚生市集銷售、配送，以及承擔經營、倉損的風險。

張駿極指出，要突破原先的供應鏈，就要更加走近消費者。顧客來到網站採買，第一步不是選擇產品而是先確認所在的鄉鎮，因為食材會隨產地而有不同，為的就是將運輸距離控制在三十公里以內，並且保存在地風味；早上十一點前訂購，傍晚就會快遞到府。位在桃園龜山的店面既是集貨站也是門市，下午四點後所有產品都以六折出售。他表示，農業是國家糧食安全的根基，厚生市集支持在地生產、在地消費，目前供應北部部分地區，未來將會在台灣各地設點。

光原社會企業：為部落農產築鷹架

在台灣最繁忙的一條山區公路上，日落日出、人潮來去，但山裡的更深處，經

1-2 阿里山的有機農戶透過光原的產銷體系重生。（圖片提供／光原社會企業）
3 光原創辦人，左為王鵬超，中為陳雅楨。（圖片提供／光原社會企業）

濟卻絲毫沒有起色。

擔任社工長達二十年的陳雅楨因此成立「瑪納有機促進會」，將自然農法帶入鄒族部落，接著與好友王鵬超、李志強創立「光原社會企業」，採購並銷售阿里山有機農產品。如今，已有三十個農戶藉著這個產銷體系重生。

光原成立的第二年，八八風災沖走許多耕地，他們替農民承租土地，並開辦微型貸款。為了鼓勵農民轉作有機生產，光原會在轉型的前兩年保價收購，之後才區隔價差。他們還將個別農戶集合起來進行有機認證，再藉由光原的通路將產品銷往其他通路商、加工製造商或餐廳。

基於彼此的永續發展，農民產出的百分之五及光原營收的百分之三會捐助給瑪納有機促進會，從事教育訓練及推廣。在光原的支持下，阿里山的農民順利成立自己的產銷班，包括排程、理貨、包裝等都已能獨立運作。

鄰鄉良食：搭起企業與小農的橋樑

二〇一〇年一場企業社會責任高峰會，與會的企業主管紛紛提到公司在協助八八災區及偏鄉產業時碰上的挫折。這一席話，讓當時擔任企業社會責任顧問的譚景文決定創業，為雙方搭起互惠合作的平台，「鄰鄉良食」於焉成立。

譚景文找了農家子弟陳宏欣，親自到部落、農村尋找友善耕種的弱勢農家，再針對各公司，如匯豐銀行、友達光電、中華汽車、飛利浦、渣打銀行、中國人壽、國泰金控等十多家大型企業，量身為其打造「直接向產地採購的社會責任計畫」。目前已有近百位農民，與企業建立了長期的合作關係。

1-2　鄰鄉良食的通路銷售台灣各地小農的優良農產品。（圖片提供／鄰鄉良食）
3　HSBC匯豐銀行的一百六十名員工和家屬，抵達南澳體驗農事，並在現場購買農產品。（圖片提供／鄰鄉良食）

「社會責任要與企業本身的營運結合，關懷行動才會長長久久，而不是短期做公益而已。」譚景文舉例，一家台灣家電廠商的豆漿機上市時，因為注重企業的社會責任，以鄰鄉良食引介的本土非基因改造黃豆，取代澳美進口豆隨機贈送，使得企業的偏鄉關懷與回饋更具特色也更有成效；也會安排認購企業的員工前往產地拜訪或採收體驗。

鄰鄉良食將大部分利潤回饋給農民，僅留一到二成作為營運費用，但譚景文也強調，「品質仍然是企業決定合作與否的關鍵，因此農民也要不斷學習提升，才能持續走下去。」

農民的壯大，是經營團隊企求的目標，因此鄰鄉良食從不吝於將合作的農民推介給媒體或消費者，至今已有多位能夠獨立銷售。此時，鄰鄉良食會默默退場，將資源轉移給其他更需要的人，繼續撰寫下一頁美麗的蛻變故事。

生態綠：咖啡的公平貿易

國際公平貿易運動（Fair Trade）鼓勵消費者以合理價格向第三世界國家的生產者購買產品，避免通路商層層剝削，讓利潤回到生產者手中；生產者則以友善、無毒方式生產，保障消費者健康。產銷過程公開透明，維持產銷雙方的平等與互利。

二〇〇七年，台灣第一家獲國際公平貿易標籤組織FLO（Fairtrade Labelling Organizations International）認證的社會企業「生態綠」成立，從祕魯、南非等地採購咖啡豆、酒類、可可、國寶茶等進行零售，也爭取企業設置「公平貿易茶水間」。

在這套體系，農民及特許商都需符合FLO的標準，才能貼上公平貿易標籤。

1-2 生態綠咖啡館。（攝影／黃重豪）
3 生態綠的公平貿易咖啡豆。（攝影／黃重豪）

FLO負責指導農民無毒耕種，用高於市場的價格保證收購；特許商透過FLO選擇進貨對象，每年須繳交年費、標籤認證費及營收的百分之一，作為產地發展的基金。

以祕魯為例，加入公平貿易後，可可收購價已成長十倍，可可農還成立了自己的加工廠及合作社，提供醫療保險。南非農民也組成紅酒合作社，共享股利，並致力改善有色人種的地位。

「光是消費就有力量！」生態綠共同創辦人余宛如說。這是一場倫理消費運動，只有消費者走入供應鏈中分擔生產者的風險，農民也獲得決定價格的權力，才能創造互利的夥伴關係。

地球樹：串起三地公平貿易情緣

「地球樹」是台灣第一個販售公平貿易飾品及日用品的店家，商品多從日本公平貿易商People Tree及尼泊爾市集（Nepali Bazaro）進口，二者均獲國際公平貿易組織IFAT（International Fair Trade Association）認證。

創辦人王靖宜先前學日文時，深受教材中公平貿易產品吸引，於是主動寫信給People Tree，自此串起第三世界、日本及台灣三地的友誼。

地球樹的產品均以產地的天然素材及手工製成，例如祕魯的彩繪貓頭鷹單音笛、尼泊爾的手繪陶器、肯亞的肥皂石犀牛、印度的有機棉T恤等，小小的店面宛如一座國際村。部分產品則由People Tree設計，交給產地代工，客戶需提前支付款項。

遇到顧客詢問產品的定價原則，王靖宜會向顧客解釋，同樣的產品，選擇經過公平貿易認證者，既友善環境，也透過公平貿易將更多利潤回饋給生產者，支持在地產地的永續發展。

1 地球樹店內一景。（圖片提供／地球樹）
2 由日本公平貿易團體設計，尼泊爾Woolen Garden團體婦女手編的襪子。（圖片提供／地球樹）
3 尼泊爾特殊手織法達卡織。公平貿易團體SADLE在尼泊爾援助為痲瘋病、小兒痲痺所苦的患者，教導他們生產技能，並提供工作機會、教育和醫療支援。（圖片提供／地球樹）

創造特定族群的工作機會

在一般企業眼裡，員工是追求利潤的精銳部隊，因此某些身心狀況不那麼適合高效競爭的人，謀職相當不易。近年出現新創立的社會企業，亦有非營利組織積極轉型，希望為社會上較缺乏資源的族群提供就業機會、訓練其就業職能，進而與受僱員工一起打造專屬的產品品牌。

原愛工坊、勝利身心障礙潛能發展中心、喜憨兒基金會、新生命資訊服務公司等組織，讓社會上較缺乏資源的族群重獲價值，也支持了組織的永續經營。

原愛工坊：創造在地就業

東海岸一地漂流木，靜靜隨著浪潮前後徘徊，默認了一生被安排的宿命。一如毗鄰的原住民壯年，紛紛為生計漂離他鄉，或在部落躊躇不前。

台東金峰鄉新興國小前校長鄭漢文，為了解決學童家長的就業、經濟狀況，就地取材、創造工作機會。國小緊臨太平洋，附近有不少漂流木可撿拾，他請工友用漂流木裝飾校園而受到好評，於是找來木工師傅教導工友，工友再教社區爸爸製作桌椅；一家台中紡織公司多年來將樣品布捐給學校，他邀請社區媽媽編織成手工藝品。這兩項產品，在非營利組織的通路均有一定銷量。

經過幾年實驗，原愛木工坊、原愛布工坊於二〇〇八年正式成立，聘用社區家長工作，每月可提供一萬多元，「雖然錢不多，但部落裡每個人的自我價值都提升了，家長也可以留在社區及孩子身邊，發揮家庭的教育功能。」鄭漢文自認，工坊的最大目的是陪伴家長，找到在地就業的可能。

1 原愛布工坊的手作包保留原住民的十字繡編織法。（圖片提供／原愛工坊）
2-3 木工坊學員學習木作技術，有了生產力之後，個人自我價值也提升了。（圖片提供／原愛工坊）

「天生我材必有用」也展現在原愛的工法上。市面的木桌往往是把大材劈了，做成規格化的桌腳，但原先結構也遭到破壞，因此桌腳容易耗損。漂流木則屬小材，通常不會成為工廠材料，但它結構強韌，原愛把它做成桌、椅、板凳等產品的腳。此外，捨棄釘子只用卡榫銜接，不上漆讓木材保有天然氣息，也保護了製作者的健康。

布工坊保留了原住民的十字繡編織法，製出背包、手提袋、手機袋、零錢包、鉛筆袋、福袋等，圖案多為排灣族傳統圖騰，如象徵祖靈的百步蛇、代表分享獵物的百合花等。無論木工、布工都是由個人手工獨立完成，同時掛上創作者的名字，使生產者和消費者產生情感的連結。

工坊營運七年後，臨近部落遭到八八莫拉克颱風重創，在各界支援下，他們承繼過去經驗成立「向陽薪傳技藝樂校」，設立在廢棄的太麻里鄉多良國小，以多功能的方式生產單位積木、七巧板、折疊椅、躺椅等各式原木產品。

鄭漢文說，工坊利潤並沒有想像中好，營收僅夠維持人員的薪資，其他如電費、設備、租金等都有些吃力，「不過，學員已經學會所有技術，以後廠商需要什麼貨，我們都可以生產出來。這也證明，人力、廢棄材料和閒置空間都能重新賦予價值！」

勝利身心障礙潛能發展中心：開創跨領域的多工職能

勝利身心障礙潛能發展中心創辦人張英樹是小兒痲痺患者，從小在一般學校求學，畢業後任職於證券業。後來為了服務跟自己身心狀況相似的人，他毅然轉職到屏東基督教勝利之家，更在二〇〇〇年創業。

勝利首先承接金融業的資料建檔，張英樹特別依照各障別的特質切割工作流

1　「傳玻者」手工琉璃。（圖片提供／勝利身心障礙潛能發展中心）
2-3　勝利與超商合作，設立台灣第一家由身障者提供服務的便利商店。（圖片提供／勝利身心障礙潛能發展中心）

程，確保準確性，而且身障者鮮少投機的品德，亦得到企業充分信任。勝利資料鍵檔中心的成功，帶動了咖啡館、加油站、便利商店、網頁設計、視覺設計等事業。

張英樹更認為，特定障別不見得只能侷限於單一工作，因此安排自閉者與聽障者打字，聽障者與肢障者合作點餐、製作、送餐，唐氏症和精障者擔任超商店員，精障者及肢障者生產「傳玻者」手工琉璃等，讓員工能彼此互動、互相支援。

勝利至今已有十二個事業體，創造兩百多個就業機會，年營業額約五億元。張英樹期望，未來夥伴都能脫離庇護職場，回到社區生活。

喜憨兒基金會：為憨兒插上翱翔的翅膀

怡佳是天生腦性麻痺的女孩，她在父親蘇國禎住院那一晚，自己走到病床旁唱起「世上只有爸爸好，有爸的孩子像個寶。」僅僅一首歌，讓為女兒操心十幾年的蘇國禎看見新的可能，遂在一九九五年偕妻子蕭淑珍創辦「喜憨兒社會福利基金會」，為腦性麻痺、唐氏症、自閉症等身心障礙者創造就業機會。

「當你面對一個孩子，那是夢魘；當你面對一群孩子時，那就是使命。」一九九七年，第一家喜憨兒烘焙屋在高雄開幕，他們利用定時設備、標準流程及輔具獨立作業，產品品質堪比市面麵包。烘培屋穩定營運後，基金會陸續開設餐廳、便當店、火鍋店、咖啡館等，迄今全國有二十六個工作站，也轉介個人至超商、餐廳、清潔公司等一般職場。目前基金會一年總收益約達四億，事業體的營收就佔了近六成。經費除提供喜憨兒薪水外，也用以支持喜憨兒俱樂部、喜憨兒學院、社區家園、憨喜農場、天鵝堡照顧中心等福利。

1　在喜憨兒餐廳可以享受到用愛心經營出來的美味料理。（圖片提供／喜憨兒社會福利基金會）
2-3　喜憨兒烘焙屋為腦性麻痺、唐氏症、自閉症等患者創造就業機會。（圖片提供／喜憨兒社會福利基金會）

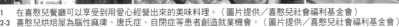

新生命資訊服務公司：用科技破除障礙

一個人的半身不遂，碎了他美好的前程，卻也遂了許多傷友重振的想望——新生命資訊服務公司執行董事黃河明的表哥蘇匡弼，多年前因軍中意外而癱瘓，他不僅沒有自我放棄，還創辦了脊髓損傷協會服務傷友，臨終前，他用拼字版表達未竟之志。

桃園脊髓損傷潛能發展中心在歷任董事長努力下，開辦新生命之家，並運用資訊科技成立對外營業的事業部門，下設客服工作室、E碼網路工作室、綠色資源工作室，訓練傷友客戶服務、電話行銷、滿意度調查、建置網站、資料庫開發、平面設計印刷、製作公司型錄、回收碳粉匣、印表機、電腦等，並承攬企業及政府外包。

二〇〇八年成立新生命資訊服務公司，在原來的業務外又開闢電子商務等新事業，例如「好日子購物網」就由傷友架設及管理，販售庇護工場產品、公平交易咖啡等。

黃河明也發現，許多科技大廠未依法足額聘用身障員工，因此提出企業僱用傷友、傷友創造產品、新生命管理訓練的模式。現在台北和竹科已有近二十家企業支持，協助多名脊損者承接電腦組裝及APP設計等。

「對這些朋友來講，工作的意義不只是賺錢，更在於重新回到社會。」黃河明表示。新生命目前已有台北、桃園、新竹三處據點，未來會繼續拓點。

1 脊損傷友重回職場的意義遠超乎賺錢而已。（圖片提供／新生命資訊服務公司）
2 傷友承接的網頁及平面設計作品。（圖片提供／新生命資訊服務公司）

提供滿足社會、環境需求的產品服務

從食衣住行育樂出發的人類需求，孕育出千千萬萬的產業。在社會企業創業家眼裡，滿足這些需求必須遵從友善、健康、永續、利他等原則。

冶綠服飾製造有機棉織品，多扶接送孕、幼、老、輪椅族四方漫遊，《四方報》提供移民移工以母國文字刊載的資訊，上下游新聞市集關注食安與友善農業，喜願共和國推動本土小麥大豆的復育。

他們填補了既有產業缺口，解決原有問題，並創造共好、永續的環境。

冶綠生活服飾：穿衣也要友善、有機

潔白無瑕的棉花，在暖風下緩緩吐絮，而後被織為絢麗的衣飾，緊緊依偎著肌膚。然而，僅占全世界農作百分之三的棉樹，足足喝下全球四分之一的農藥及化肥。換言之，生產一件純棉T恤，就等於留了半杯農藥（約一百五十克）在土壤及水源裡。

人們雖然愈來愈在意食品安全，卻對棉質衣物的毒性渾然不覺。冶綠生活服飾創辦人薛焜中說，以慣行種植的棉花使用含劇毒的驅蟲劑，「毒素隨著廢水進入河川，被魚吃下肚，再透過食物鏈回到人體，干擾內分泌系統。」有感於此，他拋下外商公司高階主管的職務，一手包辦有機棉織品的設計開發及銷售通路。

由於台灣沒有量產棉花，他尋訪國內獲有機認證的紡織廠，請他們進口有機棉並代工生產。衣物採用生物可分解塑膠袋（PLA）包裝，讓所有產品都能回歸自然或再製成其他織品，符合「從搖籃到搖籃」的環保精神。

1 冶綠的有機棉服飾主要以棉花的原色為底。（圖片提供／冶綠生活服飾）
2-3 冶綠生活服飾在台北地球日綠色藝術市集設攤。（圖片提供／冶綠生活服飾）

治綠的服飾相當簡約，主要以棉花的原色為底，這是因為傳統生產一噸有色衣服，會製造兩百噸的廢水，因此薛焜中拒絕使用染劑，只用油墨印製少量圖樣。圖樣由生態藝術家設計，以幽默詼諧的意象傳遞環保理念，如在夜市撈金魚的北極熊，暗示海洋魚源枯竭；幽居名牌包的寄居蟹，隱含人造物對棲地的威脅；將塑膠袋當作水母而誤食的海龜等。

市面上不乏有機服飾，但多以嬰幼兒及貼身衣物為主。為了區隔市場及推廣理念，治綠主打大眾化休閒T恤及POLO衫，價格訂在四百至六百元之間，力圖打破「有機等於昂貴」的既定印象。其後陸續開發頭巾、毛巾、床單、口罩、手帕等家居商品。

為縮減開支，治綠不在成衣店上架，也不設置店面，僅在網站、公平貿易通路、農夫市集等處販售，或透過環保團體的活動與消費者面對面，宣傳有機棉理念。二〇〇九年創立至今，治綠的零售收益已趨穩固，更接到不少公司及政府的團體訂單，損益漸達兩平。

多扶接送：乘著輪椅去旅行

「多扶接送」的出現，是為了彌補公設復康巴士的不足。創辦人許佐夫的外婆先前跌倒受傷，因不具身障手冊而無法搭乘復康巴士。為了服務有相同需求的族群，他毅然擱下紀錄片導演的身分，創立多扶接送。

多扶和復康巴士有三點不同。第一是無身分限制，孕、幼、老、輪椅族均可搭乘；第二是無時刻限制，廿四小時都能預約；第三是無用途限制，除了就醫、就

多扶接送

1　多扶接送把服務業精神帶入租車業。（圖片提供／多扶接送）
2-3　租用多扶的巴士沒有身分和用途的限制。（圖片提供／多扶接送）

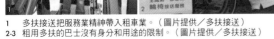

業、就學、就養服務，也提供「多扶漫遊」遊程，甚至協助參與大甲媽祖遶境。

許佐夫積極把服務業精神帶入租車業，設計「多扶五六動」，從客戶現身到最後完成滿意度調查，司機必須進行五十六個標準服務動作，「因為我們運送的不是貨物，而是人。」多扶的營運策略，是運用「多扶漫遊」的獲利，填補醫療接送的虧損，再透過醫療接送培養無障礙旅遊人口，最後以無障礙旅遊的利潤，拓展醫療接送的範圍。許佐夫期盼，將台灣打造為「亞洲無障礙旅遊」的聖地。

四方報：母語撫慰異鄉愁

承載東南亞五國文字的《四方報》，一筆一劃勾勒遊子對家鄉的思念，為近六十萬旅居台灣的移民、移工開了一扇撫慰鄉愁的窗子。

二〇〇六年《四方報》首先以越南文發行，因廣受好評，接續出版泰國、印尼、菲律賓、柬埔寨文等版本，以異鄉人的角度報導新聞、醫藥、工安、法律等訊息，並保留大量篇幅供讀者投稿，以母語傾吐心聲。

報紙背後有許多故事，「你很難想像這些朋友們訂的報紙很可能被雇主丟棄，還有很多人是用紙巾、日曆的背面空白投稿。」前總編輯張正說。源於移工的需求，報紙發行量七年來成長五倍，六成的超商完銷率甚至高於許多主流雜誌。二〇一三年新增兒童版面，為接下來的親子共讀專刊打基礎。

《四方報》營收來自超商、郵購、雜貨店、小吃店等銷售通路，以及銀行、航空、電信業者廣告刊登，還有政府補助、捐款等，二〇〇八年即達財務平衡。隨著投稿成長、索閱激增及內容需求提升，未來仍將面對不小的營運壓力。

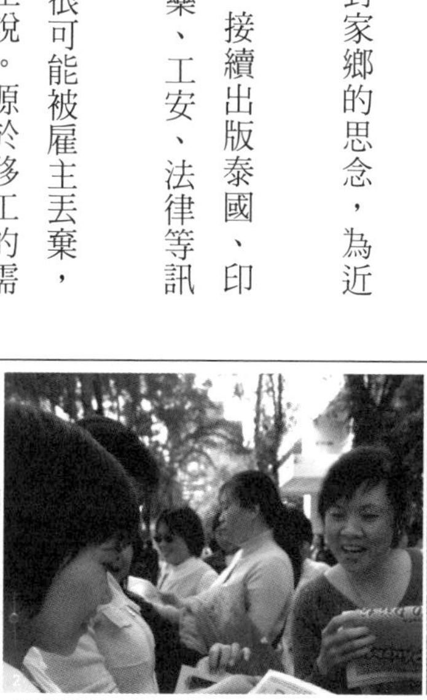

1　《四方報》發行五種語言版本。（圖片提供／四方報）
2-3　新移民開心閱讀越南文版《四方報》。（圖片提供／四方報）

上下游新聞市集：建立產銷間的友善連結

上下游新聞市集，不只產新聞，也產農產品。二〇一一年由來自傳播媒體、農業生產、編輯採訪、網路科技等領域的共同創辦人成立，關注台灣的食物、農業和友善土地的生活方式。

在新聞的部分，定位為獨立媒體，追求報導獨立、財務獨立。專職記者的調查報導最是遒勁，曾報導瓶裝水擴廠恐危及農民，迫使廠商撤案；揭開假米粉真相，促成《食品衛生管理法》修法；揭露洗衣精含殺蟲劑，引起社會高度關注。上下游也鼓勵讀者加入寫作，並透過「給鼓勵」的機制累積文章的按讚點數，可兌換農友提供的禮物。

在市集的部分，支持公平產銷、友善小農農產加工品的上架銷售。與高雄梅山部落契作紅肉李，推出「回家李系列」果乾、果醋、果醬；以喜願小麥製成「小麥練習曲」餅乾、麵條、司康等，支持本土小麥復育。

上下游財務已趨穩定，收入多用於支應報導，並招募「共同辦報人」以小額款項支持辦報理念。

喜願共和國：小麥、大豆的本土復育

喜願麵包坊的誕生，原是為了提供身心障礙者就業機會，創辦人施明煌特別設計輔助設備協助夥伴生產全穀麵包。二〇〇七那一年遇到國際糧價大漲，麵粉接近零自給的台灣只能被動接受喊價，暴露高度依賴進口的糧食安全風險。

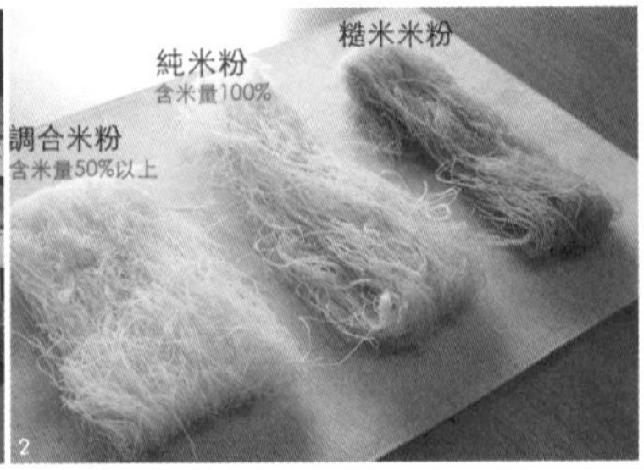

1 銷售農產加工品是上下游財務來源之一。（圖片提供／上下游新聞市集）
2 上下游的獨立報導曾揭發洗衣精、米粉、有機米等日常食品與用品的真相。（圖片提供／上下游新聞市集）

於是他展開「麥田狂想」計畫，向農民契作、收購本土小麥，產量從初期的三十噸逐漸提升，朝向「取代進口總量的萬分之一」目標前進，已吸引國內最大麵粉廠聯華協助加工、儲運與銷售，還有各大麵包商下單。

施明煌也與農民合作生產「非基因改造」大豆，並開發麵條、餅乾、醬油、芝麻醬等加工產品。結合「喜願小麥」、「喜願大豆特工隊」、「喜願雜糧聚樂部」等生產履歷系統，打造一個友善環境的「喜願共和國」。

透過研發，更有效地運用資源

利用相同的資源，創造出不同的產品價值；將資源做更有效的運用，製造出友善環境的產品——這些，都來自突破性的技術創新。

產銷活體芽菜的綠藤生機、將廢棄寶特瓶化為終端環保產品的大愛感恩科技、製作咖啡渣布料的興采實業等，以創新技術解決現有問題，積極減少地球資源的浪費，透過持續的研發，開創令人耳目一新的產品。

綠藤生機：創新栽培技術

週末農夫市集，幾叢五顏六色的芽菜，身軀嬌小稚嫩卻站得直挺挺的，它們是青花椰苗、紫高麗苗、蘿蔔嬰、綠豆芽、蕎麥苗等，全未使用農藥化肥，也沒有經過採收、漂洗及分裝的工序，就這麼連根帶葉「活生生」的送到消費者手上，帶回家裡冰箱存放，芽菜還會繼續長高。

1 喜願烘焙餐坊。（圖片提供／喜願共和國）
2 喜願的麵包用本土小麥製作。（圖片提供／喜願共和國）
3 喜願共和國的契作麥田。（圖片提供／喜願共和國）

綠藤生機是台灣第一個開發出「活體芽菜」栽培技術的團隊，幾位創辦人都只有三十出頭。

二〇一〇年，鄭涵睿和大學同學廖怡雯、許偉哲，相繼放下外商銀行、消費品公司的工作，在台大園藝系教授鄭正勇與林碧霞的協助下，於桃園八德搭建室內農場種植芽菜，成為第一線的生產者，同時也走入市場擺攤設櫃，直接跟消費者溝通。

市售芽菜多會使用生長激素、氮肥、殺根劑、漂白劑等以增加賣相，加上大規模灑水而讓養分迅速流失；此外，芽菜根部的裁切處易累積生菌，淘洗也會傷害芽體，這些都是強調生機的綠藤必須克服的問題。

事實上，蔬菜在萌芽階段只要靠種子本身的養分就能成長，因此綠藤捨棄土壤、液肥，將種子植於紙片上，經過一週不等，直接將活體芽菜連同紙片移入盒中，即可出貨。在研發過程中，綠藤團隊測試了一千多種種子的發芽率、一百多種栽培方法，慢慢摸清芽菜的生長習性。

綠藤不以產量、利潤的極大化為唯一目的，而是將食品安全和營養擺在首位。這幾位年輕的新農夫，要在食安不安的年代打造一個讓消費者信任的品牌。共同創辦人廖怡雯說：「品牌不見得只有大企業能做，只要產銷過程透明公開，小型的生產者自己也可以創造品牌。」透過技術的創新研發、產銷的積極溝通，綠藤走出了一條生機盎然的路。

1 綠藤生機的芽菜種植在紙片上，直接移入盒中販售。（圖片提供／綠藤生機）
2-3 芽菜作業室。（圖片提供／綠藤生機）

大愛感恩科技：變廢為金

二〇〇四年南亞海嘯時，慈濟發出數以萬計的毛毯，之後證嚴法師提出疑問：「既然布料跟寶特瓶的聚酯纖維都來自石油，那能不能將寶特瓶回收做成日常紡織用品？」

此一技術過去就有其他業者嘗試，但因為原料不純淨而導致製程良率不佳，最多只能做成絨毛玩具的填充物。大愛感恩科技致力於回收材質的研發再利用，共同創辦人黃華德不斷研發，發現品質的關鍵在於寶特瓶是否乾淨，如果雜質過多，抽紗過程就會斷絲，難以做出最高等級的長纖。

因此他們向全國五千四百六十二個慈濟回收站收購，並建立一套標準流程：挑出一號PET材質的飲用水寶特瓶、依顏色分類、去除瓶蓋與瓶環、壓成寶特瓶磚、交給下游業者碎為瓶片，塑化成再生聚酯粒，最後進行抽紗與紡織為終端產品。產品多是寶特瓶原色，以「不後染」為原則，大幅減少染色帶來的耗能、耗水及污染等問題。

回收寶特瓶，能夠製出各種日常用品。據估計，十二個寶特瓶可以做成一件短袖大愛衫，二十二個寶特瓶可以變為一件嬰兒披風，四十二個寶特瓶能做出一個小登機箱，六十四個寶特瓶就能讓災民得到一條溫暖的毛毯。成立五年以來，已回收超過三億三千萬個寶特瓶，與原生製程相比，減少二氧化碳排放約二千萬公斤。

目前公司每年的盈餘均回饋給慈濟，做為海內外賑災及社會公益之用，可說是透過研發「變廢為金」的代表案例。

1

2

3

1-2 用寶特瓶做成的圍巾和保暖毯。（圖片提供／大愛感恩科技）
3 為了讓環保織品更親近民眾生活，設立「大愛低碳生活館」。（圖片提供／大愛感恩科技）

興采實業：把咖啡穿在身上

咖啡渣也有搖身一變成為布料的「富貴命」——只要經過興采實業的巧手。

興采實業製造機能性布料，已有二十五年的歷史。創辦人陳國欽看到咖啡店利用咖啡渣來除臭，他靈機一動，思考如果將咖啡渣混入布料中，是不是也有一樣的效果？

於是他花了四年的時間研發，將粗顆粒奈米化，終於做出具除臭、吸濕、抗菌、抗紫外線效果的「S.Café®環保科技咖啡紗」。

咖啡紗在德國展出後，國際媒體以「把咖啡穿在身上」來形容它，法商EiDER率先與興采合作，許多國際知名品牌更相繼跟進，紛紛以咖啡紗製出多款排汗除臭服飾。

興采實業進一步混合寶特瓶和咖啡渣，生產具有優異保暖功能的禦寒衣；透過特殊研發技術，混合咖啡紗與特殊原料，製出具有冰涼感的布料。

陳國欽特地與連鎖咖啡店與超商洽談咖啡渣的供應，一天約四十公斤的咖啡渣送往興采的總部。目前咖啡紗的產銷表現非常好，也讓興采實業從機能性布料更積極的走向環保織品的研發生產。

1　興采實業製造機能性布料已有逾二十年的經驗。（圖片提供／興采實業）
2-3 興采開發的咖啡紗在各國紡織品展都有高詢問度。（圖片提供／興采實業）

第6章

Action! 加入行動者的隊伍

擁有理想和熱情的你，也想加入社會企業的行列嗎？

本章四個行動方案，為你提綱挈領，評估人格特質、工作重點和行動步驟——你可以參與社企、在自己工作崗位上支持社企、成為社企的一分子，甚至創立社企！

〈社企資源地圖〉羅列九大類、近七十項實用資訊，幫你找出最適合自己的社企之路。

行動方案1

我想參與社會企業活動

文・圖／繆葶

- ✔我對於改變社會充滿熱情
- ✔我充分了解自身優勢與限制
- ✔我希望能夠貢獻自身能力於解決特定社會問題
- ✔我期待透過各種方式支持社會企業
- ✔我想要更加了解社會企業運作模式與內涵
- ✔我具有團隊工作熱忱，以及凝聚向心力

如果你具備上述特質，可以透過以下步驟為自己開啟參與社企之路！

1 找出自己最感興趣的領域

你必須先了解自己的聲音，究竟什麼是你真正關心、打從心底想要改變的社會議題呢？可能是台灣的偏鄉教育，也可能是全世界環境保護的支持行動，又可以分為永續資源、全球暖化等等不同分支。你最具熱情的領域是哪一塊呢？可以從接受各方相關資訊開始，透過大眾媒體來取得更多的社會企業資訊，經由多元閱讀思考，傾聽內心，來整理出自己最感興趣的區塊。

2 釐清自身特質與限制

接下來，釐清自身的特質也相當重要。喜歡接觸人群，擅於與朋友互動交流；又或者通曉影像處理，熱愛拍攝影片、圖像；專精於文字撰寫，擁有準確的紀實能力等等。

了解自身的限制也是必要的。身為學生的空閒時間投入，或做為上班族的時間分配，如何在主要職業與志工間更有效率的分配時間、取得平衡，才是能否走得長久的關鍵。

或者，你期待透過實際購買行動來支持為多元議題而努力的社會企業。尚未成為市場主流的各項社會企業服務／商品，近年來已然逐漸抬頭，有許多經過相關認證的商品已經可以在一般超市購得，又或集結各項商品服務的電子商務平台也能夠透過網路進行交易。

3 搜尋相關組織

以上幾點交會出你的興趣取向、能力運用以及特定限制，訂定了支持社企之路的方向，接下來便是搜尋所關注議題的相關組織。不同的組織，其營運模式、方便群眾參與其中的方式也各有所別，然而藉由過往獲取的資訊，或許你的內心已經有幾個組織浮現，如果還沒有也別著急！網路上、書籍中，各類社群媒體帶出的資訊超出你的想像！

這裡整理出你需要的各類小幫手，你可以參考本章末篇〈社企資源地圖〉尋找管道，讓參與社企之路一路順暢：

- **社企參與者如何找資訊**——你可以留意社群媒體、社企交流。
- **社企參與者如何身體力行**——你可以留意人力資源、消費通路。
- **社企參與者如何長知識**——你可以留意教育推廣。

想參與社企活動該怎麼做？

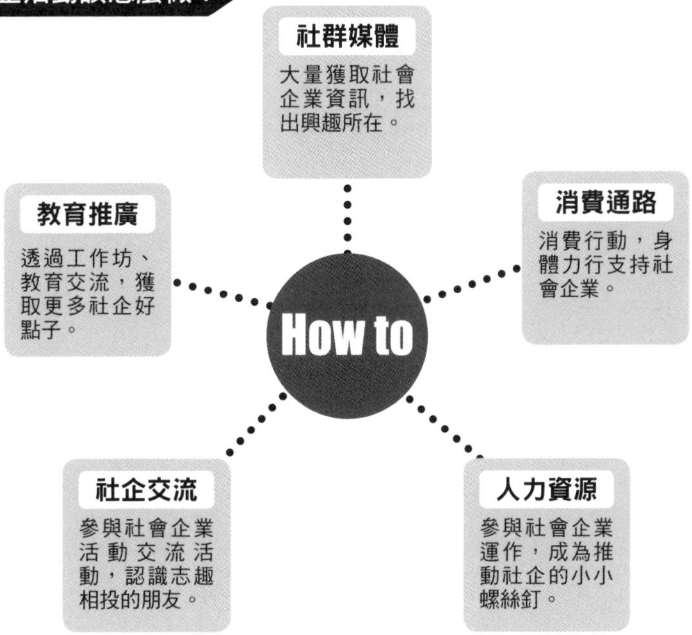
How to
社群媒體
大量獲取社會企業資訊，找出興趣所在。
消費通路
消費行動，身體力行支持社會企業。
人力資源
參與社會企業運作，成為推動社企的小小螺絲釘。
社企交流
參與社會企業活動交流活動，認識志趣相投的朋友。
教育推廣
透過工作坊、教育交流，獲取更多社企好點子。

行動方案2

我想在現有工作崗位上支持社會企業

文・圖／繆葶

- ✔我希望貢獻己力改變社會
- ✔我十分了解自己的優缺點
- ✔我願意運用現有資源支持社會企業
- ✔我想要加強企業與社會的連結
- ✔我期待成為社企精神傳播者
- ✔我無畏於挑戰創新

在社會企業逐漸崛起，期待解決各個領域的社會問題之際，你是否希望能為社會企業做點什麼？擁有以上特質的你，想必就是願意運用手邊多樣資源來支持社會企業營運的一員！

1 了解不同社會企業的需求

對於想要改變社會的你，心中想要特別強調的議題是什麼呢？可能是你生活中或工作中所熟悉的部分；你可以藉由多樣化的資訊管道，接觸更多各類不同的社會企業，並從中了解他們的營運模式、市場需求等等，搜尋哪些環節是他們所必須或者缺乏資源的部分。

2 思考如何整合現有資源進行合作

接著，從手上所擁有的資源開始發想：該如何才能夠運用這些資源來支持社會企業？結合工作與現有資源來和社會企業合作，互補不足之處，正是你可以身體力行支持社企的好做法！

但必須思考的是，如何將現有資源與社會企業進行整合合作？你需要向主管提出你的想法與計畫，這些創新的思維可能會使你被視作「變革者」——也可能是「麻煩製造者」——思考如何將公司的產品以及開發融合到社會企業，發揮更大的社會價值，產生一加一大於二的效果。此外，這些獨樹一幟的思路可能需要你花上更多時間來設想它的路程與腳步。

3 帶動革新，連結企業與社會

然而一份讓社會更加美好的計畫，帶動的不僅僅是你個人的成長，更是整體同仁、形象提升與思維創新，這樣的行動並不功利，而是全面向前跨出一步：從內而外的全面革新，致力於企業與社會間的連結，進而超越過去之於社會發展的想像——我們將其稱做「社會起業家」（Social Intrapreneur）。

於此，我們可以歸納出來，如果你想要在現有工作崗位上支持社會企業，你需要的是：

- **社企支持者如何找資訊**——你可以留意社群媒體。
- **社企支持者如何身體力行**——你可以留意教育推廣、消費通路。
- **社企支持者如何長知識**——你可以留意社企交流。

想在現有崗位上支持社企該怎麼做？

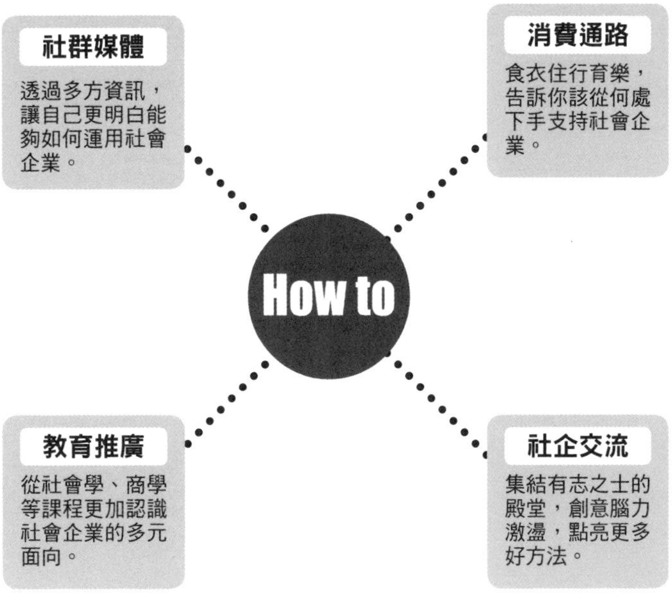
社群媒體
透過多方資訊，讓自己更明白能夠如何運用社會企業。
消費通路
食衣住行育樂，告訴你該從何處下手支持社會企業。
How to
教育推廣
從社會學、商學等課程更加認識社會企業的多元面向。
社企交流
集結有志之士的殿堂，創意腦力激盪，點亮更多好方法。

行動方案3

我想成為社會企業一分子

文・圖／葉孟靄

- ✔我願意為改變世界貢獻一份力
- ✔我能關心社會問題且試圖找尋解答
- ✔我擁有專業知識技能
- ✔我想要從事有社會影響力的工作
- ✔我具備開創的精神

隨著社會企業成功動人故事不斷出現，許多滿懷理想、不滿於現狀的有志之士亦想要跟隨腳步、大展身手，運用所學解決社會問題，成為一名社會創業家改變我們生活的世界。不過，你不必在讚揚那些出眾的社會創業家時，因為自己沒有創立社會企業而感到氣餒。假如每個人都想變成社會創業家，建立各自的組織，反而可能會浪費資源，對社會未必是件好事。

事實上，一個成功的社會創業家背後通常會有一個優秀的創業團隊，透過團隊合作實現創新的好點子。因此，並非人人都應該成為社會創業家，你也可以選擇成為社企創業團隊的一分子。

1 檢視個人特質與能力

你可以先檢視個人的特質，即使發現自己不適合成為社會創業家，還是可以加入社會企業成為團隊的一分子。基本上，你與社會創業家的特質有些類似，你願意貢獻個人心力改變世界，並且有自己關心的社會問題，也試圖尋找是否有更好的解決辦法。然而，無論你是社會新鮮人或是已經在職場上打滾過一陣子，也許你尚未準備好自己投入社會創業獨當一面，但是你擁有經營社會企業所需的專業知識技能，如資訊管理或財務管理等，你也想從事有社會影響力的工作，在此同時，你還具備了開創的精神。也就是說，不同於以往會選擇高薪卻缺乏社會價值的工作，你服膺內心的信念驅使，開創屬於自己的人生道路，這是社會企業非常需要的人才。

2 了解社企產業，加強專業知識技能

既然如此，對於想要成為社會企業一分子，有哪些資源可以運用呢？首先，你可以從分享社會企業新

聞訊息及專家評論的社群媒體找起，網路平台上累積的豐富資訊，可以讓你對社會企業有充分的認識，還能漸漸發現自己關切的產業類型及相關最新消息。接著，你可以參加許多學校單位、研究中心等組織開設的社會企業相關課程，還有所舉辦的演講、工作坊等活動，藉此加強社會企業所需的專業知識技能，假使你是卅歲以下的年輕人或者剛畢業的社會新鮮人，還可以經由課程取得實習機會，更加了解社會企業的實際運作情形。

3 接觸社企，多管道求職

在了解社會企業之外，亦能透過各種管道接觸社會企業，包括：你可以參與社會企業研討會和論壇，在這種場合很適合與社會企業進行交流，並且得知潛在的參與機會；你也可以依照個人條件搜尋社會企業的求職平台，從中找到心目中的工作；另外，你還可以藉由社會企業認證系統找到你有興趣的社會企業，主動詢問是否有加入組織的工作機會。

簡而言之，你想成為社會企業一分子所需的資源可歸納如下：

- **你要如何瞭解社企**——尋求社群媒體、教育推廣。
- **你要如何接觸社企**——透過社企交流、人力資源、認證系統。

想成為社企一分子該怎麼做？

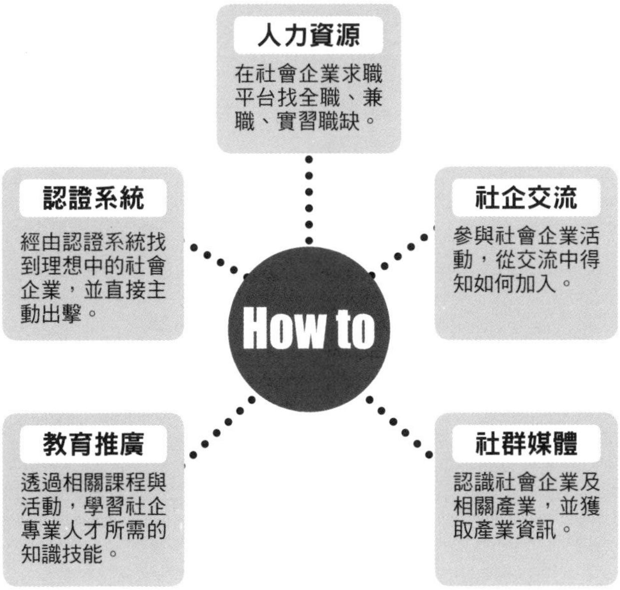
How to
人力資源
在社會企業求職平台找全職、兼職、實習職缺。
社企交流
參與社會企業活動，從交流中得知如何加入。
社群媒體
認識社會企業及相關產業，並獲取產業資訊。
教育推廣
透過相關課程與活動，學習社企專業人才所需的知識技能。
認證系統
經由認證系統找到理想中的社會企業，並直接主動出擊。

行動方案4 我想創立社會企業

文．圖／葉孟靄

- 我是充滿熱情和夢想的人
- 我有敏銳的觀察力
- 我關懷社會，想要解決社會問題
- 我善於發揮既有優勢，並了解自身限制
- 我對創新有高度的包容性
- 我有很強的行動力
- 我不怕失敗，也能承擔風險

當今社會上有愈來愈多成功的社會企業出現，不滿於現狀的你必定也懷抱著改變世界的夢想，希望成立屬於自己的社會企業。當然，要成為一名「社會創業家」絕對不是光憑夢想就能達成，你還必須符合創業家的條件，並且運用合適的資源。

1 評估自己是否擁有社會創業家的特質

首先，你需要檢視自我的人格特質，一般而言，社會創業家的特質具備改變世界的夢想與熱情，可以敏銳觀察到社會環境問題，進而產生關懷心、同理心，想要解決問題的同時也了解自身優勢與限制。除此之外，你還要有想法，能包容不同創新的可能性，而且還要有實踐夢想的行動力，並勇於面對挑戰、承擔風險，始終抱持著不怕失敗的堅定意志，最重要的是要能牢牢記住創業的「初衷」。

2 撰寫創業計畫書，尋找各方資源協助

接下來，你便要開始著手撰寫創業計畫書。在創業路途中，你可能面臨的最大挑戰是籌措資金；第二是建立網絡，尋找合作夥伴與人才，試圖產生一加一大於二的效應；第三，社會企業需要培育、諮詢，尤其是創業初期經常遭遇各種困難，往往需要專業協助。

為了克服上述這些挑戰，你應該要尋找相關資源協助。以資金籌措來說，你可以參加社會企業的競賽活動，若獲得獎金可作為創業種子基金；你還能選擇參與基金會支持的社會企業相關計畫以獲得補助，或者尋求私人創投的機會和銀行的專案貸款。

其次，你需要建立網絡，尋找合作夥伴與人才，為此你可以參與社會企業研討會和論壇，製造更多機會與各個社會企業進行交流，也能找到相同領域的合作夥伴。

3 不斷求進，善用諮詢

最後，社會企業同樣需要吸收資訊新知、接受培訓與取得諮詢。在資訊新知方面，分享與溝通社會企業新聞訊息及專家評論的社群媒體，在網路平台上累積的豐富資源可方便供你免費參考；在培訓方面，許多全球知名的學校紛紛開設社會企業相關課程，提供社會創業所需的技能，藉以培育出卓越的社會創業家；在諮詢方面，提供社會企業管理和經營諮詢服務的顧問組織，可以在你遭遇困境之際拉你一把。

簡單來說，你想創立社會企業所需的資源可歸納如下：

- **社會創業家如何找資金**——可以留意競賽活動、創業投資、群眾募資等資源。
- **社會創業家如何建立人脈及招兵買馬**——透過社企交流、認證系統、人力資源。
- **社會創業家如何長知識**——尋求教育推廣、顧問諮詢、社群媒體。

想成為社會創業家該怎麼做？

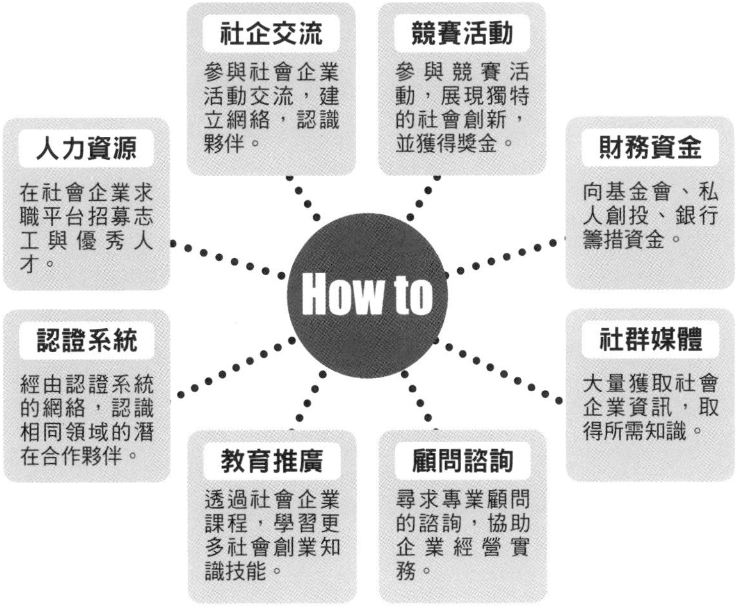
How to
社企交流
參與社會企業活動交流，建立網絡，認識夥伴。
競賽活動
參與競賽活動，展現獨特的社會創新，並獲得獎金。
財務資金
向基金會、私人創投、銀行籌措資金。
社群媒體
大量獲取社會企業資訊，取得所需知識。
顧問諮詢
尋求專業顧問的諮詢，協助企業經營實務。
教育推廣
透過社會企業課程，學習更多社會創業知識技能。
認證系統
經由認證系統的網絡，認識相同領域的潛在合作夥伴。
人力資源
在社會企業求職平台招募志工與優秀人才。

社企資源地圖

當你訂定了支持社企之路的方向，接下來便是搜尋所關注議題的相關組織。以下介紹的不同組織，其營運模式也各有所別。

文／繆葶．葉孟霈

社群媒體

◎台灣

社企流 / Social Enterprise Insights

www.seinsights.asia

社企流透過撰寫、分享與溝通有關社會企業的各種資訊與資源，匯整國內外各類案例以及新聞報導，是台灣第一個華文社會企業資訊匯流平台。期待透過介紹社會企業這項思維，於台灣累積更多社會創業的知識與能量；並集結多方關心社會企業的人士、創業者、起業家，連結台灣社企領域，整合形成完整系統。

◎國際

香港社企廊

www.etnet.com.hk/www/tc/seg/features.php

為一免費平台，集結香港社會企業資訊，包含相關政策、新聞資訊、活動訊息，以及課程、工作坊等，向大眾推廣社會企業；同時具備產品服務搜尋，以及當月人氣產品服務排行，提供平台讀者合作之社會企業的相關優惠。網站上亦有香港社會企業挑戰賽之簡介以及系列最新消息提供。

Triple Pundit

www.triplepundit.com

Triple Pundit是一家新媒體，每月擁有超過三十五萬名讀者。Triple Pundit致力於推動企業領導人認識與理解三重基線（財務、社會、環境），透過專家和編輯精選文章及小組討論區，期望讓更多人思索如何在二十一世紀建立、經營兼具永續性、道德與獲利的企業。

Pioneers Post

www.pioneerspost.com

Pioneers Post是一家新的網路報紙，每月有數萬名讀者觀看，該網站報導各地的社會創新故事，包括社會企業、基金會、慈善組織、一般企業等，並作為社會創新者的學習平台，以促進正面的社會影響，而訂閱Pioneers Post的部分費用，還會被用來從事社會投資。

Stanford Social Innovation Review

www.ssireview.org

Stanford Social Innovation Review（簡稱SSIR）為隸屬於美國史丹福大學（Stanford University）慈善暨公民社會研究中心的實體雜誌與線上網站。其目的在透過跨領域知識分享，包含微型金融、綠色企業和社群網絡等主題，推動學術理論與實務接軌，促進公、私、非營利部門發展出創新方案來解決社會、環境與經濟正義問題。

Social Earth

www.socialearth.org

為分享社會創業相關新聞與資訊為主的線上社群，以「社會創業的創意力及永續性是我們的未來」為信念。擁有來自二十五個國家、超過一百七十個撰稿人進行分析及新聞編寫，內容含括創業、綠能、教育、微型貸款、科技、企業社會責任、健康等。許多撰稿人皆來自於美國知名社會企業或社會創新組織，例如Ashoka、Acumen Fund、PopTech、Accion USA、The HUB和Opportunity International。

NextBillion

www.nextbillion.net

創建於二〇〇五年，彙集商業領袖、社會創業家、非政府組織、政策制定者和學術界人士等對於企業發展有興趣的產官學界，共同探索如何運用市場力量推動國際發展、協助人們脫貧，期待透過該網站分享的高發展性，以論壇的形式，讓企業了解其產業策略發展將會影響全球近四十億名的金字塔底端族群及消費者。

教育推廣

學校組織

◎台灣

中山大學社會企業發展研究中心

sedrc.nsysu.edu.tw

以培育社會創業之人才，提供社會企業諮詢以及輔導專案，並舉辦相關學術研討會、出版刊物為走向，希望能夠以創新研究結合社會責任，經由多方整合資源，進而解決社會議題，改善人民福祉，期以構建社會企業。未來將以培育志工、成立社會創投基金，並成立相關平台促進更多討論為導向。

輔仁大學管理學院社會企業研究中心／台灣社會企業創新創業學會

www.seietw.org

成立主旨在於提供社會性商品創新原動力，並於政府以及商業市場不及之處，促進社會資源擁有更富價值的產出。期待以企業經營方法以及相關科技，提供有志於社會創業者相關學術及實務的知識資源，協助克服挑戰，進而發揮其理念和創意。

◎國際

Harvard University HBS Social Enterprise Initiative

www.hbs.edu/socialenterprise

隸屬於哈佛大學商學院。課程對象包括MBA學生、非營利組織、營利企業和公部門工作者，課程著重社會企業、組織領導以及社會公共議題，大多以個案研討的方式進行討論。對於社會企業家的培訓，除了有相關職涯實習，也提供創業基金的申請機會。

Stanford University Center for Social Innovation

csi.gsb.stanford.edu/about-csi

隸屬於史丹福大學商學院的社會創新中心，為學生以及相關領域工作者提供相關課程，希望經由開發個人的創新思維來解決社會問題，打破理論與實務間的界線，提升大眾對社會問題的意識，並進一步展開行動。也藉由演講以及研討會推廣社會創新的精神；同時安排實習和參訪活動，促成學術界與非營利組織之間的交流和學習。

Duke University Center for the Advancement of Social Entrepreneurship

www.caseatduke.org

屬於杜克大學弗卡（Fuqua）商學院，課程著重於社會創投，並有完整的課外實習，提供給對社會企業有興趣的人士，強調如何評選對公益有影響力的社會企業同時投資資金。該中心被選為全球影響力投資評等系統的研究中心，協助評核社會企業和社會創投基金的績效。擁有集合企業、慈善家以及社企家的專業諮詢團隊，與史考爾基金會擁有夥伴關係。

民間團體

◎國際

香港社會企業策劃有限公司（HKSEIC）

www.seic.hk

以「生、老、病、死」系列為主題推動社會企業使命。結合社會企業三角關係的理論，推動相關策劃以及各類社企發展，同時進行社會企業的學術研究，出版相關社企理論文章，並在大專院校提供選修課程及實習機會。同時廣結「民、商、官、學」四者，促進彼此間的合作，進而履行各角色之於社會的責任。

Community Interest Company（CIC）

realideas.org/SEQ

seq.realideas.org

社區利益公司提供了一個Social Enterprise Qualification（SEQ）計畫，希望建立一項之於社會改革者的相關國際認證。SEQ培訓能夠作為教師認證，培訓教授如何提供銅級和銀級認證，並協助學員了解社會議題與社會企業，主要對象為學校老師、青年工作者或機構代表。在培育學員方面，SEQ提供發展永續性的社會企業計畫，學員可學習如何尋找資金、舉辦活動和管理的經驗，並思考如何對世界做出真正的改變。

World Resources Institute

www.wri.org

世界資源研究所為致力於解決各項社會環境問題的智庫機構。組織目標是希望達成人類和環境永續共存，聚焦於氣候、能源、糧食、森林、水資源以及都市運輸等六大區塊。研究領域包括環境能源保護、政府治理、企業管理、生態系統，並建立資料庫，提供給社會人士和政府機構進行學術研究與政策規劃之用。

社企交流

◎台灣

社企流、台灣社會企業創新創業學會定期舉辦講座、工作坊、論壇等實體活動增加產業交流機會。

中華民國社會事業發展協會

www.sec-taiwan.org

為協助非營利組織突破財源困境，希望整合非營利組織的專業服務與企業的經營管理知識，藉由知識管理與財務規劃，協助非營利組織發展社會企業。協會成立以來，也參與舉辦社會企業國際研討會，如二〇一〇年身心障礙者就業模式與社會企業國際研討會，期能創造最大的社會價值。

社團法人台灣公益CEO協會

www.ceoclub.org.tw

於二〇一〇年正式成立，期望透過培育具創新領導能力的公益人才，以及提供系統性的公益事業相關課程，進而發揮更大的社會影響力，促進社會進步。於二〇一二年推動「志工企業家高峰論壇」，旨在憑藉志工與企業家的雙重身分，在經營企業的同時參與公益；希望藉由活動舉辦、分享討論，促進政府、企業以及第三部門之間的對話，並且讓參與者更加了解公益事業與社會企業的面貌。

◎國際

香港社企民間高峰會

www.ses.org.hk/zh

於二〇〇八年創辦。在香港政府與民間對社會企業的關注度不斷增加之下，由民間企業主導，香港政府協助，香港社企民間高峰會應運而生。活動邀請國際知名社企家、香港當地的社企先驅以及與社會企業相關的產官學界人士與會，分享經驗與想法。高峰會也進行論壇、工作坊以及香港社企的參訪，已在華文世界推動多方的對話和合作。

Asia Venture Philanthropy Network

www.avpn.asia

亞洲公益創投網絡Asia Venture Philanthropy Network（簡稱AVPN）是二〇一一年在新加坡設立的非營利組織，旨在發展壯大亞太地區的公益創投事業，建立一個充滿活力與影響力的社會投資社群。目前已擁有來自二十個國家、超過一百三十個會員，提供會員學習與交流機會，以及向公益組織與社會投資者推廣公益創投的概念。

Social Innovation Exchange（SIX）

www.socialinnovationexchange.org

為現今全球主要的社會創新網路，連結並支持社會創新者，透過會員間的相互分享，期待建立跨地域、跨部門的多元學習，共同傳播社會創新的信念；並與多個城市、國家以及國際組織合作，希望為多種社會議題如氣候變遷、資源不均等，找到更好的解決方案，同時也提供多樣化研究與資源。

NetSquared

www.netsquared.org

希望讓一般大眾與組織能夠透過簡單的管道，獲得有趣同時也有意義的資訊，並能善加使用，作為增加公益影響力的來源，閱聽眾可經由臉書、推特（Twitter）或是Linkedin等線上社群網站，分享自己的社會影響力計畫。NetSquared也具有實體的在地社群，可以讓有志之士齊聚一堂相互分享與學習。另外也提供獎金挑戰賽，透過腦力激盪來解決更多社會議題。

IMPACT HUB

www.impacthub.net

HUB是連結世界在地的全球網絡，於二〇〇五年成立，在全球逾卅個城市，擁有超過五千名會員，同時扮演創新實驗平台、企業培育者以及社群中心等角色。HUB相信透過集結具備憐憫心、創造力的人們，經由提供獨特的資訊來源，點燃思考亮點，進而促進會員間的合作來創造社會正面影響力，能夠讓世界更加美好。

Net Impact

netimpact.org

為國際性非營利組織，推廣並鼓勵人們用商業力量，創建一個社會和環境都具永續性的世界，全球有超過四萬名會員。經由提供豐富的資源網絡，幫助企業建立對社會的正向影響力，同時深植校園，提供多樣的學程，讓學子們探索並建構自身能力。每年的年度研討會為社企界盛事，各分會也會舉辦活動與工作坊提供學習與交流機會。

Social Venture Network（SVN）

svn.org

期望透過連結、支持且啟發企業領導者與社會企業家，來建立一個公平永續的商業生態。有數千名成功的企業領導者、社會創業家和社會影響力投資者一同參與，目前已是全球化的社會性網路平台。亦針對增加平台成員多元性，提出了銜接計畫（The Bridge Project），期待藉此提升組織知名度，並吸引更多不同領域的社會創業家一同參與。

i-genius
www.i-genius.org/home
為一個集結社會企業家的全球性網路社群，透過社群會員的聯繫交流，進而成就彼此間的合作機會，同時提供相關的教育訓練以及財務籌資諮詢。並且經由活動、研討會和培訓課程等，加強會員間的互動，也讓會員更加了解社會企業。另外，i-genius亦向產官學界提倡社會議題，以期推動改變社會的相關政策及計畫。

Skoll World Forum
skollworldforum.org
史考爾世界論壇為年度論壇，每年集合了超過九百位來自社會企業、財經、公私部門等多元領域的代表，一同聚集在英國牛津，主要希望能夠提供企業間彼此學習進而合作的機會，以及讓公部門了解社會企業的意義，從而支持社會企業。網站上則提供多樣領域的最新消息，包含教育、經濟以及醫療等相關議題。

消費通路

◎台灣

公平線上 Fair on Line
www.faironline.com.tw
在公平線上的平台，集結了國際公平貿易組織認證商品、台灣小農商品、台灣公益組織商品等，可分為食品、生活小物、家居用品以及客製化商品等四大類型，同時提供台灣公益旅遊資訊。公平線上希望能經由平等、透明且公開的交易方式，透過群眾的消費力來改變社會，幫助弱勢生產者能夠經濟自主，同時獲得社會大眾的支持。

一起幫 17 support
www.17support.com/
成立於二〇一二年，鑒於台灣現階段公益永續營利單位漸漸開展，卻缺乏一個穩定的行銷通路，於是在台灣社會公益行動協會的主導之下，誕生了一起幫公益電子商務平台。現階段平台除了購物外，還有兩個部分，一為介紹改變社會的正面小故事「讀．一起故事」；另一為「聊．一起話題」，針對某個議題，集結閱聽眾的各種不同聲音，達到多元對話的目標。

公平超市 Fair Market
台北市金山南路一段9號1樓
okogreen@gmail.com
為推廣公平貿易概念，由生態綠公司主導，結合台灣公平貿易協會、地球樹、洋嘎、繭裏子、馥聚等多家現有公平貿易通路，為一實體店面，以綠色零售為營運核心，販賣的商品均是友善土地、友善社會、友善人民的製品，包含經由國際公平貿易組織和世界公平貿易組織等認證團體所認證的產品、台灣友善環境與友善農民的商品或手工藝品，以及台灣原住民的手工藝品與農產品。

新生命資訊服務股份有限公司 vivialife
www.vivialife.com
這個由脊髓損傷患者為主要工作人員的購物網站，由新生命資訊服務股份有限公司規劃、營運，販售貨物以台灣社會企業以及友善企業的產品為主。雖然近年來脊髓損傷患者的職業訓練增加，然而許多企業由於公司內部無障礙空間不足，加上過去的刻板印象，仍普遍不願聘用脊髓損傷患者。新生命資訊打造無障礙的工作環境，希望協助脊髓損傷患者自立自強、展現其工作能力。

◎國際

好好社企 Good Goods

www.goodgoods.hk/zh-hant

好好社企，又稱「社聯－匯豐社會企業商務中心」，為一社企協作平台，屬於香港社會福利署與匯豐銀行成立的扶弱基金所設立之「香港社會服務聯會」。好好社企擁有實體店面，販賣社會企業的各項產品，也具備電子商務平台功能，並且從二〇〇七年開始，每年印製兩千份社企指南，內容包含全香港社會企業的資訊，供社會大眾查閱。

■財務資金

基金會

◎國際

Schwab Foundation for Social Entrepreneurship

www.schwabfound.org

施瓦布社會創業基金會希望能培育社會創業家，以促進社會創新與進步。其主要活動為挑選傑出的社會創業家進入其網絡，以及每年選出「年度社會創業家」。活動開放給全球社會創業家申請，篩選標準為創新性、永續性、社會或環境影響力等，獲選的社會創業家便能得到基金會的投資和財務資源。

Skoll Foundation

www.skollfoundation.org

史考爾基金會的願景是建構一個永續發展的和平繁榮世界，希望藉由投資、連結與表揚創新的社會創業家，幫助解決全球最迫切的問題。基金會的投資方式除了在社會創業獎的補助，還有特定計畫投資，提供低於市場利率的資金，以協助擴大社會影響力，投資總額超過兩千萬美元。

Ashoka

www.ashoka.org

阿育王是全球最大的社會創業家網絡，已經投資一億美元給全球的社會創業家。每年甄選傑出的社會創業家成為阿育王夥伴（Ashoka Fellows），並提供創業基金與專業支援，以及與全球網絡建立連結。阿育王夥伴的挑選並不限於特定經營領域與國家，最重要的是能貢獻出創新方法解決社會問題，產生長期的社會影響力。

創業投資

◎台灣

活水社企開發

www.livingwater.asia

活水社企開發創立於二〇一一年春天，旨在開發改變社會的投資機會，能自給自足、可持續擴展，並且連結社會創業家與社會投資者兩端，一起發展值得被投資的社會企業商業模式。活水社企開發也積極參與協助建構台灣社會企業的生態體系，包括建立社企社群、引進專業資源、釐清政策願景及移除法規障礙等。

◎國際

Acumen Fund

acumen.org

聰明人基金是一個非營利的全球風險投資基金，希望使用商業方式解決全球的貧困問題。聰明人基金運用債權或股權投資，作為七年到十年的耐心資本，針對社會企業提供窮人可負擔的商品和服務，包括飲用水、農業、住宅、替代能源、健康等，給予每間公司卅萬至二百五十萬美元的投資，以追求最大的社會影響力。

Bamboo Finance
www.bamboofinance.com

為一家全球商業私募股權投資公司，專門投資能夠改善新興市場低收入人民生活的商業模式，於哥倫比亞、新加坡、盧森堡、日內瓦等地設有辦公室，總共管理二億五千萬美元的私募股權，對於公司的投資標準除了財務績效之外，也包含其產品、服務是否讓窮人負擔得起，或是否雇用窮人以改善他們的生活，經由社會影響力的評估架構來決定投資的金額。

Village Capital
www.vilcap.com

Village Capital受到微型貸款的啟發，運用創業家同儕支持的力量創立社會企業，解決全球貧窮與環境的問題。加入其網絡的創業家，同時也是其他社會企業的投資合夥人，可以分享意見及擴大創新。Village Capital設立各種專案吸引全球創業家參與，經過專家諮詢與同儕協力的過程，在專案最後由所有創業家同儕選出最佳的社會企業，其創業家與投資合夥人可以共同得到五萬美元以上的資金。

Root Capital
www.rootcapital.org

為一非營利社會投資基金，提供五萬至兩百萬美元的資金及金融相關訓練，讓拉丁美洲與非洲地區的中小企業能夠給予農民更高且穩定的價格，換取高品質、永續性農產品如咖啡、可可、蔬菜水果等進入全球市場。不僅中小企業成為值得信賴的供應商，並嘉惠消費者，同時促進農村發展，增加收益與社會和環境的影響力。因此，Root Capital創造極高的還款率，投資風險低。

Launcht
www.launcht.com

一個群眾集資的網路平台，有專為社會企業建立的集資管道。透過由社會創業者提出自身的計畫以及所需金額，使網路平台閱聽眾了解每一個集資計畫，進而提供實質金援。藉由整個平台的運作，結合群眾力量與社會創業者的創業藍圖，在創業者獲得群眾資金挹注之外，群眾也參與了創業者的夢想，進一步達成改善社會的可能。

銀行

星展銀行
www.dbs.com.tw

星展銀行總部位於新加坡，是亞洲最大銀行之一，重視社會公益的實踐。星展銀行（台灣）透過扶持社會企業的成長，提供社會企業專屬帳戶優惠及專業的金融諮詢服務，協助社會企業永續經營。「社會企業專屬帳戶」新台幣活期存款採階梯式利率給息，最低起息金額為新台幣一萬元。

■顧問諮詢

◎台灣

AAMA台北搖籃計畫
aamataipei.com.tw/index.htm

AAMA台北搖籃計畫是一項非營利的創業家培育計畫，以「學習、分享、友誼、回饋」為核心價值，邀請產業菁英擔任導師。每一期計畫為時兩年，為網路科技、文化創意、社會企業、生活服務等四大領域的創業家，串連更多和其他地區的交流機會，延展視野及經驗。

◎國際

Intellecap
www.intellecap.com
該公司致力於以市場導向的方式改善金字塔底端人民的生活品質，協助企業以永續經營的商業模式解決社會和環境問題。該公司在印度和全球提供建構微型金融機構的能力及經營策略的諮詢服務，主要客戶則位於亞洲和非洲地區的金字塔底端市場。

Social Venture Hong Kong
www.sv-hk.org
香港社會創投基金（SVhk）是民間社會企業基金，運用專業知識解決社會企業在創投方面的困難。除了資金的支援之外，也提供香港社會企業其他的支持，扶持和培育更多的香港社會企業，並促進年輕專業人士參與社會創業。

Root Cause
www.rootcause.org
為一家非營利性的研究和諮詢公司，為了解決現今棘手的社會問題，提供策略、財務永續性、跨界協力合作、領導發展等諮詢服務，培育組織領導者的社會創新能力，擴大其社會影響力，而大部分客戶所關注的社會問題，以教育、健康、經濟發展為主。

NESsT
www.nesst.org
為一國際性非營利組織，希望藉由提供金融資本、教育訓練和諮詢輔導，讓全球合作的社會企業提高其永續經營能力與社會影響力，解決發展中國家各種社會與環境問題。NESsT主要提供的專業服務有策略發展與規劃、能力建構與培訓、專案執行等，讓客戶從實作中學習，進而發展出屬於個別客戶的創新改變過程。

Global Social Benefit Institute（GSBI）
www.scu.edu/socialbenefit/entrepreneurship/gsbi
GSBI是美國聖塔克拉拉（Santa Clara）大學「科學、科技與社會中心」所開發的計畫，旨在協助社會企業家發展企業計畫，成為財務永續發展的組織。GSBI提供線上課程給初創企業，協助企業驗證其商業模式，另有課程協助社會企業家確認、發現適合的資金，以快速增加其影響力，兩種課程都有企業家、矽谷顧問與社企工作人員的高度參與。

Entrepreneurial Training for Innovative Communities（ETIC）
www.etic.or.jp/english/index.html
成立於一九九三年，由宮城治男先生創辦，透過啟發年輕人的社會創新思考，鼓勵其發現社會問題，從而提供社會創業以及養成創業所需能力的機會。提供中長期的實習計畫，讓年輕人進入企業或者非營利組織實習，從實務中發現問題；同時協助青年成立新創公司，超過三百位業師協助培訓，已培育了超過一百五十位社會創業家。

Foundation for Youth Social Entrepreneurship（FYSE）
www.fyse.org
為一慈善基金會，目標在幫助社會創業家實現最大的社會影響力，解決迫切的社會和環境挑戰。該基金會比較特別的是，它發起女性社會創業家育成計畫，針對社會企業的知識和工具提供專業諮詢，發展社會創業家的網絡，驗證其商業模式，另外還在上課期間提供托兒服務。

McKinsey's Social Sector Office
www.mckinsey.com/client_service/social_sector
麥肯錫（McKinsey & Company）是一間全球管理顧問公司，該公司也注重社會影響力與永續發展，因此在客戶服務項目規劃出社會部門，幫助社會企業家推動社會變革。其專業諮詢的領域為經濟發展、社會創新、教育、全球公共衛生及永續性。

競賽活動

◎台灣

TiC 100社會企業創新競賽

www.tic100.org.tw

TiC100由研華文教基金會主辦，藉由創新平台TiC100投入跨領域的合作，以激發青年創新知識能量，連結社會企業的永續發展，並促成青年朝向社會企業與創業的發展。競賽透過企業出題，指導學生體驗真實的企業環境，在創新發想與實際演練的過程，學習創新的商業模式。競賽總獎金超過新台幣百萬元，第一名獎金三十萬元，報名對象為卅五歲以下的大學以上在校生。

◎國際

DBS星展銀行-NUS新加坡大學社會企業創業挑戰競賽

socialventurechallenge.asia

星展銀行（DBS）與新加坡大學（NUS）共同合作「社會企業創業挑戰競賽」，報名不限制年齡、國籍和隊伍人數，競賽第一名獎金高達三萬元新幣（約新台幣七十萬），總決賽優勝者還可得到專業輔導、育成等支持，並在跨國的公益平台上與夥伴分享交流，協助新創的社會企業發揮永續性社會影響力，建立起亞洲地區的社會創業文化。

亞洲社企創新獎

www.socialinnovationaward.asia/index-chi.html

香港社會創投基金於二〇〇八年開始設立亞洲社企創新獎，增加民眾對亞洲城市社會議題的了解，藉由此平台結合資源，幫助實行創新計畫。每年於亞洲區（符合參賽資格的國家名單由香港社會創投基金決定）和香港區分別設三個港幣二千元（約二百五十美元）的獎項，另在香港區設有「最佳多媒體大獎」（港幣二千元），頒給最能運用多媒體發表提案的得獎者，亞洲區得獎者將可受邀至香港出席頒獎典禮和「社企民間高峰會」。

Dell Social Innovation Challenge（DSIC）

www.dellchallenge.org

戴爾社會創新挑戰賽（DSIC）於二〇〇七年由美國德州奧斯汀大學公共事務學院RGK慈善事業中心發起，翌年獲戴爾公司支持，贊助社會創新者發想好點子，協助改善全球迫切待解決的社會和環境問題。比賽開放大學生報名參加，從構思初期的點子到成熟運作的計畫都可以參賽，競賽總獎金超過卅五萬美元，第一名獎金達六萬美元，而且任何人都可以參與比賽的線上社群，提供建議和資源，支持學生們所提出的計畫。

Global Social Venture Competition（GSVC）

www.gsvc.org

全球社會企業競賽（GSVC）由美國柏克萊大學商學院（Haas School of Business at UC Berkeley）主辦，提供社會創業家指導和曝光的機會，並協助他們實現商業計畫以產生正面的影響力。競賽分為地區初選、地區準決賽和全球總決賽等三階段，參賽團隊中必須要有一名研究生（可以是應屆畢業生或畢業兩年內），而且要實質參與競賽，總獎金為五萬美元，第一名獎金二萬五千美元。

Global Social Entrepreneurship Competition（GSEC）

www.foster.washington.edu/centers/gbc/globalsocialentrepreneurshipcompetition/Pages/GSEC.aspx

全球社會創業競賽（GSEC）是由美國華盛頓大學西雅圖分校（The University of Washington at Seattle）每年舉辦，鼓勵大學生運用商業模式，產生永續的方案以解決全球貧窮、健康、發展的問題。競賽總獎金超過三萬美元，參賽團隊還有機會獲得健康、發展、企業領域專家的指導，在企業和專家網絡中大量曝光。

Hult Prize
www.hultprize.org
美國霍特國際商學院獎（Hult Prize）致力於推動新一代的學生社會創業家，與柯林頓全球倡議（Clinton Global Initiative）合作。每年三月，大專院校學生可組隊（最多可有一名校友）進行社會企業提案，經評選後的六支優勝隊伍在七、八月參加霍特國際商學院輔導課程，九月決賽時於柯林頓全球倡議年會上發表其初創企業，獲勝隊伍將獲得一百萬美元獎金。

William James Foundation Sustainable Business Plan Competition
www.williamjamesfoundation.org
威廉．詹姆士基金會為支持改善世界的企業家，舉辦永續商業計畫競賽，競賽總獎金不僅超過十萬美元，提供專家回饋、指導，以及獲得投資人青睞的機會。參賽對象必須是創業規劃中或現存公司的領導角色，參賽者的公司可以是在創業規劃階段，或者計畫對公司經營方針做出重大變革，公司至少要有一名領有基本工資的全職人員，並有能夠衡量社會、環境或文化的影響力指標。

人力資源
社企流網站「社企徵才」頁面提供台灣的社會企業相關工作資訊。

◎國際

B Corp Jobs Board
www.bcorporation.net/community/jobs-board
B型企業（簡稱B Corp）除了從事企業的認證，也提供工作的媒合，經過認證的B型企業可在網站上的求職專區（B Corp Jobs Board）張貼職缺，求職者可依據公司名稱、地點、產業別進行搜尋，有全職、兼職、約聘和實習的工作類型可供選擇。

Echoing Green
www.echoinggreen.org/social-impact-jobs
Echoing Green致力於投資和支持傑出的新興社會企業家，協助解決世界上艱難的社會、環境問題。為了讓更多人接觸到具有社會影響力的工作，該網站特地設置社會影響力求職專區，每月整理一次相關職缺訊息並發布出去，工作類型可分為Echoing Green內部職缺、其合夥社會企業的職缺，以及全球性社會企業的工作機會。

GIIN Career Center
jobs.thegiin.org
全球社會影響力投資網絡（Global Impact Investing Network，簡稱GIIN）是一個致力於提升社會影響力之規模與效益的非營利組織。GIIN的求職中心主要是開放給其會員及其他重要的社會影響力投資公司刊登職缺，職務領域可分為財務金融、社會影響力評估與其他專業，也有全職、約聘和實習的工作類型可供選擇。

GreenBiz
jobs.greenbiz.com
GreenBiz致力於推廣綠色企業，不僅提供綠色環保資訊，也提供綠領人才工作媒合的平台。可享有卅天的免費職缺張貼，找尋全職、兼職、實習和志工人才。求職者可以依照職務領域如綠建築和綠色科技等、所在國家和區域、工作經驗來搜尋職缺。

NextBillion
nextbillion.net/jobsfeed.aspx
NextBillion是為了改善金字塔底端人民的生活環境而成立的社群媒體，希望幫助他們提升至中產階級。NextBillion除了發布相關新聞，也提供一個媒合工作的平台，包含專業工作、實習等工作類型，不過該網站並無分類搜尋的功能，僅依張貼時間排序，職缺性質以在金字塔底端的地區發展為主。

Social Good Jobs
socialgoodjobs.org
Social Good Jobs是由Green Jobs Network設計出來的新服務，目標在於媒合社會企業相關工作給有興趣的求職者。企業可在網站上免費張貼工作機會，提供全職、兼職和實習等職缺類型，求職者可根據工作領域、薪水與張貼時間來分類搜尋，幫助求職者更容易找到有興趣且符合專長的工作。

TreeHugger
jobs.treehugger.com/?campaign=th_nav_jobs
TreeHugger為致力於環境永續的媒體平台，不僅提供綠色環保的新聞和產品消息，也提供企業張貼職缺及相關職缺的搜尋，求職者可以依照職務領域如管理和行銷等、所在國家和區域、工作經驗或實習機會進行篩選，搜尋引擎的功能相當健全，適合有志於投入環境永續的求職者。

Bankers without Borders
grameenfound.secure.force.com/apex/myopportunities
Bankers without Borders為格拉明基金會（Grameen Foundation）的全球志工計畫，連結個人與公司協助微型貸款等機構為窮人服務，提供志工機會，貢獻其科技、財金、商業等專業技能，以從事扶貧工作，促進當地永續發展及提升微型貸款的影響力。註冊成為會員志工後，可以選擇遠距或當地、所在地區、個人或團隊、專案長度、個人的專業技能進行分類搜尋，另外，網站也提供會員線上課程與職涯發展，並拓展志工的人際網絡，分享創新的好點子。

認證系統

◎國際

B Corporation
www.bcorporation.net
B型企業是由美國非營利組織B型實驗室（B Lab）所提出的認證機制，目標是要創造一個可運用市場機制解決社會與環境問題、創造公共利益的公司類型。B型企業與傳統企業不同，要能展現全面且透明的社會與環境績效指標，建立高度的法律課責標準，以及推動公共政策對永續企業的支持。目前有超過八百四十個認證的B型企業，分布在二十七個國家、六十種不同行業中。

Social Enterprise Mark
www.socialenterprisemark.org.uk
社會企業標誌（Social Enterprise Mark）是一項可信、獨立的國際認證，保證其認證的社會企業將至少五成的盈餘拿來回饋社會，目前共有三百多家企業獲得社會企業標誌。企業必須符合六項重要標準才有資格取得該標誌，包括：設定社會或環境的目標；必須是獨立的企業；至少一半的營收來自企業的商業模式；至少一半的盈餘用於社會或環境目的；企業解散時，剩餘的資產需分配於社會或環境目的；企業申請認證時，必須提供最大化社會影響力的聲明書。

Community Interest Company
www.bis.gov.uk/cicregulator
社區利益公司（Community Interest Company，簡稱CIC）是英國法定的公司型態，目前有八千四百多家。公司的設立目的為促進社區利益，公司的資產鎖定且利潤不能分配給私人，必須用在改善社區。要成為一家社區利益公司，公司章程必須遵守社區利益公司的相關法規，並通過「社區利益檢定」（Community Interest Test），提交一份社區利益公司的年報，保持與社區密切互動，在向英國公司註冊局（Company House）登記時，還必須提供社區利益聲明書。

第7章

社會企業：創業實戰手冊

全球頂尖社企培育組織UnLtd，心法傳授創業要訣

你為社會企業感動而亟欲投入嗎？你想效法社會創業家，
將心中的好點子變成利他的好生意嗎？

在這一章，你的起心動念將得到最務實的指引：

——UnLtd獨家授權社企創業教材
——十個社企的創業心法、利基評估
——十篇台灣社企先驅的專業分享

邀你一起展望創業與創新的未來！

十個創新法則，教你做好社企創業評估

文／林以涵

在關注某個社會議題，繼而產生想改善該領域的想法後，接下來最重要的便是將點子化為行動，並考慮實踐過程當中所需的資源，以及潛在機會、挑戰等。

在社會企業發展最悠久的英國，已經有人整理出值得我們取法的實踐之道，譬如英國社會企業培育組織UnLtd。UnLtd是全球最大的社會創業家支持平台，在二〇〇〇年因英國政府決議將部分千禧信託基金用於支持社會創業而成立，總部設於倫敦。UnLtd將社會創業視為一段旅程，每年發起多個獎項，培育近千名社會創業家，獎項涵蓋了社會企業的啟動、擴張、轉型等不同階段的發展，提供的支持則包括資金、專業顧問、網絡、培訓等服務。UnLtd聚焦引領積極於社會變革的人士，是國際上最具活力與創意的社會創新引擎之一。

本書取得UnLtd英國總部授權，以其所出版的《社會創業工具箱》（*Social Entrepreneurship Toolkit*）架構為基礎，整合社企流近兩年在台灣社會企業領域的觀察與經驗，分別就十個實戰課題進行討論：

1. 社會改變模式（Social Change Model）
2. 商業獲利模式（Business Model）
3. 法律地位選擇（Legal Structures）
4. 組織治理架構（Governance）
5. 營運機制規劃（Operations）
6. 行銷宣傳策略（Marketing）
7. 社會績效評估（Monitoring & Evaluating Social Impact）
8. 財務預測管理（Financial Management）
9. 資金募集管道（Funding and Financing）
10. 個人職涯考量（Personal Consideration）

全球頂尖社企培育組織UnLtd社會創業旅程

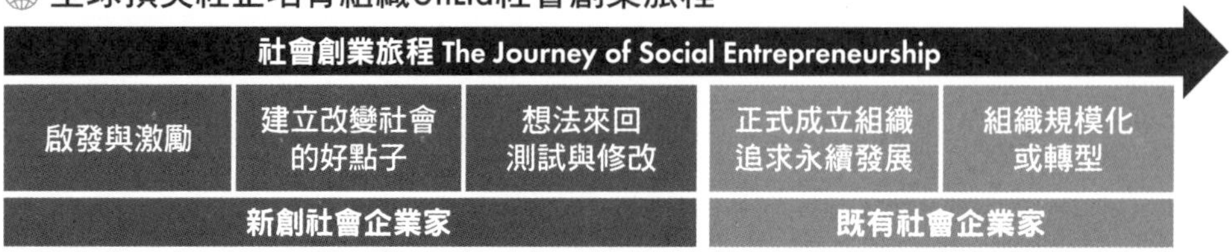

參考來源：UnLtd

Step 1

檢視你想改變社會的模式：界定願景、使命與價值

文・圖／林以涵

願景（Vision）、使命（Mission）與價值（Value）是區分社會企業與一般企業的三大元素。在試圖決定一個組織是不是社會企業時，許多人也都會從「這個組織解決了什麼社會問題？」來做思考。什麼問題是社會問題？什麼方式才算是在解決社會問題？其實答案是由每個人自由心證，並無一定標準。

檢視你關注的議題，尋找解決的方法

在此，本書試著提供以下「社會改變模式」（Social Change Model）三大通用且常見的工具，期待引導讀者思考一個專案或組織的「社會性」。三大工具是：

一、問題理論（Theory of Problem）：你所試著要解決、改善的某一個社會、環境問題。

二、改變理論（Theory of Change）：針對你所要解決、改善的社會問題，相對應的解決方法與策略。

三、行動理論（Theory of Action）：你的行動是否能夠讓所屬專案或組織產生解決方案，具體落實改變理論的架構。

問題理論：找出解決問題的方向

一個社會創新專案或一個社會企業的產生，絕大部分都是因為創辦人關注到某個社會問題而開始，而每個社會問題所牽涉的層面與利害關係者，可說是包山包海，因此投入相當時間與資源進行田野調查，全方位了解你所關注的議題是非常重要的。田野調查就像是在起跑前練基本功，當你對於自己所關注的議題有充分了解後，就更容易建立起有效的解決方案，而非不切實際的空想。同時，在你對外接觸潛在合作者、消費者、投資者等利害關係者時，也更能簡單、明確地讓他們知道你有認真做功課，不是盲目行事。

問題理論可分成三個面向來思考：現有狀況、發展脈絡、目標狀況。針對一個社會問題，先試著勾勒出現有狀況與目標狀況，就能更清楚有哪些需要努力的方向。

以創立於英國，而後日本、韓國、澳洲、台灣等九個國

家亦取得授權的實體刊物*The Big Issue*（台灣稱《大誌》雜誌）為例，創辦人博德（John Bird）出身於清寒家庭，五歲後的人生在街頭、孤兒院、監獄中度過。

熱愛文學與藝術的他，因為己身經驗，深刻體會到社會邊緣人謀生時的掙扎與挑戰，大部分街友除了乞討與打零工外，無常態性就業機會，於是他興起了創辦雜誌、透過街友來販售的念頭，使他們可以有尊嚴地賺取收入，找回生活自主權與信心，讓他們「把手舉起來（賣雜誌），而不是把手伸出來（領救濟金）」。

可參見圖表1-1，了解如何利用問題理論，找出想要解決某一社會問題的方向。

改變理論：建立解決問題的方案

清楚定義出你想解決的社會問題後，下一步便是建立解

圖表1-1　問題理論三步驟（以*The Big Issue*雜誌為例）

①現有狀況：目前問題為何？

針對一個社會問題，勾勒出現有狀況，找出有哪些需要努力的方向。

例 大部分街友除了乞討與打零工外，無常態性就業機會。

②發展脈絡：針對問題做環境分析

A 誰正在面臨此問題？

1. 找出目標族群，必要時可依地區等條件再做次分類。
2. 找出目標族群目前面臨此問題的經驗。
3. 找出能改善現況的趨勢或潛在改變。

例 想針對「街友、遊民」提供幫助。

B 問題規模為何？

1. 找出上述每個目標族群的規模。
2. 觀察各族群規模的趨勢，是在增加、減少或持平。

例 從街友數、街友成長率看出問題規模。

C 問題為何存在？

利用PESTLE架構，思考造成此問題的政治(P)、經濟(E)、社會(S)、科技(T)、法律(L)、環境(E)等原因，有些原因是小規模、個別性，有些原因則是大規模、系統性。這是最困難也最重要的一部分。

例 1.個別性原因：街友缺乏就業管道與社福資訊來源。
2.系統性原因：組織雇主與社區大眾普遍歧視街友。

③目標狀況：問題被解決後的情況為何？

針對此一社會問題，希望達到的解決目標。

例 街友可以有尊嚴地賺取收入，找回對生活的自主權與信心，進而改善遊民問題。

參考來源：Unltd Social Entrepreneurship Toolkit

決方案。改變理論又稱為邏輯模型（Logic Model），是協助設計、規劃解決方案的好用工具，包含圖表1-2所示的八個要素。

經過前面「問題理論」的歸納與分析，此時你應該能夠明確建立「活動——產出——效益」的假設，闡述自己專案或組織所採取的活動與預期成果之間的因果關係。此外，對社會企業而言，在記錄自己產品或服務的數量或金額（產出）外，清楚驗證產品或服務能為社會帶來中長期的正向改變，是非常重要的工作。也因為一個社會問題的改善，可能是成千上萬個組織的集體貢獻，因此建議將非專案或組織所能控制的外部因素列入考慮，並從產出指標中建立適合的效益與影響指標。

以*The Big Issue*為例（參考第四章4-10），創辦人的假設便是組織透過僱用街友為雜誌銷售員（活動），為街友創造X個就業機會（短期產出），提高收入Y%（短期產出），使街友找回生活自主權與信心（中期效益），翻轉社會大眾對街友只能乞討、無法自力更生的刻板印象（長期影響）。

行動理論：決定改善問題的執行方案

在運用問題理論分析了你所關注的社會問題，以及運用改變理論架構你所設計的解決方案後，便可以用行動理論建

圖表1-2　改變理論的八個要素

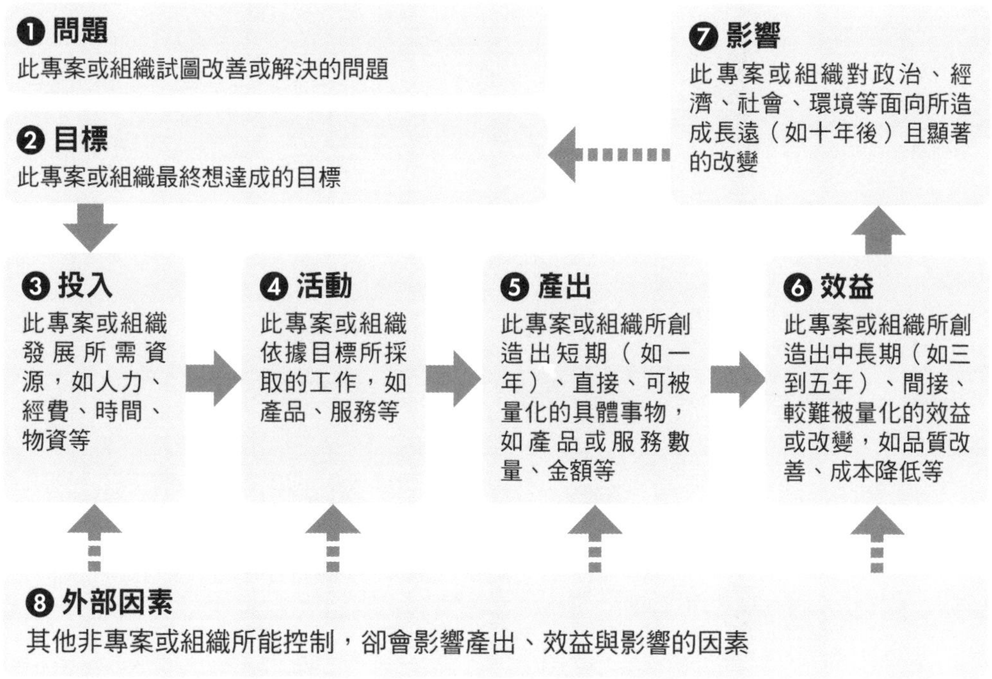
❶ 問題
此專案或組織試圖改善或解決的問題
❷ 目標
此專案或組織最終想達成的目標
❸ 投入
此專案或組織發展所需資源，如人力、經費、時間、物資等
❹ 活動
此專案或組織依據目標所採取的工作，如產品、服務等
❺ 產出
此專案或組織所創造出短期（如一年）、直接、可被量化的具體事物，如產品或服務數量、金額等
❻ 效益
此專案或組織所創造出中長期（如三到五年）、間接、較難被量化的效益或改變，如品質改善、成本降低等
❼ 影響
此專案或組織對政治、經濟、社會、環境等面向所造成長遠（如十年後）且顯著的改變
❽ 外部因素
其他非專案或組織所能控制，卻會影響產出、效益與影響的因素

立解決方案所需要採取的特定行動，可分為兩類：

- 核心行動（Core Actions）：仔細闡述改變理論中的「活動」指標。
- 支持行動（Support Actions）：採取核心行動時，其他相伴隨、可能得採取的輔佐行動。

以英國料理界超級巨星傑米．奧利佛所成立的「十五餐廳」為例（參考第四章4-9），每年招募十五到十八位對料理有熱情的邊緣或弱勢青少年為學徒，接受一年培訓。學徒們每週三天在餐廳實習，一天去料理學校上課，一天參加各式活動，例如農場小旅行、烹飪競賽等，這便是十五餐廳的「核心行動」，透過青少年對「美食」和「有意義工作」的熱情，重新開發他們被埋藏的能力與自信，並協助他們融入社會。

然而奧利佛發現學徒們會面臨債務、居住、人際關係等挑戰，於是將該餐廳的利潤全數投入十五基金會（Fifteen Foundation），提供學徒所需輔導，也對想創業的學徒提供啟動基金，扶植他們從合格廚師成為餐廳經營者，這些便是伴隨核心行動而產生的「支持行動」。

以上三項理論——問題理論、改變理論、行動理論，便是社會改變模式的基本要素。社會改變模式是持續演化、不斷辯證的，當你對於關注議題的根本原因了解越多，你便有可能調整計畫所採取的行動、修正預期的產出與效益等；又或者當你發現其他人對於你的行動能否改善該社會問題有所質疑時，你也可能回頭檢視問題理論，釐清自己的問題。

將起心動念「招牌化」

不同於一般企業以追求財務價值的最大化為目標，社會企業的創立目標在於改善或解決某個社會問題，也因此組織願景與使命，常常是社會企業與一般企業差異所在。

「願景」指的是你的專案或組織長遠想實現的目標，可能是由創辦人的起心動念衍生而來，或由團隊成員集思廣益後所確立。願景通常反映了創辦人或團隊的雄心壯志，能夠激勵人心，且成為該專案或組織和所有利害關係者——員工、夥伴、顧客、投資者、受益者等——溝通的「金字招牌」。有趣的是，因為社會企業的出現是為了改善社會問題，一些社會企業的願景可能是未來該問題能充分得到解決，其組織再也沒有存在必要。

「使命」指的是簡單、明確陳述此專案或組織在做什麼、為什麼而做。相較於願景，使命更著重於讓大眾了解專案或組織的行為與目標。

以低價嬰兒睡袋Embrace為例（參考第三章3-9），組織的願景是「讓每個婦女與小孩都能擁有健康人生的平等機會」，其使命則是「在發展中國家發明能改善健康問題的新產品，並將產品送到最需要的人們手中」。

不同於社會大眾希望眼見為憑（see before they believe），社會企業家總是先相信他們想要的未來（believe before they see），找到起心動念或內心召喚（calling）後，再設法找出實踐方法。對未來的期望便是他們創立社會企業的「願景」，而實踐方法便是其「使命」。

「價值」指的是組織文化與態度，往往反映該組織的「品牌個性」。近年來，社會企業、非營利組織，甚至是營利公司，在界定組織價值時會以「三重基線」為架構，考量財務、社會與環境三面向的表現與影響，因此除了經濟效

重·點·複·習

社企創業實戰 Step ❶
界定你的願景、使命與價值

檢視你關注的議題，尋找解決的方法，運用「社會改變模式」三大工具去思考：

- 問題理論：問題的現有狀況、發展脈絡、目標狀況為何。
- 改變理論：掌握問題、目標、投入、活動、產出、效益、影響、外部因素八要素，規劃解決方案。
- 行動理論：建立核心行動與支持行動。

將起心動念「招牌化」

- 在組織早期發展時便界定出願景、使命、價值。

圖表1-3　三項理論與願景、使命間的關係

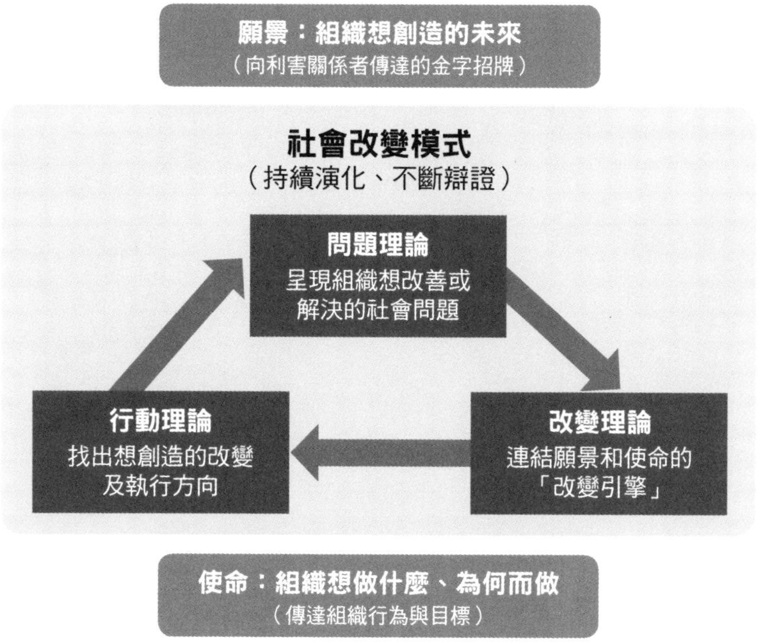

參考來源：UnLtd Social Entrepreneurship Toolkit

益，許多組織也會展現重視社會責任與環境永續發展的價值觀，如遵守道德交易標準、降低對環境的危害、重視員工平等權益、採購在地人力物資等。

不同於願景和使命，組織在一開始就建立的價值觀念，就像是一個人從小的性格養成，在往後發展過程中比較可能增加，而較不會大幅刪減或變動。而組織的價值觀，也是與各類利害關係者溝通、建立合作的關鍵。

明確界定願景、使命、價值，是組織在早期發展時很重要的工作。許多創業者容易認為討論這些主題較抽象，手邊又有一大堆待執行的具體事務，因此往往忽略或延後此步驟。但當你有了更多夥伴加入，制定願景、使命、價值的工作就該盡早進行，因為唯有讓團隊成員了解、發展出共同藍圖，大夥才能在有共識的狀態下一同打拚，而無法認同的成員，也會主動離開，而非繼續待在組織中，因理念不同、溝通不良而內耗資源。

專·家·觀·點

從「設計」到「社計」

社會改變模式

文／陳東升　台灣大學社會學系教授

設計、設計思考在最近二、三十年受到相當高的重視，主要是人類社會希望追求更美好的生活，也慢慢了解有更美的產品、更舒適的服務值得追求；如果因為過度消費造成的環境破壞、市場經濟大幅拓展造成的社會不平等、全球化使得不同文化理解差異而引發激烈衝突等問題，無法得到妥善解決，那麼生活仍是矛盾、衝突的。

因為設計思考以及社會創新將焦點逐漸放在解決社會議題上，與社會學的對話，可以提供設計專業轉換另一種思考的角度，發展出不同的解決方向。

社會學的設計思考

首先，社會學研究社群組織和社會結構問題，社會的平等和正義是這個學科的核心關懷。所以，為誰設計很重要，也是社會學者通常最先要思考的議題。相對於傳統設計專業，社會學強調為百分之九十的公眾需求設計，維持每一位社會成員基本的、有尊嚴的生活，而不只是為那些負擔得起金錢開銷的百分之十的客戶設計，是一種他利且自利的設計精神。

在台灣的代表性案例，就是被國際組織選為公共利益設計（Public Interest Design）全球百大人物的謝英俊建築師。他在受到地震、水災嚴重衝擊的地區所設計的自力造屋建築，即便是家園毀損、經濟資源不足的受災家庭，都可以在有限資源的條件下，打造一個可以安身立命的家屋。而自力造屋的過程可以重新建立家人、社區居民、來幫忙志工的社會支持和社會連帶。這樣的設計，不僅解決物質上的問題，也緩和心理問題。

其次，相對於設計專業，社會學是要解決系統的問題，而不是單一產品、單一服務的問題，跟大多數設計專業工作者的工作取向不一樣。社會學者會先勾勒問題的框架、複雜問題的內涵，思考我們到底要解決什麼樣基本的、結構性的問題，而不是將問題簡化或是視為理所當然，將大多數的心力擺在尋找問題的解決方案。

最後，相對於設計專業，社會學者不會只是關在房間裡、腦力激盪找問題解決方案，而是走進田野，深刻有系統地觀察，結合理論內容來研究使用者要不要使用、怎麼使用、使用之後對於他自己和他的社群產生什麼樣的影響。

社會學和設計專業的對話，可以帶來在方法上的新視野。像現在有不少大的設計公司聘請人類學家，採用人類學的參與觀察或是民族誌研究法。

免費蚊帳的社會設計思考

設計專家提姆．布朗（Tim Brown）與懷特（Wyatt）在〈社會創新的設計思考〉這篇經常被引用的論文中，舉了一個有關非洲地區蚊帳使用、疾病防治和銷售通路的例子。

「在俄塞俄比亞，兒童瘧疾發生率下降了百分之五十一，在迦納降低了百分之三十四。然而，蚊帳的分發方式卻帶來了意想不到的結果。在迦納北部，蚊帳被免費提供給孕婦和五歲以下孩童的母親。這些婦女很容易在當地的公立醫院領取免費的蚊帳；但對其他人來說，這些蚊帳他們很難得到。在迦納我們訪問了一位受過良好教育的當地人，他叫亞伯特，剛剛染上瘧疾。我們問他是否睡覺時使用蚊帳，他告訴我們沒有，在當地的塔馬利城（Tamale）根本沒有任何地方可以買到蚊帳。原因很簡單，因為有許多人可以領到免費的蚊帳，對於店家來說賣蚊帳就變得無利可圖。而當地的醫院也沒有能力銷售多餘的蚊帳。」

該例說明免費分發蚊帳給經濟不自主的民眾，對於那些無法免費領取的公民所產生的未預期後果，最後反而限制了傳染病防治的整體效果。這就是有沒有考量到「使用者所處的脈絡或社會情境對個人行為、社群的影響」。

用設計落實社會創新

我們修改設計專家提姆．布朗討論設計思考提出的圖像，把商業可行性改為社會的支持與可行性（最上圈），把技術的部分修正為知識與科技（右下圈），那三個圓圈的交集就是社會創新。也就是說社會創新是應用知識（社會科學的知識），解決社會的問題，滿足公眾的需求，達到公共的利益，而操作的方法是得到社會資源、社會支持，而且是可以推動的。社會創新的具體落實，是透過社會設計。

我認為設計不只是一種方法，而是一種視野（Perspective），和社會學交流，可以轉換焦點、轉換思考框架，從「設計」變成「社計」。更重要的是，社會學也因為轉換焦點，無論是透過社會運動對於不公平體制挑戰之後，或是在既有的環境下解決社會問題，了解到做出具體可行的成果或方案的重要性，讓兩個專業可以結合不同的知識技藝，一起合作，進行社會創新，具體解決社會的問題。

解決社會問題的設計思考

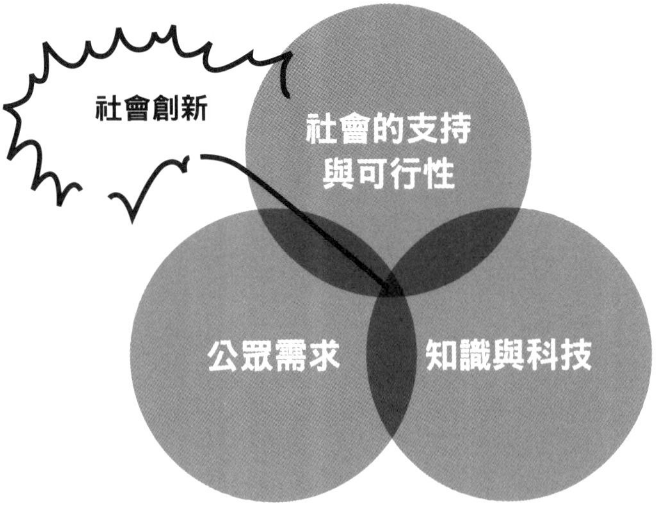

Brown, Tim. and J. Wyatt. 2010. "Design Thinking for Social Innovation." *Stanford Social Innovation Review* 8(2):28-35.

Step 2

規劃你的商業獲利模式：融入創新，貼近市場

文／林以涵

將自己想策動的社會正向改變定調後，如何從中找出獲利模式的重頭戲就此登場。你需要針對專案或組織的目標市場／客群、產品服務、組織架構、人力資源、營運行銷、財務管理、資源／資金募集與使用等面向作商業規劃，並將資訊完整、清楚、易懂地呈現於商業計畫書中，作為招募夥伴、尋求合作、募集資金等目標的「說帖」。

活用社會創新思維，設計產品服務

社會企業要兼顧社會與財務價值的創造，與純商業或純公益組織比起來，又多了層難度。也因為一個社會問題牽涉層面極廣，在創業初期，建議集中精神與資源在能將組織價值主張傳遞給顧客與受益者的商業活動上，確認每一個產品、服務，都能落實組織願景、使命等社會改變模式，也就是具有「社會要素（Social Component）」的產品或服務，如此所制定的策略會更有效益。（參見表2-1）

怎樣的創新會被稱為是「社會創新」？它與一般創新有何不同？史丹佛大學慈善與社會研究中心所出版的《社會創新評論》（*Stanford Social Innovation Review*）形容它是：「提出一種新穎方法來解決某項社會問題，與舊方法相比更有效率，具公正性與永續性，而且產生的價值由社會大眾共享，而非由少數個人獨占。」社會創新的成果，可以是軟體（服務）或硬體（產品），這些軟硬體有可能帶來利潤，具體用商業手法去實踐社會創新的組織，便稱為「社會企業」。

從需求出發，找對問題

能源、教育、弱勢就業等社會問題，牽涉範疇往往巨大得像座冰山。如何找出最核心的問題癥結點，便是重要的第一步。

以早產兒問題為例，在發展中國家誕生的早產兒，常因醫療服務與設備不足而面臨失溫的威脅。許多國際援助組織與慈善家捐贈了上百萬台平均造價兩萬美金的保溫箱，卻面臨當地沒有足夠的資源維護和修理，或是電力供應不穩的狀況，導致保溫箱無法充分發揮效用。

表2-1　具備社會要素的四種產品／服務類型

類型		說明	社企實例
1	**採購特定族群的產品服務**	產品或服務的製作者為較缺乏資源或資訊的族群，如小農、婦女、中輟青少年、身心障礙者等，藉由建立公平、對等的貿易關係賦權予生產者，改善生產者所處的環境、經濟與社會發展。	・生態綠 ・Motherhouse
2	**創造特定族群的工作機會**	透過設計創新的就業機制或職業種類，使原本較不易獲得就業機會的族群，能擁有支持性、穩定度高的工作環境，不僅獲得工作機會，亦建立自己的專業技能。	・勝利身心障礙潛能發展中心 ・黑暗對話社會企業
3	**提供滿足社會或環境需要的產品服務**	組織所提供的付費服務或銷售產品，可回應社會或環境需要（可能是未被充分滿足的既有需求，或因社會變動而產生的新需求），且能產生營收作為組織永續經營的收入來源。	・多扶接送 ・以立國際服務
4	**研發以求更有效運用資源**	運用科學技術，更有效率與效能地整合、運用以往閒置或廢棄資源，減少地球資源的消耗。	・大愛感恩科技 ・興采實業

由四位史丹福大學學生組成團隊的Embrace，進行田野調查後，了解當地人的需求與問題所在，於是設計出一個類似睡袋的保溫袋，不須組裝拆卸，攜帶方便而且使用簡單，消毒後還可重複使用，每個成本約為二十五元美金，不到傳統保溫箱的百分之一，有效彌補了開發中國家醫療設備的不足。（參考第三章3-9）

從使用者既有且喜歡的行為中去創新

環保發電的插座足球（sOccket），可以具體說明社會創新者如何從使用者既有且喜歡的行為中，去找到富有創意的解決方案。

針對發展中國家能源匱乏的問題，四名哈佛大學生注意到即使在偏遠地區，人們一樣普遍熱愛足球，於是設計了插座足球，人們可以邊踢球邊充電，提供環保又便捷的電力來源。踢十分鐘足球所產生的電力，可使用三小時LED燈泡；踢一場足球下來，就能累積一個家庭一整天的用電量，成功地把使用者熱愛足球的行為與發展中國家對電力的巨大需求相結合。（參考第三章3-6）

整合小點子也能立大功

很多時候，成功的社會創新並非來自新穎的大型點子，而是將既有的數個小點子加以匯聚、整合與執行。

以印度社會企業「米糠電力系統」為例，創辦人潘德和夥伴從印度鄉村地區數量龐大的農產廢棄物米糠得到靈感，以米糠為原料，運用氣化技術，來燃燒、推動發電機渦輪。他們在印度各地建造以米糠為發電來源的廠房，是煤油發電成本的一半，能提供鄉村便宜又安全的充足電力，而且他們還開放加盟，提供訓練，讓村莊自行運作電廠及收取電費，賦予其自給自足權利。

「米糠電力系統」的點子（氣化技術、降低固定成本、僱用當地居民）沒有任何一項是全新的，但當所有點子有效整合在一起，卻造就出成功的商業模式。（參考第三章3-16）

進行市場調查

市場調查和產品／服務設計相輔相成，組織或個人先後進行哪個步驟的順序也不盡相同。有些創業者會先設計出產品或服務雛型後，一邊調查市場，一邊修正產品服務；有些創業者則先接觸、觀察到某一市場，累積一定知識與經驗後才開始研發產品服務。

市場調查能幫助創業者或團隊了解外在環境，常見調查方式有問卷調查、焦點訪談、文獻探討等。

市場調查越詳細，不僅可幫助持續修正產品服務，找到競爭優勢，也是組織在制定營運或行銷策略時的重要參考。

掌握利害關係者

在市場調查過程中，創業者或團隊也會更加認識相關利害關係者（Stakeholders）。利害關係者指的是在組織營運過程中，能影響（組織）或被（組織）影響的團體或個人，包括員工、顧客、競爭者、供應商、通路、股東、政府、社會大眾等。

與一般企業相比，社會企業擁有的利害關係者較廣泛、複雜，且不似企業以滿足單一利害關係者的最大利益為目的（如公司以為股東謀取最大利益為目標），社會企業需在與各種利害關係者的互動中取得平衡，界定並分類各式利害關

市場調查的兩種途徑

市場調查可透過初級研究（primary research）和次級研究（secondary research）來取得所需資訊。

- 初級研究是直接依據第一手的原始資料，例如透過問卷調查、焦點團體訪談而取得的資訊，可幫助調查者了解目標受眾的特質、需求等重要見解。
- 次級研究則是根據期刊論文研究、政府統計數據等既有資訊衍生的間接資料，可幫助調查者了解目標受眾的規模、結構、趨勢等大方向。

係者，以及他們各自的需求與優先考量點，能幫助組織更有效掌握各群體關係與制定價值主張。

以生產嬰兒保溫睡袋的Embrace為例，消費者在乎的是產品能否有效改善保溫設備貧乏的需求，投資者則可能著重於組織所創造的社會效益（如改善早產兒健康）是否為他們的優先考量。

界定目標受眾

再好的商品，若沒有群眾支持也是枉然。如何明確界定產品或服務能滿足群眾需求，以及透過市場調查，證明自己組織是最有能力提供此項產品或服務的人，也是不可小覷的工作。

在社會企業領域，一個組織常要和消費者、使用者、受益者等不同類型的利害關係者溝通，消費者與使用者可能是不同族群，或在差別化定價的策略下有多種消費者，因此在討論誰會支持組織產品或服務時，本書以目標受眾（Target Audience）取代目標顧客（Target Customer）來討論。

針對產品或服務的不同愛好者，組織應該發展出不同的價值主張（Value Proposition）以利溝通。例如英國淨水科學家皮查德發明了具有奈米專利、可擋下所有微生物污染源的救命水壺，售價比市面上濾水壺高了十倍。因此他運用市場差異化，根據不同群眾需求來推銷救命水壺。（參考第三章3-7）

在發展中國家，他從「急難救助」的利基點開始，販售水壺給國際援助慈善團體（如無國界醫生）、政府與軍事單位（如聯合國維和部隊）等。在已開發國家，他將水壺推廣到自家使用、預防災難、休閒旅遊等個人消費群，提倡「買產品也買保障」。

對目標受眾掌握越清楚，越有助於設計產品／服務、釐清價值主張與制定行銷策略。透過市場調查，建議掌握以下目標受眾的資訊（以救命水壺為例）：

- 規模（如五十萬人、一千個組織等）
- 結構（是否需再細分受眾為幾個類別，如國際援助組織和戶外運動者）
- 趨勢（如規模持續成長）
- 特質（如平均年齡層、平均消費力、性別比例等）
- 需求（如需要乾淨飲用水）

確立價值主張

「價值主張」指的是組織產品或服務能帶給目標受眾的價值，也就是能滿足受眾的何種需求。而一個社會企業的價值主張，也要能與其社會模式、商業模式的策略與目標相符合。價值主張可分為具有價格競爭優勢的「效率型」；提供獨特或具領導地位的「創新型」；與客群建立親近關係的「情感型」三類。

不同目標受眾可能有不同價值主張，以米糠電力系統為例，其發電廠對使用者而言提供的是情感型價值——基於對使用者的信任與了解，量身訂做此產品，充分運用當地資源並創造就業機會。對當地政府官員而言，此組織的價值則聚焦在效率型或創新型上。

調查分析市場競爭者的價值主張，也能夠幫助自己專案或組織建立具識別度的獨特賣點，以及制定行銷策略。例如當市場中其他競爭者都聚焦在其產品服務的低價時，如何讓自己的產品服務具有創新或情感型價值，進而有鑑別度、吸引受眾目光與支持，便是關鍵。

重·點·複·習

社企創業實戰 Step ❷

規劃你的商業獲利模式

- 活用社會創新思維設計產品服務。
- 進行市場調查。
- 掌握你的利害關係者。
- 界定你的目標受眾。
- 確立你的價值主張。

創新才是社會企業的王道

文／李吉仁　台灣大學名譽教授

我們都知道，社會企業不同於一般企業或非營利組織的關鍵，在於社會企業係以有效的商業模式，解決特定類型的社會問題而成立的企業組織；因此，其經營挑戰在於如何兼顧社會與財務價值的創造。偏偏諸多社會問題的受助方常常也是經濟弱勢方，如果不以接受政府補助來解決問題，社會企業必須思考創新的商業模式，方能同時實現社會影響力與企業獲利性。

例如，偏鄉兒童的教育失衡問題，多與當地經濟蕭條、單親家庭、隔代教養、外配家庭有關，若欲提供補助教學，受助方必然沒有足夠的經濟能力支付。又如，都市遊民的再就業問題，也與遊民的既有技能、被輔導的意願，甚至願意改變的積極性有關，導致社會接納遊民的難度提高。

因此，欲解決不具直接市場商機的社會問題，社會創新便成為社會企業成功與否的關鍵；換句話說，改變單邊市場成雙邊、甚至多邊市場，擴大有價值的互補者，甚至建構成具社會影響力的平台，都是社會企業創新可行的模式。

例如，多扶接送成立的目的，在提供無殘障資格限制、無接送區域限制、無須預約的專業且貼心的接送服務，以補各縣市復康巴士之不足。由於復康巴士係受政府補貼，雖然限制多但價格低廉，多扶的高品質、相對高價的接送服務便不易擴散，損益兩平的壓力也較大。後來，多扶推出無障礙旅遊的服務（多扶漫遊），不僅擴大了服務的受眾人數（陪同旅遊一定比就醫多），更可藉由獨特、較高獲利的無障礙旅遊服務，補貼較競爭、不易獲利的殘障接送服務，形成有效的雙邊市場營運模式。在此基礎上，多扶進一步建立起無障礙旅遊與相關服務的口碑，創造與更多異業結合的合作商機，逐步走向無障礙服務的平台。

社會創新可以是商業模式的創新，更可以利用科技與創新設計達成，例如有助於早產兒保持體溫的Embrace，運用米糠發電的電力系統，甚至是用踢足球發電的創新皆是顯著的社會創新案例。由此可見，社會問題是絕佳的創新機會，而社會創新正是社會企業能夠成功的王道！

Step 3

找到適合你的法律地位：立法與認證系統

文／林以涵、林祖儀、黃紹航、協合國際法律事務所

台灣現有法律架構

截至二〇一四年，台灣目前並無專屬社會企業的法定組織型態，因此社會企業或具此精神的組織，是以營利公司或非營利組織型態存在，依產業及領域隸屬於不同政府主管機關。

決定要創業後，在申請法人登記時，該如何決定作為營利（股份有限公司、有限公司）或非營利組織（財團法人、社團法人）呢？建議可以從以下五點去思考：登記門檻、決策架構、財產規則、資金來源、稅賦優惠（參見表 3-1至表 3-5）。

如果仍無法決定哪一種結構適合你的社會企業，不妨考慮「混合模式」。許多社會企業採用「公司」與「基金會」並行模式強化資源運用，有的以基金會接受外界捐助，在公司創設初期提供金錢、人力等協助；有的將公司盈餘撥捐給基金會，如英國十五餐廳，它的品牌形象與經營績效，讓基金會得以募集更多資源去推動難有收益的計畫。不過在設計混合模式時，須全盤研究、了解公司與非營利組織相關法規，也需要更嚴謹管理的機制，例如分開的理事會和會計部門，維持組織的課責性（accountability）。

無論你最後選擇哪種結構，建議在成立之前仍尋求專業律師、會計師或顧問團隊指導，廣納多方建議後選擇最適合的組織種類以適用不同的法律地位。

國外社會企業認證機制

隨著社會企業發展，新的法律結構與認證機制也逐漸出現，領導這波運動前進的是非營利組織「B型實驗室」（B Lab）。總部位於美國的B型實驗室由兩位創業家傑・吉伯特（Jay Coen Gilbert）、巴特・侯拉罕（Bart Houlahan）與投資人安德魯・卡索伊（Andrew Kassoy）共同創立，他們認為若能將資本主義的強大力量妥善使用在政府與第三部門無法照顧到的角落，將可以為社會帶來正面影響力。在聆聽許多社會企業家與投資社會企業者的需求後，他們決心要推動可運用市場機制解決社會與環境問題，並兼顧利害關係人權

益的新公司類型，進而提出民間認證機制「B型公司」（B Corporation，簡稱B Corp）。

一個組織可向B型實驗室提出申請，填寫公益影響力評量（B Impact Assessment），評量內容包括公司章程、供應鏈管理、員工福利、社區發展、友善環境、社會影響等面向，檢視組織能否於內外部皆展現全面且透明的社會與環境績效指標、建立高度的法律課責標準，以及推動公共政策對永續企業的支持。凡是能在總分二百分的評量中獲得八十分者即可成為B型公司，除了可統一運用B型實驗室的品牌進行宣傳之外，與B型公司成員之間的交易更可以享有許多優惠。此認證機制期待勾勒出社會企業社群，目前在全球二十七個國家，有近八百五十間公司申請成為B型公司，分布在六十種不同產業中。

隨著B型公司數量增加，美國各州也開始思考有無可能在此認證的基礎上，創立能夠體現社會企業精神的法律形式，將此草根運動的影響力帶至政策層面，因此美國各州開始推動「公益公司」（Benefit Corporation）的法律形式，至今已有二十州共襄盛舉，包含華盛頓特區以及最具代表性的德拉瓦州[1]。

B型實驗室觀點

- B型實驗室創辦人傑．吉伯特認為，過去二十年的認證，如有機或公平貿易，是為了辨識出好產品；而下個二十年的認證是為了辨識出好公司。
- 二十世紀的資本主義是為了將股東價值最大化；二十一世紀的資本主義則是為了將共享價值最大化，「同理心」該是企業的核心價值及法律義務。

國外社會企業立法現況

參酌國外發展，英國早於二〇〇五年即已立法准許新型態公司「社區利益公司」（Community Interest Company）之設立，現約有六千家；美國各州政府亦於二〇〇九年起陸續通過「低利潤有限責任公司」（Low Profit Limited Liability Company）及「公益公司」相關法案，各有約九百家及六百家公司申請立案。亞洲則以南韓最積極，二〇〇七年即制定了社會企業促進法（Social Enterprise Promotion Act，

1 美國德拉瓦州（Delaware State）擁有最先進、靈活的公司法規、受尊重的司法體系與非常有效率的州政府，超過一百萬家以上的公司以該州做為法定註冊地，其中更包含一半以上的財星五百大企業（Fortune 500），堪稱是美國註冊公司的指標聖地。

表3-1　台灣的營利公司與非營利組織：常見類型與登記門檻

類別	定義	登記門檻說明
營利公司（以營利為目的，依照公司法組織、登記、成立之法人）		
有限公司	由一人以上股東所組織，就其出資額為限，對公司負其責任之公司	成立無最低資本額限制（惟公司申請設立時，資本額仍需足敷設立成本）
股份有限公司	指二人以上股東或政府、法人股東一人所組織，全部資本分為股份；股東就其所認股份，對公司負其責任之公司	成立無最低資本額限制（惟公司申請設立時，資本額仍需足敷設立成本）
非營利組織		
財團法人	因財物聚集而成立的組織，通常稱作基金會	・應以公益為設立目的 ・目前我國並無針對所有性質的財團法人統一規定之法規，而是由各縣市或各部會依財團法人之性質（宗教、文化、教育、民政、社政、社會福利慈善等事務）訂定個別財團法人設立許可及監督要點 ・一般全國性財團法人設立金額為新台幣三千萬元以上，地方性財團法人則依各縣市規定，通常為新台幣五百萬至一千萬元以上 ・須訂定捐贈章程 ・設置董事會作為最高決策單位，負責該法人基金之籌措及管理，日常營運事務則由執行長負責 ・董事、監事之薪俸，皆得依各會章程設定一定上限或為無給職
社團法人	因人民聚集而成立的組織	・至少三十人聯署發起 ・最高意思機構為會員大會，從中選出理事會、監事會負責管理、監督，日常營運事務則由常務理事會、總幹事或祕書長負責 ・理事、監事均為無給職，但得酌支車馬費。

表3-2　台灣的營利公司與非營利組織：決策架構

類別	決策架構	注意事項
營利公司		
有限公司	・負責人、董事長、董事、經理人：對外與公司負連帶責任 ・總經理或執行長：對內負營運責任	有限公司得由一人出資組成
股份有限公司		若有兩位以上投資者，申請設立股份有限公司對投資者較有保障，因股份有限公司不僅能經營較多營業項目，大眾普遍亦認為股份有限公司較具規模，而在創業初期的招商或行銷上較占優勢
非營利組織		
財團法人	由董事會內的成員們共同管理	董事長與董事得連選連任以保持決策權
社團法人	由理監事會內的成員們共同管理	・理事長是最高領導者 ・部分社團法人只得連選連任一次，且任期長度有限制

表3-3　台灣的營利公司與非營利組織：財產規則

比較項目	營利公司	非營利組織
營運目的	・以追求股東利益最大化為優先	・不以獲利為首要目標，亦不以發給董（理）監事紅利為營運考量 ・可以從事商業行為以獲取利益
盈餘分派	・需要分配給公司股東、員工及所有人或經理人	・不分配給組織所有者或管理者，而是重新投入組織的發展
歇業或解散	・財產需進行清算 ・公司剩餘財產應優先償還公司外部債權人，再依據股東持股比例分配給股東	・資產不屬於設立人所有 ・組織若解散，所有資產必須贈與其他非營利組織，而非分配給董（理）監事

表3-4　台灣的營利公司與非營利組織：資金來源

資金來源	營利公司	非營利組織
主要來源	公司募資與營業所得（如自身販賣產品或服務所得）	資金來源則較多元，包括（但不侷限於）向政府機關申請補助，接受個人、企業及政府機關的捐贈，與自身販賣產品或服務所得
部分來源	營業外收入（如利息收入及非以投資為業之公司之投資收益）	

表3-5　台灣的營利公司與非營利組織：主要稅賦與優惠

稅別	定義	相關說明
營利公司稅賦		
營業稅	公司在國內有銷售貨物或勞務及進口貨物之營收時所應繳納之稅款	・一般公司應繳5%的營業稅，例如某商品之銷售額為10,000元，則需要繳納500元的營業稅（10,000×5%＝500） ・其他稅率：特種飲食業、金融業、視障者營業人、農產品批發之小規模營業人應適用其他較高或較低之營業稅率 ・每個單數月的15日前需要申報並繳納前兩個月的營業稅 ・可以自行申報或委託會計師事務所協助 ・符合營業稅法第33條得扣抵稅額之進項憑證，其進項稅額准予扣抵銷項稅額。簡單來說，若干對於公司有利的支出中的稅額，可以折抵公司之營業稅，例如本月公司委外研發費為10,500元，其中的稅額為500元，公司支付款項、取得此張發票後，可以折抵公司本次申報營業稅的500元
營利事業所得稅	公司每一會計年度收支相抵後的盈餘要依據個別稅率繳納給政府之稅款	・2014年台灣的營所稅率為17% ・營業滿一年的企業，課稅所得額120,000元以下者免稅；課稅所得額181,818元以下者，應繳稅額＝（課稅所得額－120,000）×50%；課稅所得額181,818元以上，應繳稅額＝課稅所得額*17% ・每年五月結束前向國稅局申報上一年度的營所稅，並且繳納完畢
非營利組織稅賦		
・非營利組織的收入與支出都受到相關法律規定 ・透過公、私部門捐贈所獲得經費，經常是免稅狀態 ・私人對非營利組織的捐款能抵扣個人稅額 ・非營利組織仍須繳納其營業行為相關稅賦		

SEPA），現約有七百家。

立法撐起社企保護傘

前述法案部分為既有公司法下增訂之專章，部分為新設立之專法，立法形式或有不同，但皆提供了新創公益事業者以公司型態經營社會企業的明確法律架構，而使社會企業公司的設立及存續能被認同，營運模式可為遵循，且經營規模更易於擴展，此舉亦能更明確勾勒出社會企業社群，發揮群聚效應。

分析美國公益公司法發展脈絡，旨在消除以公司型態經營社會企業所會遇到的一些障礙。比如在一般公司法所規範的股東利益極大化狀態下，許多社會理念將難以被推行，或者社會企業在較高的經營成本之上，卻缺少相關政策的輔助甚至保護。公司在成為法定公益公司之後，將可以確保公司規模擴張或變更負責人後仍保有其公益經營理念，讓社會大眾能更明確辨識公司的社會價值，提升顧客與員工的忠誠度，也帶來更多的投資機會。

以美國知名的冰淇淋商店Ben & Jerry's為例，此品牌從社區起家，不只擁有良好產品品質與創意行銷手法，更以照顧在地農場與員工的工作權益而出名。

在二〇〇〇年，Ben & Jerry's被食品界龍頭聯合利華併購。起初，該品牌擔心聯合利華為了追求利潤而無法兼顧公司堅守的社會理念，因此拒絕了聯合利華的開價，轉而將公司販售給另一間開價比聯合利華低、卻符合創辦人經營理念的公司。最後聯合利華向法院提告並且勝訴，完成併購。因為法官裁定經營者須遵守追求股東利潤極大化的信賴義務，將公司販售給開價最高的競標者。若當初Ben & Jerry's有機會登記成為公益公司，在有明確公益目的前提下營運，併購案的結果或許截然不同。

台灣社會企業立法展望

社會企業立法的好處，最主要在於能提供一個明確的法律架構，使社會企業公司的設立及存續能被認同。台灣現階段由於缺乏社會企業法源，因此不管是非營利組織從事營利事業，或是以公司型態經營社會企業，都遭遇到一些經常性的障礙，形成社會創新的阻力。

若以非營利組織型態從事營利事業，由於與其公益宗旨不符，往往受到質疑，而且所屬營利事業的經營規模不易擴大。主要因為大部分非營利組織提供的薪資水準不足以吸引更多人才，將捐款投入有風險的營利事業，也恐虧負捐款人期待，再加上非營利組織會計資訊公開揭露的程度有限，亦無既成監管機制，恐生弊端，而且目的事業主管機關對非營

表3-6　國內外公益公司法規比較簡表

法規項目	美國（L3C）低利潤有限責任公司	美國（Benefit Corporation）公益公司	英國（CIC）公益公司	韓國（SE）社會企業	台灣（志工版）公益公司
立法方式	各州公司法專章	各州公司法專章	專法	專法	專法或公司法專章（擇一）
公司種類	有限責任公司（Limited Liability Company）	公司法人（Corporation）	股份有限公司（company limited by shares）或有股份資本之擔保責任有限公司（company limited by guarantee with a share capital）	包括公司、社團法人、協會及非營利組織等	股份有限公司
家數	現約900	現約600	現約6,000	現約700	已有公司願自律遵循
基本要求	須由基金會投資設立，以商業營運及重大公益與教育為目的	須有明確公益目的，決策時須考量利害相關人之權益，多數州並要求設置公益董事（類似獨立董事）監督之	須將公共利益載明於章程且須符合政府核定之公共利益審查標準	須以公益為目的，如服務弱勢族群或提供其就業機會等	第一類公益公司：須將公共利益載明於章程、考量利害相關人權益，並遵循盈餘分派規定 第二類公益公司：除符合第一類之要件外，另須提出公益報告書；允許由財團法人投資設立，並得成為政府擬議中「社會企業發展條例」或另訂之優惠
盈餘分派	無特別規定（但不應以創造營收為公司主要目的）	一般無特別規定（但應達成允諾之公益目的並出具報告），但亦有少數州有所限制	股利不得超過可分配盈餘35%；股利不得超過帳面值20%	至少提撥2/3之可分配盈餘再投資於公司或用於社會目的	盈餘分派不得超過可分配盈餘1/2（保留盈餘得免除加徵10%營利事業所得稅以避免變相懲罰）
財產處分	無規範	無規範	不得以低於市價之價格處分資產，且解散時剩餘財產亦應轉移至其他CIC或慈善機構等	無規範	解散後剩餘財產屬於不得分派之部分，應贈與其他公益公司、學校或社福財團法人或歸公
公益報告	無規範	須提出公益報告書	須提出公益報告書	無規範	第二類公益公司須提出公益報告書
允許財團法人投資	允許由基金會投資設立，但仍能維持其免稅資格，作為基金會每年均須支出5%資產法定要求之配套立法	基金會得投資設立	基金會原則僅能資助CIC之慈善活動，惟若其合乎基金會慈善信託目的時，得例外接受投資	無規範	允許由財團法人投資設立第二類公益公司
稅賦減免	無	無	無	國家和地方政府得依據相關法規減免稅額	第二類公益公司得成為政府擬議中「社會企業發展條例」或另訂之稅賦減免對象
其他優惠	無	無	無	國家得依據相關法規補貼部分健保、就業保險、職業意外賠償保險及年金保險保費	第二類公益公司得成為政府擬議中「社會企業發展條例」或另訂之獎助優惠對象

資料來源：公益公司法志工團隊（2013/12/17）

利組織投資設立公司態度嚴格，以否准為原則，在在都使非營利組織難以募集私人資本從事營利事業。

另一方面，因無相關法令，若以公司型態經營社會企業，經常受質疑假借公益之名，行謀取私利之實，難以獲得社會應有的認同，不但無法引進非營利組織的資金，也因欠缺法源而得不到政府的協助或獎勵。另外，因為政府對社會企業並無規範與監管，增加了投資人的風險，若先成立公司再捐贈股權給非營利組織，亦無法抵稅，這些原因也造成公司型態的社會企業無法有效引進資金和專業人士，形成社會創新的阻力。

重·點·複·習

社企創業實戰 Step ❸

找到適合的法律地位

台灣現有法律架構

- 現無專屬社會企業的法定組織型態。
- 目前須選擇以營利公司（股份有限公司、有限公司）或非營利組織型態（財團法人、社團法人）存在，依產業及領域隸屬於不同政府主管機關。
- 可考量「混合型」模式，採用「公司」與「基金會」雙軌並行以強化資源運用。

國外社會企業立法與認證機制參考

- 美國民間認證機制「B 型公司」。
- 英國立法准許「社區利益公司」之設立。
- 美國各州政府陸續通過「低利潤有限責任公司」及「公益公司」相關法案。
- 南韓制定「社會企業促進法」。

催生社會企業法源，解決潛在問題

以公司型態經營的社會企業，若欠缺明確法律規範，極可能產生以下問題：

一、劣幣驅逐良幣。

二、非營利組織不容易創設或轉型為財務自立的公益事業。

三、有志者投身社企創業或社會創新的動機與潛力受阻礙。

四、投資社會企業可能面臨到低分紅的風險，亦無抵稅等獎勵，使投資人投資意願相對低落。

五、各政府機關獎勵或扶助社會企業公司時，因無明確法規，而造成圖利私人之可能。

六、因公司治理相關之法令仍依循一般公司規範，於追求股東利益最大化的前提下，社會企業之公益宗旨因此難以確切實行[2]。

七、於社會企業之立法落實上，台灣落後其他亞洲各國，錯失了導引這股公民力量，協助政府共同解決社會與環境問題的先機。

2 如採一般見解而認為公司係以股東利益最大化為宗旨，且公司經營階層之唯一負責對象為公司股東（如股東優先原則〔Shareholder Primacy〕），則若公司極力善盡公司社會責任，對股東權益是否有害，不無疑問。若公司負責人為達公益目的而致使公司營收重大減損，股東是否得提起代表訴訟而向負責人求償？是前開可能使現有社會企業公益目的之執行多有罣礙。

基於以上理由，在一群志工（包括創業投資、投資銀行、管理顧問、會計審計及具實際社企投資經驗人士，組成公益公司法志工團隊）的協助之下，協合國際法律事務所草擬了國內第一份「社會企業公司法」草案（刊於社企流網站：http://www.seinsights.asia/story/1266/794/1267）。希望藉此拋磚引玉，引發迴響。

專·家·觀·點　法律地位選擇

調整法人分類，迎接新時代

文／吳必然　協合國際法律事務所資深顧問

沿襲台灣傳統的法律設計，想要設立法人的社會企業創辦者，有兩個選擇：營利的公司，或是非營利的財團／社團法人。但隨著社會的發展變化，營利與非營利的二分法漸漸難以因應。更重要的是，為什麼設立公司以投入新科技運用、新營運模式的創業者，不能既經營體質良好的公司，又讓這個企業不以營利為目的，跨越到以往只能以財團／社團法人型態做的好事呢？如果先進國家都已經開始調整法人的分類，讓公司結構的優點與社會價值的提升二者可以融合，我們是否也應該開始有些行動？

台灣現有法規架構有所限制

非營利的財團／社團法人雖然可以經營商業活動，但在目前的法規架構下，仍然不可以「創造收益」為法人設立及營運的主要宗旨，且法人解散後的賸餘財產也不可以分配給私人或團體；另外，以財團法人為例，不論是全國性或地方性的財團法人[1]，都以「具備公益目的」為財團法人設立許可的要件[2]，而且除非經過法院許可，否則不可以輕易變更該設立目的。除此之外，非營利的財團／社團法人在投資私人公司方面也受到嚴格限制，以經濟事務財團法人為例，不但需要準備投資計畫書及簽證過的財務評估報告書向經濟部申請許可，許可後的投資金額，也受到法人初始創立基金的比例限制[3]。因此，非營利的財團／社團法人目前並不享有營利公司在財務分配及運用的彈性。

考量到前開困境，具備公益使命又以營利公司為法人型態的社會企業，可以說是新時代的綜合產物，不但具備公司創造營收及財務運用的彈性，也同時關注社會問題，積極投入公益。但是，公司型態的社會企業在追求公益目標時也會遇到不少困難，包括自願不將公司盈餘全部分配給股東的社會企業必須負擔額外稅賦[4]，或不像其他非營利法人，可以自由接受財團法人投資，而減少資金來源的窗口[5]，又或者負責人為了達成公益目標而作成了一項不會為公司創造最高獲利的決策時，可能會被認為損害公司利益，而必須負擔賠償公司的法律責任[6]。

期待適合社會企業發展的法制環境

因應前開問題，其他國家已陸續設有專法或專章，賦予公司型態社會企業明確的法律定位。比如美國各州已陸續立法承認「公益公司」，要求公益公司應該具備公益目的、考量關係人的權益，並必須按年提出「公益報告」以說明公益目的的執行的成效；而英國已經設立超過六千家的「社區利益公司」也有類似規定，除了公益目的及公益報告外，還有股利分配及財產處分等限制。

完善的法律體制，對任何型態社會企業的設立及發展都是不可或缺的重要角色，參照其他國家的立法，我國即使不去額外訂定公益公司的規定，也有重新檢視既有法令規章的必要，而通盤檢討公共利益的定義、負責人的注意義務程度，以及相關稅法與投資規定，以提供適合公司型態社會企業發展的法制環境。

然而，如同有待開拓的沃土，法令規章只能提供社會企業發展的基礎，公司型態社會企業的抽芽、成長以至於結果，在在都仰賴實際企業經營者的大膽播種、細心照料以及辛勤深耕。

1 我國針對財團法人的事業性質及地域訂定有不同規範。全國性財團法人規範比如「內政部審查內政業務財團法人設立許可及監督要點」、「教育部審查教育事務財團法人設立許可及監督要點」、「交通部審查交通事務財團法人設立許可及監督要點」、「法務部審查法務財團法人設立許可及監督要點」及「經濟部審查經濟事務財團法人設立許可及監督要點」等；地方性財團法人規範則以事業性質作區別，比如文化藝術、教育事務、社會福利慈善事業、社政業務及宗教財團法人等。至於非營利社團法人依照「社會團體許可立案作業規定」第三條定義則包括環保團體、學術文化團體、醫療衛生團體、宗教團體、體育運動團體、社會服務及慈善團體等。

2 多數設立許可及監督自治條例皆有如下規定：「設置申請設立財團法人，有下列情形之一者，依民法第五十九條規定不予許可，已許可者，依民法第三十四條規定撤銷之：（一）設立目的不合公益或不合……（略）。（二）設立目的或業務項目違反法令、公共秩序或善良風俗者。」

3 依「經濟部對經濟事務財團法人管理及監督作業規範」第二十四條規定，經濟事務財團法人僅得於創立基金百分之二十之額度內動支，而全部投資額度則不得超過創立基金之百分之六十。

4 依所得稅法第六十六條之九規定，未分配之盈餘須額外加徵百分之十之營利事業所得稅。

5 若基金會欲設立股份有限公司者，除依公司法以其自行研發之專門技術或智慧財產權作價投資或經目的事業主管機關認屬與其創設目的相關而核准之情形外，多數被認作與財團法人本質有違而不被允許，因此使得公司型態之社會企業較之其他非營利組織之社會企業，額外面臨難以接受基金會投資之資金短絀困境。

6 公司型社會企業如同一般公司，應以成本與利益分析（cost-benefit analysis）為基礎作成決策，若公司負責人為維持社會企業之公益目的而作出非最大獲利之決策時，可能會被股東認為損及公司利益而向負責人提起求償訴訟；雖然發生之機率不高，但仍為公司型社會企業較之非營利組織所特有之風險。

Step 4

釐清你的組織治理架構：適才適用，發揮綜效

文／林以涵

為社會企業選擇最適合的法律架構後，便可以著手設計組織決策與課責架構、程序、系統等管理機制。社會企業的存在，是期望能為大眾、社群與環境帶來正面改變，向利害關係者展現良好的管理機制，讓他們知道這個組織說到做到，事半功倍，且言行皆對所處大環境負責，有助於匯聚更多資金與資源。

建立合適的經營團隊

一步步建構起產品服務，並根據所處市場決定營運規模與時程後，接下來便要處理行銷、業務、財務、法務、技術、研究等許多公司營運所需技能。

創業者要懂得在多元角色間彈性應變

新創事業規模小，資源有限，不太可能針對每項功能聘請一位專責員工，因此建議從創業者本身開始做才能掃描，問自己四個問題——某項技能對組織從事活動的重要性、關聯性高低如何？有無可能再逐漸習得某項技能？有無可能找到熟稔某項技能的專家，願意給予諮詢？有無可能找到熟稔某項技能的個人或組織作為合作夥伴？——再去尋找互補的人才。

在組織草創階段，創業者的角色是多元且廣泛的，若本身能學習與了解的技能越多，越容易保持彈性，調整營運模式。而且創業者最好也具有基本財務技能，如此對於組織的成本及收益比例會更有概念。

找對成員幫你補強能力不足之處

在創業者針對自身「目前現有」和「可能習得」的技能以及時間管理做完評估後，對於仍無法獲得或無時間負擔的技能，便要思考如何設計成一個以上的職位，並著手尋找具備所需知識、經驗、技能，並願意和你一起實踐的夥伴。

在草創階段，你找到的可能是共同出資的創業夥伴，或是領取薪酬的員工，無論如何，他們的共通點包含能認同創辦人的願景、使命與價值觀，有著和你互補的智識能力，且主動積極地願意加入團隊。

建立經營團隊的同時，請兼顧以下三要點：

一、適才適用，發揮綜效：人才若放在不適位置，有可能造成組織與個人的心力耗損。最好能長時間、多方位觀察一個人的個性特質、專業能力，並充分溝通、了解雙方想法與需求，降低加入組織後「同床異夢」的風險。

●建議：平時可多方認識不同朋友，在組織有適當職缺時，除了公開招募，也有人脈資料庫可考慮。

二、在契約制與雇員制之間取得最適平衡：許多新創事業在初期會將業務或公司某些功能外包給獨立接案者，降低僱用全職員工的成本，然而全職員工較可全盤了解組織發展脈絡與營運層面，有助於提升工作流程與產品品質。

●建議：隨著組織發展，創業者應該在契約制與雇員制之間適度調整，而非一味仰賴兼職接案者。

三、規劃在職訓練：對於全職員工，建議編列教育訓練相關預算，增進其工作上所需技能或特質（如領導力），改善組織品質與效率。

●建議：若組織有機會擴展，創始員工便可執行或輪調至不同職種，或擔任管理職。

依組織需求成立治理團隊

所有組織都需要有人負責決定策略方向與監督責信，依據不同的法律位格與架構（如公司、基金會、協會、合作社等），治理機制可能是由董事會或理監事會、管理委員會、受託人等組織單位所執行，本篇統一將組織治理團隊稱為「董事會」，團隊成員稱為「董事」，以方便說明。

董事會成員較少全職參與組織，通常是定期聚會聽取經營團隊報告、制定未來重大策略等。董事們可以給予組織多面向的支持，包含資金上的財務支持，針對組織願景、決策、領導等個人技能給予指導，或者扮演顧問，針對組織管理實務所需專業技能給予諮詢，董事們也能夠引介組織所需資源，如人際網絡、業務機會等。找對人，就能建構帶給組織全方位支持的董事會。

不同組織需要不同類型的董事會成員，建議可依據組織年資、使命、團隊成員、所需專業等要素評估，參考表4-1，找出組織需要哪種類型的董事。

審慎拿捏組織需要的董事人數與身分

董事會成員並非越多越好。董事越多，代表組織決策過程越花費時間、越難有共識，關鍵是能在「廣泛納入多元觀

表4-1 社會企業董事類型

六種類型	特點說明	對治理組織的助益
行動型 Activist	・做事積極主動，願承擔風險，獨立思考 ・願意投入大量精力與時間 ・獨立作風，可能較不拘於組織政策、規則或程序	對新創組織最有吸引力與效率
投資型 Donor / Funder	・通常已給予組織資金上支持	關注組織使命、財務，與兩者如何連結
專家型 Professional	・包含律師、會計師等專業人才 ・重視組織的課責性、可靠性與管理經營實務 ・結果導向，對不拘禮節、出奇不意等「組織不正式」較無法贊同	通常對發展成熟的組織最有吸引力與效率
榮譽型 Emeritus	・通常是有前瞻性的思想家，著重組織宏觀面（主張、願景、策略） ・運用自身名譽或代表性為組織加分，較不會投入具體時間參與	對既有組織最有吸引力與效率
顧客型 Client	・可能較有自覺、沉穩，不輕易發表言論	知道組織在做什麼且如何運作
社區型 Elected Official / Community Leader	・帶著既有使命與民意基礎加入組織，可能是民意代表或社區領袖 ・重視人際關係，可能要求等價利益交換	當組織對其想續任或推動某議題有助益時，會投入更多精力

點」與「保持組織決策靈活」中找到平衡，把董事的人數及身分納入考量。

一、至少三到五位來自不同社群的董事：三到五位董事會成員，擁有互補的技能與資源，如此能確保組織將不同社群需求與想法納入決策過程。

●優點：較廣泛的利害關係者參與，代表組織不是閉門造車，而是聚集較多民意與資源做基礎，對組織在未來徵才、招商、募資上都有幫助。

二、邀請未擔任組織管理職人士加入董事會：對新創團隊來說，有投入資金的創業者也會是董事成員，形成出資創業者本身既是勞方（員工）、也是資方（董事）的課責問題。為了讓治理更中立透明，建議組織能指派額外、無擔任組織管理職務的適合人士擔任董事。

●優點：能在必要時提供不同於創業者的思維。

三、可設獨立董事：由非組織大股東、未在組織任職、亦和組織營運無關的人士出任，具有高度獨立性與專業性，能針對組織事務做客觀判斷。

●優點：有助於監督組織，保護利害關係者權益。

尋求並諮詢專業顧問

除了付費取得專業顧問服務，許多社會企業因其公益性，享有另一個能為組織帶來知識與經驗的珍貴資源——公益目的性專業服務（Pro Bono Service），此指運用工作上專業知識、技能、經驗等（如法務、財會等）進行的志願服務行為，作為貢獻社會公益的一種形式。

善用「公益目的性專業服務」來幫助解決組織難題

公益目的性專業服務，最早可追溯至美國一些律師為低收入大眾提供免費或低報酬的法律諮詢、辯護服務。二〇〇〇年後，美國非營利組織Taproot Foundation設計了「服務捐贈」（Service Grant）的機制，匯集可提供公益服務的各領域專業工作者資訊，並媒合有相對需求的公益組織，公益服務提供的範疇與人員，也從律師擴展至會計、設計、工程、市場營銷、策略規劃、系統開發等多元領域。近年來此項服務的接受方，也從傳統非營利組織擴大至社會企業。

公益目的性專業服務試圖為提供者與需求者創造雙贏。服務提供者可發揮自己業務能力來改善社會，從工作中獲得不同以往的動機與成就感，在與公益組織合作中，也可獲得新的知識與人脈。服務需求者則可以較低成本獲得專業人士的技術經驗，改善所屬專案或組織所面臨的挑戰。

參加交流活動或相關人士推薦，是獲得公益目的性專業服務的主要管道。在與服務提供者合作時，請記得他們的時間是有限的，雙方可能每隔數週、數月才會碰面，因此建議服務需求者在會面前做好準備，明確提出自己需要的協助，讓合作關係更有效率。

募集志同道合的實習生、志工

無論實習生或志工，他們的參與都是出於對組織願景、使命、價值觀的認同，因此參加交流活動或相關人士推薦，便成了招募實習生或志工的主要管道。

實習生參與時間短，志工則僅能投入有限時間，若想經營一個有效率的實習生與志工網絡，建議考量以下三點：

一、了解志工想要什麼：志工參與組織不是為了錢，可能是希望增進自己某項能力、交朋友、找夥伴等，所以在招募和定期聚會時，多去了解大家想要什麼。

●建議：了解志工參與的動機和需求，也有助於幫助組織規劃未來方向。

二、整合志工能做什麼：在工作分配上保持彈性、樂觀，讓想幫忙的志工對於自己所負責的工作有興趣，也有時間處理，不至於負擔太大。

●建議：當組織有了一個新的工作分配架構，可在實行幾個月後詢問志工意見，看是否要做調整。

三、建立激勵與退場機制：試著建立鼓勵和退場並行的機制，在一開始招募時，就訂出明確的參與時程（如至少參與三個月）與可期待產出（如完成某項專案），時程到了以後，參與志工可選擇繼續留下或離開。

- 建議：讓繼續留下參與的志工夥伴，明確知道未來須負擔義務及可獲得福利。

最後，無論是面對員工、董事、顧問、實習生或志工，建議在招募及相處時不忘以下「該做」與「不該做」的事。

該做：

- 認真看待建立組織領導與管理機制的責任。
- 建立定期招募制度並詳實記錄。
- 納入主要員工的意見與參與。
- 誠實揭露、主動面對組織所面臨的挑戰。
- 找出人們參與組織是對什麼感興趣。
- 確認你的價值主張，你能提供給參與者的「獨家配方」是什麼。
- 尊重、有同理心為對方設想，以你想被對待的方式去對待人們。
- 設定明確退場機制，對於要離開組織者（包括你自己）給予尊重與祝福。
- 不要吝於表達對人們的感謝。
- 多方面了解每位組織成員，有時候找到不適合的人，比找不到人還糟糕。

不該做：

- 組織面臨危機時才進行招募。
- 對任何人皆來者不拒。
- 要求對方永久參與。

重‧點‧複‧習

社企創業實戰 Step 4

釐清你的組織治理架構

經營團隊（員工）方面

- 創業者在草創期要能彈性扮演多元角色，尋找可以跟自己才能互補的成員。
- 聘用人才須注意：適才適用；平衡契約制與雇員制的選擇；規劃在職訓練。

治理團隊（董事）方面

- 董事會最好在財務、指導、顧問、資源上都能夠給予組織支持。
- 找對組織需要的董事類型。
- 審慎評估董事的人數與身分，力求中立透明，要能納入多元觀點又不失決策靈活。

顧問方面

- 可付費取得專業顧問服務。
- 可善用「公益目的性專業服務」。

實習生、志工方面

- 招募實習生或志工的主要管道，來自參加交流活動或相關人士推薦。
- 了解志工想要什麼、能做什麼。
- 建立一套明確參與辦法，包含激勵與退場機制。

專‧家‧觀‧點 組織治理架構

組織治理是組織靈魂的外顯

文／陳一強　活水影響力投資總經理

不同於營運管理，組織治理是領導、管理及控制組織的一套政策、規則、權責、制度、程序和慣例，包含了組織與所有利害關係人的關係。組織治理通常由最高的治權單位——董事會或理事會——負責執行和控制。一個組織的治理架構與結構，充分反應了它是如何訂定目標與決策，以及達成目標及監督與控管的方法。

組織治理的目的，不應是防堵、限制與束縛，而是提供能量、保護與扶持。然而，兩者之間，只有一線之隔，要如何分辨及掌握並不容易，完全取決於組織是否有堅定的信念與不變的價值。因此，從組織治理的瞳孔（權責與程序），我們看得見組織的靈魂（信念與價值）。也就是，不論組織外在的形象如何光鮮亮麗或受人歡迎，一旦組織內在的靈魂受了傷，必定彰顯於破損的組織治理。

破損的組織治理難經受大眾檢驗

組織治理之於社會企業，其重要性遠超過一般的營利企業，因為社會企業必須考慮所有關係人的利益，並且需要他們積極的參與及支持。不論喜歡與否，社會企業的頭頂上，常有公益的光環圍繞，更必須坦然（或被迫）接受社會大眾的檢驗。而此檢驗點正是組織核心的價值與信念、內在的靈魂——組織治理。

可惜的是，不少的社會企業並不瞭解，也不重視組織治理，誤認組織治理是一件行有餘力或錦上添花的雜事，甚至覺得是官樣文章或繁文縟節，只有大型的組織或機構（如上市櫃公司或一定規模以上的基金會）才需要，等到日後開始導正時，往往事倍功半，甚至在求生存或衝業績的過程當中，組織的靈魂早已消磨殆盡，或者沒有任何組織治理可言，亦或只剩下積非成是的組織治理。

至於我們應如何檢驗組織治理是否已（將）到位或破損？建議可以參考下列的問題（不同階段或治權結構下的答案有可能不同）。例如：您個人及組織願意接受多少的監督？如何迴避球員兼裁判及潛在的利益衝突？此涉及董事會或理事會與經營團隊之間的獨立性。又組織願意主動公開多少資訊？此涉及公開揭露原則與組織的透明度。又組織是否有適當的財會與稽核制度？如何決定薪資報酬與獎勵？如何處理重大資產？是否遵循相關法規？……有趣的是，以上所列，若從營運管理的角度檢視，可能都是最不急迫，或最不重要的議題。

守住誠信，做好事也做對的事

對社會企業而言，在回答上述問題的背後，隱藏了兩個非常重要的核心價值與信念。其一是：要追求公義，不只做公益；其二是：要言行一致與即時告知。

一、要追求公義，不只是做公益

社會企業不應只是做好事（增進受益對象的健康、安全或幸福），更重要的是做對的事（公平合理對待所有的利害關係人）。否則，公益少了公義，一旦利害關係人缺乏公平合理的對待，即使當下受益對象似乎得著了一些健康、安全或幸福，仍舊是一件不折不扣的壞事，成為假冒偽善了。

做公益，容易各說各話，往往靠著媒體報導或公關活動，決定了受益對象是否健康、安全或幸福。追求公義，必須有事實佐證，但通常資訊不透明或不對稱，很難評估其中的公義。組織治理最大的價值，就是提供了可以佐證的確據。

二、要言行一致與即時告知

言行一致與即時告知，兩者合一，就是誠信。不同於一般營利企業，社會企業一定要有誠信，否則一定不是社會企業。

言行一致就是所說的與所做的完全相同，沒有絲毫落差，這點相信我們都能瞭解，或許容易自我察覺。但即時告知就比較難定義了，因為應該何時告知何人何事，實在不容易拿捏及掌握。

所幸一位前輩曾教導一個好辦法，專門用來檢驗什麼是即時告知，什麼不是。這個辦法稱為新聞測試。簡單的說，假若組織的一件事成為新聞被刊登出來，如果利害關係人覺得被蒙蔽，甚至被騙了，那麼組織在新聞揭露之前，應當先要盡到充分告知利害關係人的義務，這就是即時告知。沒有做到即時告知，重則觸犯法網，輕則眾叛親離，值得我們互相提醒。

貫徹組織治理的十大信念

二〇一三年底時，有機會以創業小聚的方式，與十多家認同社會企業理念的公司組織共聚一堂，並且初步試擬了以下的十大信念與價值，作為行為的準則與砥礪的基石。這些信念與價值所代表的，其實就是一家社企型公司期許與所有利害關係人之間應有的關係，形之於外，就是組織治理。

組織治理的十大信念：

❶ 運用商業模式解決社會或環境問題，但不求股東報酬最大化。
❷ 決策考慮利害關係人及環境保護，願意分享及創造共享價值。
❸ 維持高度透明，財務報表須會計師簽證，並繳納應繳之稅款。
❹ 遵循政府法規，依據可接受的國際標準編製及提供公益報告。
❺ 重視治理機制，迴避利益衝突，發揮董事會及獨立董事功能。
❻ 善用盈餘，改善營運並擴張，創造股東回收投資成本之機會。
❼ 努力發展能自給自足、可持續擴展的創新能力及社會影響力。
❽ 競爭但不以侵害或犧牲其他個人或組織利益以增加己方利益。
❾ 積極與非營利組織、營利公司及其他公益公司共創多贏機會。
❿ 勿忘初衷且心懷喜悅！

Step 5

建立你的營運計畫：穩紮穩打，步步為營

文．圖／林以涵

許多人對於嘗試實踐改變社會的想法裹足不前，原因可能來自於無法完全拋下手邊工作、缺乏啟動資金等，此時不妨評估手上有何資源，在全心投入、把計畫轉為一個正式專案或組織前，先規劃一個試驗階段，讓你得以檢視自己的專案或組織是否為一個可實行（如可帶來獲利）且能為某個領域或地區帶來有效變革的社會企業。

由街友擔任導遊的Unseen Tours，便曾先經歷這個試水溫的階段。他們最初是和倫敦藝穗節活動合作，設計出一條從倫敦大橋出發，融合歷史、文化與街頭故事的徒步導覽路線，大受歡迎。兩年後他們獲得啟動資金，才立案成立機構，正式營運。（參考第三章3-14）

試驗階段：檢視各項可行性

在營運的試驗階段，建議考慮以下幾個要素：

一、**規模大小**：決定試驗地域、人數等。例如在非洲推廣月事杯的組織Ruby Cup，經市場調查，發現肯亞女性對於月事杯接受度高達百分之九十，於是先和當地女性共同設計生產出符合她們需求的產品，模式在肯亞獲利後再推廣至南非、烏干達等地。

二、**時程長短**：決定證明、調整組織或專案的社會與商業模式所需要的時間。時間長短的評估因個人或組織而異，會影響組織人力與財務規劃等面向，建議先訂粗略目標，並保持調整彈性。

三、**人力組成**：在專案或組織初始階段，安排好人力資源的調度。除了創辦人辭去工作、全心投入外，另一選項是創辦人本身或團隊成員利用課業或工作之外的時間兼職投入，建議聚集所有成員一起討論人力資源的安排與調度，包括是否補貼車馬費或是否聘一全職人員處理重要事務等，讓有意願投入的人得以參與又不會負擔過重。

四、**預期目標**：訂定專案或組織在營運與效益上要達成的目標。營運面包括產品或服務銷售數量與金額、市場占有率、受益者數量、僱用員工或獨立接案者數量等。效益面指專案或組織欲形塑的社會改變，例如改善銀髮族的醫療照護品質等。

社會創業就像一趟旅程，在試驗階段可能因為個人生涯規劃、無法有效改善社會問題、無法找到獲利模式、體認到自己能力尚不足等各種因素，決定中止專案或組織，此時千萬不要認為這是失敗或丟臉之事；相反地，在這段時間所累積的經驗與智慧，都是用金錢也買不到的珍貴資產，不會是白白空轉。若在試驗階段，發現自己的專案或組織能達成預期的財務與社會目標，就可以全力衝刺，進入長遠規劃的下一階段。

表5-1　營運地圖參考

項目	第一年	第二年	第三年
營運面			
營運地域	A	A，B	A，B，C，D
經營團隊	新增X職位		新增Y職位
治理團隊		招募獨立董事	
業務開發	30個客戶	70個客戶	120個客戶
行銷宣傳	建立網站	參加研討會	刊登廣告
資金募集	參加相關競賽	申請補助計畫	募集天使資金
銷售面			
產品服務	一項	三項	七項
銷售金額	50萬	200萬	500萬
顧客數目	200位	500位	1000位

（表中的數字／行為非實際案例）

長遠規劃：建立三年至五年的營運地圖

進入全力衝刺階段，建議規劃出組織未來三年至五年的發展里程碑。建立營運地圖，能幫助你了解達成目標需要進行哪些活動、運用哪些資源，以及釐清組織內部各項功能、各種活動間相輔相成的關係。

架構營運地圖時，建議越仔細越好，且廣納經營、治理團隊成員意見並反覆討論，如此沙盤推演，能幫助組織經營管理者「以終為始」的思考。亦即先具備三或五年後組織會是什麼模樣的共識，再慢慢推敲回到現在，思考組織每天該做哪些事才能達成目標，如此將有助於擺脫欠缺全面觀照的盲點。

未雨綢繆：做好營運的風險預測與管理

組織創立與營運過程中，會面臨內外部各式風險，如果能在商業計畫書討論到風險面，其實忠實呈現組織可能面臨的風險，以及可行的風險管理策略，可讓組織利害關係者知道自己有備而來，反倒有加分效果。一個社會企業常面臨的風險主要表現在以下方面：社會與環境面的效益與影響難以控制與追蹤衡量，需較長時間展現，且易受大環境變動影響；市場的規模大小、正負成長，以及產品服務的競爭優勢也是風險所在；而組織的營運架構、財務與法務狀況、信響、利害關係者支持等，都是風險考量點。

想做好風險預測與管理可遵循圖表5-2的基本步驟，直到找出應對策略。至於應對策略通常不外乎三大方向：降低機率與影響，如與單一農民合作的有機餐廳，決定增加契作生產者數目，以降低某些生產者違約對餐廳帶來影響；避開風險，例如組織和某個客戶合作可能會導致現金週轉問題，便選擇不合作；轉移風險至較能控制的程度，如上述例子中，要求客戶採取分期付款，使組織降低現金流壓力，分擔財務風險。

風險與機會是一體兩面，當組織有越多機會時，便可能承擔越多元、越難以掌控的風險。當風險無法降低、避免或移轉，或以上這些應對措施的成本遠高於讓風險發生的成本時，組織在審慎評估後，仍可決定接受它。

重·點·複·習

社企創業實戰 Step ❺

建立你的營運計畫

你需要穩紮穩打，步步為營：

- 設試驗階段：檢視規模、時程、人力與目標的可行性。
- 做長遠規劃：建立未來三年至五年的營運地圖。
- 懂未雨綢繆：做好營運的風險預測與管理。

圖表5-2　風險預測與管理基本步驟

1 檢視組織的社會與商業模式
- 從中界定營運時可能面臨的各類風險
- 在日後定期回顧與更新
- 有些風險需要被監測的頻率較高

2 認識與評估每項風險
- 透過第一、二手資料進行調查
- 對每項風險有基本認識與評估
- 了解風險產生「機率」（如高、中、低）及產生後會帶來的「影響」

3 制定應對策略
- 根據風險可能產生的機率及影響，制定應對的管理策略
- 若組織資源有限，建議從高發生率、高影響的風險議題設計對策

應對策略方向
降低機率與影響
避免風險
轉移風險

專·家·觀·點 營運機制規劃

社會企業究竟有什麼不同？

文／顧遠 上海AHA社會創新研究中心創辦人

社會企業現在越來越熱，要說社會企業跟一般的商業企業有什麼不同，估計很多人都能朗朗上口：「社會企業的首要目的是解決社會問題，創造社會價值。」這當然不錯，但若再追問一句：「社會企業在具體的業務模式和營運管理上跟一般的商業企業有什麼不同？」估計能答出個所以然的就不多了。

社會企業也是企業，所以基本的企業營運管理原理是要遵循的，許多方法工具也都是通用的。然而，社會企業的「社會」屬性，決定了它在營運過程中必然有其獨特的優勢和挑戰。

從戰略面和營運面求取最大協同作用

首先，社會企業必須同時滿足社會、財務、環境等多重底線要求，而且經常在比商業企業更複雜的環境營運，所以有更大的管理挑戰和更高的行政成本。

更嚴重的問題是，社會企業經常不得不面對多重底線之間的權衡。在經濟蕭條時期，一家社會企業很難像商業企業那樣用解僱員工或者降低薪資的方式來控制成本。那些在小生產者和主流市場間充當「仲介者」角色的社會企業，在面對市場價格波動的時候，也很難及時相應地調整自己的收購價格，因為保證處在弱勢地位的生產者享有穩定而公道的收購價格，正是他們體現出自己「社會性」的地方。

在「就業型」的社會企業，這種情況有時會更加突出。比如一家培訓和僱用殘障者工作的社會企業，需要增加成本來改良工作環境，以便利員工工作，也因為它的「雇員」同時也是它的「顧客」，是它們希望幫助的受益人群，所以管理層有時會無所適從。

面對多重底線的挑戰，社會企業應該從戰略和營運兩個層面上優化自己的業務模式，盡可能的減少不得不在不同底線之間做出權衡的情況，而盡可能的整合不同底線的要求，產生出最大的協同作用。

創造良性的社會資本迴圈

其次，社會企業在營運過程中，比商業企業更有可能充分利用社會資本——也就是人們基於對你所做事業的認可而提供的各種支持。例如更容易獲得志願者、媒體的報導或商業租金的折扣。任何社會企業都必須學會充分利用社會資本來提供營運過程所需的物質、財務資本和人力資本，那些最優秀的社會企業更是把社會資本有機地納入自己的業務模式，成為業務成功不可或缺的條件。最典型的例子莫過於針對窮人的小額貸款，充分利用人際間的相互信任和合作（社會資本典型表現形式），以團體聯保模式開展業務。

任何優秀的社會企業也都應該能夠通過自己的營運創造出更多的社會資本，不論是社區裡更緊密的人際網絡，還是公眾對自己更大的信任和支持，從而形成一個良性的社會資本迴圈。

社會企業是創新最為活躍的經濟領域

社會企業做的是同時兼顧社會效應和經濟效益的事情，要是容易做，商業企業早就做了。這麼不容易做的事情，要想做成，就一定需要創新。創新性是社會企業的重要特徵和活力泉源。社會企業面臨著比商業企業更複雜的外部環境、更苛刻的營運條件、更稀少的可用資源、更低支付能力的服務物件和更多重的底線要求。這些都意味著社會企業必須要有持續創新的能力才能夠持續經營，創造出更大的社會效應。

直接為弱勢群體創造就業機會，是很多社會企業產生社會效應最簡單的方式，但如果產品服務本身沒有競爭力，顧客可能會因為善心而光顧一次兩次，但卻很難長期支持。為了提升產品服務的品質和競爭力，社會企業需要不斷地創新，而且已經開發出了許多新的業務模式，比如「按使用付費」模式，讓窮人不必花錢在家中建設基礎設施，而在公共飲水機上可以刷卡消費清潔的飲用水；比如「通路共用」模式，借助商業領域的成熟管道，把社會企業的產品發布到偏遠地區。由於社會企業在創新上矢志不渝的努力，這個領域已成為創新最為活躍的經濟領域，一些創新的業務模式和管理方法也正在向傳統的商業領域和公共領域傳播。

所以，回到題目裡的那個問題：社會企業究竟有什麼不同？答案是：社會企業更有意義，社會企業有更多人願意幫助，社會企業更要創新。

Step 6 擬定你的行銷策略：找出品牌的獨門配方

文‧圖／林以涵

在Step 2中，我們探討了如何界定目標受眾與價值主張，而在這兩項資訊的基礎上，下一步便是制定組織的行銷策略，以便有效地將價值主張傳遞、溝通予目標受眾。行銷策略包含了三個基本要素：品牌認同、市場定位和市場通路。

用品牌認同建立鑑別度和競爭優勢

品牌認同指的是大眾對於「這個品牌是什麼」的認知，它整合了組織產品或服務的特徵與利益，以及組織想傳遞的核心價值，幫助組織在同類競爭者中具有鑑別度和競爭優勢。品牌認同包含了圖表6-1所列三元素：特徵、利益、品牌價值。

界定你在目標市場的獨特賣點

下一步是要決定在你想進入的目標市場中，組織不同於其他競爭者的定位為何，也就是市場定位，牽涉到組織的價值主張與同業競爭者的比較。若一個社會企業的價值主張是

圖表6-1　品牌認同由三元素構成

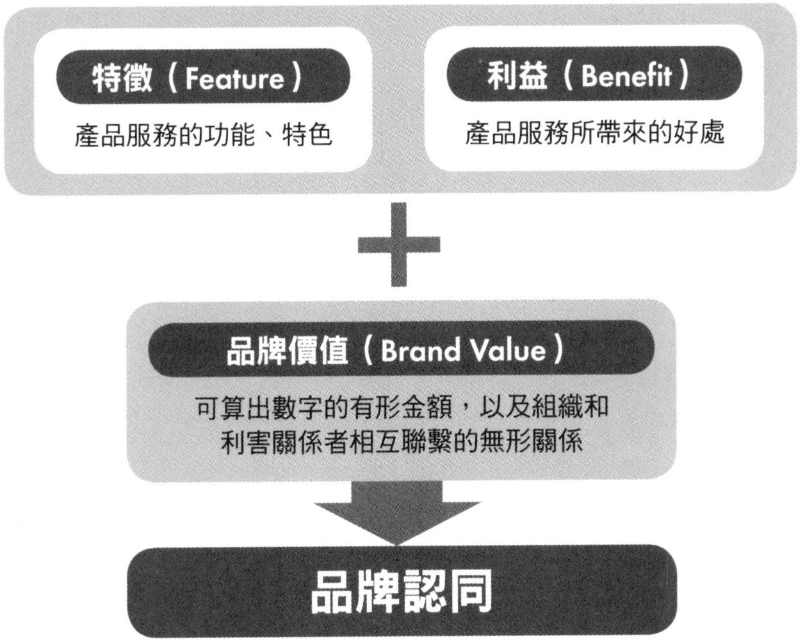

參考來源：UnLtd Social Entrepreneurship Toolkit

「道德時尚的高級女裝」，聘用從人肉販賣火坑救出來的女子，助其謀生計，並堅守服裝從設計、生產到採購的過程都符合道德原則，則其目標市場就會是「道德時尚」與「高級時裝」兩塊市場。接著建議宏觀地觀察分析競爭者在市場中的定位，並與自己組織相比，以找出組織的獨特賣點或競爭優勢。常見的比較元素有產品服務的價格與創新性、社會或環境效益的品質與規模大小、規模化的潛力，以及組織的社會、環境責任與道德價值。

以上述想經營道德時尚高級女裝的社會企業為例，在「品質」與「組織社會責任」兩個變項的比較下，明顯從其他同業中脫穎而出。若此目標市場的客群也十分注重服裝品質與生產者的社會責任，對價格敏感度較低，則該社會企業便能具有競爭優勢。

選擇以最小資源帶來最大效益的管道

市場通路指的是能接觸到目標受眾的管道。以上述社會企業為例，直接管道包括官方網站、宣傳活動等；間接管道則如百貨公司、精品店、批發商、零售商等。不同通路能為組織帶來的銷貨量和獲利率可能不同，組織應檢視既有資源及策略，將各項通路做優先排序，並選擇能以最小資源帶來最大效益的通路。

依個別產品服務分別擬定行銷計畫

行銷計畫是讓組織能按部就班，將品牌認同、市場定位、市場通路等策略傳遞給目標受眾的任務。重要元素包含：

一、目標：釐清行銷計畫的最終方向，是要從目標受眾中開

重·點·複·習

社企創業實戰 Step 6

擬定行銷策略

行銷策略的擬定，建立在目標受眾和組織價值主張兩大基礎上。

行銷策略要考量三個基本要素：

- 品牌認同：由產品服務的特徵、利益及品牌價值（有形與無形）建構而成。
- 市場定位：找出自己的獨特賣點或競爭優勢所在。
- 市場通路：選擇以最小資源帶來最大效益的管道。

確定策略後，要擬定務實的行銷計畫來達成，你必須：

- 釐清計畫目標
- 善用3P工具（價格、地點、促銷）
- 做好時間和預算的規劃

發更多新的消費者與使用者？維持既有的消費者與使用者？增加既有受眾的購買力？或是要徹底改變產品或服務的銷售與購買方式？

二、工具：如何達到目標的方法，常被稱為3P——價格（Price）、地點（Place）、促銷（Promotion），需考量產品或服務售價為何？鎖定哪一個目標受眾？或經由哪一個銷售管道？哪些產品服務的特色、利益與價值，藉由上述管道有效傳遞給目標受眾？

三、計畫：確保組織順利執行的要點，牽涉到時間及預算，包括計畫開始與結束的時程、需要多少的金錢與非金錢資源來達成計畫。

一個組織可能有好幾項產品和服務，建議依據每項產品服務，建立不同的行銷計畫，會更為精準有效。

專·家·觀·點 行銷宣傳策略

更適合社企的「兼利市場學」

文／魏華星 香港社會創投基金創辦人及行政總裁

經營社企的行銷辦法不應該只是一個達到目標的工具，它本身也可以是一個改變世界的過程。

社企攜手商企，用行銷能量帶動改變

社會企業的誕生是要建立一個更「兼容」、「兼愛」的大公社會，越多人能打破不同界別的局限，為社會善念重新合作，我們更有可能建立一個新的社會文化。與此同時，社企大多顛覆現有的制度，只能從小做起，如何利用有限資源發揮最大社會迴響、行銷作用，永遠是一個頭痛的問題。「兼利市場學」（Collaborative Marketing，或「協作行銷」）或許可以同時滿足兩個需要。

「協作」簡單而言就是「借力使力」。賣玉米片的可跟賣牛奶的合作促銷推廣計畫，以增大宣傳力度；時裝品牌可借卡通人物或糖果品牌系列獲得品牌新鮮感甚或新客戶，而卡通人物也能透過連鎖店覆蓋增加人氣，兩者各有所取。類似的品牌行銷或商業策略合作，在商界也越來越普遍。

「兼利市場學」的重點如下：

一、探索：在考量己方的需要外，更要先透澈理解夥伴的策略與需求。

二、共享：尋找共享的價值或共同理念作為合作基礎。

三、創新：發揮創意思維，充分利用雙方的優勢創造破格新點子。

四、互動：雙方團隊要真誠合作，建立共融、互信的氣氛。

五、遠景：保留更多、更長久的合作可能性。

香港從二〇一二年開始的社企「綠色星期一」（Green Monday），在一年多的時間能創造高知名度、自負盈虧的動力，以至滲透主流、改變香港的素食文化，借的就是企業的「東風」；但同時「綠色星期一」亦為企業達到它們靠自身力量難以實現的策略。不少餐廳找到「綠色藍海」，素食選擇吸引到一批新客戶，有人就曾看到和尚出現在專賣牛肉菜色的店鋪享用特色素食火鍋；也有餐廳集團透過推廣素食餐單而減少數以千噸的碳排放；香港機場也剛全面推廣綠色星期一，為香港在國際上塑造綠色形象。

「兼利市場學」發揮一加一大於二效應

「協作」帶來最大的「利」，不一定是貨幣符號後面的數字可以量度的。社會企業應用協作策略，要比商業企業更能帶來協同效應，真正體現一加一大於二。

除了金錢利益，「協作」又能帶來更多邊際利益，如人脈關係、客戶網絡、行業知識、市場資訊、具彈性的戰略部署、成本控制等。更重要的，是透過「兼利」能慢慢學會「兼容」，對任何人任何事都懂得先從客觀的、對方的角度出發。

「兼」者無差別也，「利己」亦同時要「利他」。真正達到「兼利」的話，社企可以擺脫依賴慈善義助的枷鎖；商界或其他合作方也能真誠、持續為社會參與。而最重要的是無論來自何方，更多個體可以互相了解，找到共享價值。

Step 7 衡量你的績效：評估社會效益和影響力

文．圖／林以涵

績效衡量指的是從質量和數量方面，評估組織達到它們使命、目的、目標、行動步驟或達到希望標準的程度。而社會績效衡量則是將績效衡量機制，運用於檢驗組織在社會及經濟上的影響力，並探討社會與經濟效益之間的關係。社會企業的績效衡量已經從單一走向多元，從組織財務、營運績效的檢驗，拓展為社會效益與影響力的衡量。

公益參與：從出於信任到追求責信

一九六〇年代慈善（Charity）行為或事業盛行，人們投入資源比較是出於個人情感的認同與連結（Trust Me）。例如海嘯後，人們紛紛捐善款、捐物資賑濟災民，便是慈善行為，而之後有計畫、有組織地進行災後重建，則是慈善事業。

從一九六〇年代後至二〇〇〇年左右，非營利組織更強調「理性」參與。例如設立研究災後重建品質或效率的機構，則屬於公益（Philanthropy）事業，目標是找出社會問題的源頭（Tell Me），組織不一定與受益者有個人情感連結的關係。

二〇〇〇年後，公益創投（Venture Philanthropy）的概念自歐美興起，將傳統的創業投資機制，導入到社會企業或

圖表7-1　個人或組織從事社會公益的概念演變

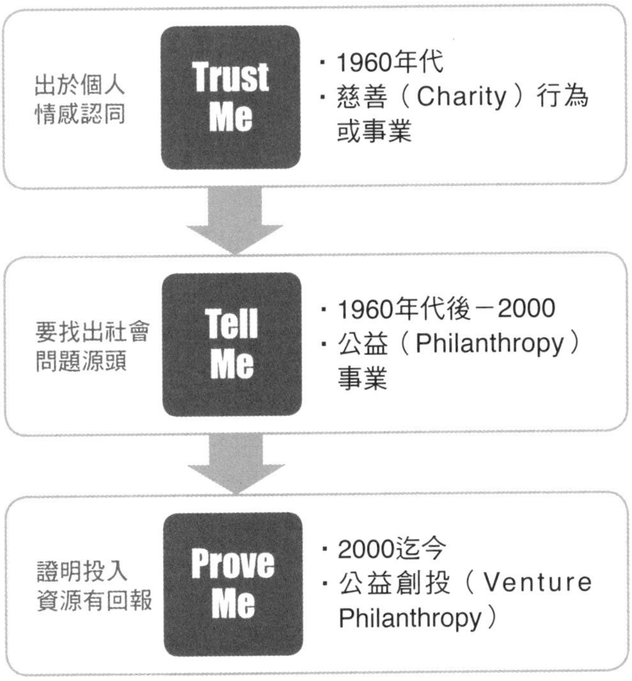

圖表7-2　價值衡量明確性難易度

簡單 ← 價值衡量明確性 → 困難

簡單			困難
‧銷售利潤	‧商店信譽	‧身體健康	‧生命
‧資本資產	‧保險費用	‧人身安全	‧自由
‧投資報酬	‧折舊價格	‧生物多樣	‧尊嚴
‧分配股利	‧負擔債務	‧清淨空氣	‧快樂
‧其他	‧預期收益	‧乾淨水源	‧其他
	‧減排信用	‧教育成果	
	‧收入變動	‧政治穩定	
	‧潛在收入	‧文化促進	
	‧求學機會	‧其他	
	‧科技利益		
	‧其他		

是非營利組織的應用，公益投資人透過提供財務支持、專業技能指導、資金募集協助、組織策略發展與營運管理的參與等方式，從中協助與監督組織領導人改善營運績效。公益創投概念也更強調資源運用的責信，希望證明（Prove Me）投資者所投入的每一分資源，都能產生財務、社會、環境等面向的回報，而不只是出於個人情感認同的捐贈。除了投資者，許多社會或非營利組織的顧客、員工等利害關係者，以及考慮將資源投入創造公益價值的人，對於資源被運用的透明度與課責度要求都逐漸提高，衡量與評估社會影響力的課題也日益重要。

社會影響力的無形價值，較難量化判斷

與財務價值或報酬相比，一個組織的社會價值與報酬往往較難衡量與判斷。由圖表7-2「價值衡量明確性」圖解

衡量與評估社會影響力的好處

1. 改善專案管理；更有效率地規劃與評估。
2. 增進了解工作所產生的改變與影響。
3. 強化與組織內外利害關係者的溝通。
4. 提升對社會、經濟、文化、環境等價值創造的關注。

圖表7-3 《大誌》雜誌社會影響指標舉例

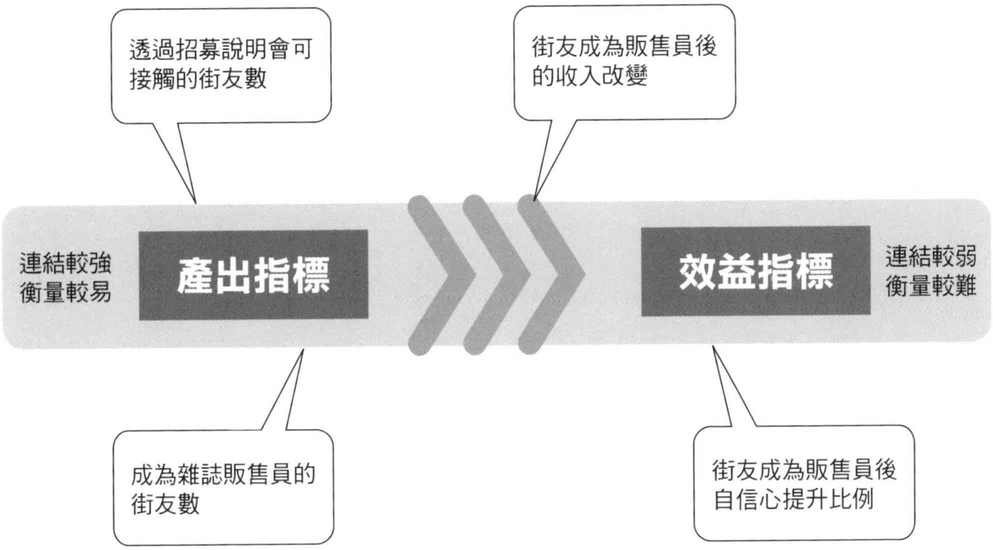

可以看到，一個社會企業的銷售利潤、投資報酬、負擔債務等，皆是可簡單、明確衡量的，然而其對於能源、健康、教育等造成的改變，卻是較難被量化的。

產出、效益及外部因素牽動社會影響力

要衡量社會效益與影響，第一步驟先界定要衡量的改變，如改變的大小、範疇為何？是要衡量組織願景與使命？或是組織中某個專案目標？其次是找出要衡量的對象，是產品服務使用者、受益者、消費者？或是投資者？第三步驟是建構社會影響指標——產出（Outputs）與效益（Outcomes）——幫助我們連結、計算所投入資源與所產生社會改變的比例。產出指的是此專案或組織所創造出短期（如一年）、直接、可被量化的具體事物，如產品或服務數量、金額等。效益則指此專案或組織所創造出中長期（如三到五年）、間接、較難被量化的效益或改變，如品質改善、成本降低等，雖然較難衡量，卻能幫助組織釐清與願景／使命還差多遠，或在欲達成的社會影響占了幾分貢獻。以《大誌》雜誌為例，從圖表7-3可以看到它的兩大類社會影響指標。

衡量時也別忘了要「扣掉」其他非專案或組織所能控制、卻會影響產出、效益與影響的外部因素。例如其他提供

圖表7-4　羅賓漢基金會計算社會投資報酬率（SROI）

觀察紀錄（專案成果）	賦予社會改變（對等金錢價值）	成本效益（分析計算）
・受訓者個人收入增加	$2.6M	成本效益比例
・受訓者家庭收入增加	$0.3M	效益÷成本
・總收入增加	$2.6＋0.3 ＝ 2.9M	$1.45M÷$0.2M
・基金會貢獻	$2.9×0.5 ＝1.45M	＝7.25
・基金會成本	$0.2M	

計算結果：基金會每投資一塊錢，服務對象收入可增加七塊錢。

備註：貨幣單位為美元，M代表一百萬美元

街友社會服務的非營利組織，可能也對提升街友收入與自信心有所貢獻。

創新的評估工具：社會投資報酬率SROI

社會投資報酬率（Social Return on Investment，簡稱SROI）是一項常見的社會影響力評估工具。它是由傳統僅衡量財務的「投資報酬率」所衍生出的新概念，意指衡量在投入資源後，所得到「非財務面」的回饋與報酬，例如社會影響力、環境永續性等。一般而言，在計算組織的社會投資報酬率時，會衡量其所達到的經濟價值、社會價值與環境價值，也可採用其他指標來評估，例如文化價值、社區價值等。

美國羅賓漢基金會（The Robin Hood Foundation）便是巧妙運用SROI的實例。該基金會於一九八八年成立於紐

衡量與評估社會影響力的挑戰

1. 並非所有社會效益與改變都能被量化，或賦予對等金錢價值。
2. 許多社會效益與改變要較長時間才會展現，且牽涉外部因素繁雜。
3. 不同領域如教育、環境、健康等社會效益衡量指標差異大，難有標準。
4. 不同利害關係者如投資者、消費者、受益者重視面向不盡相同。

約，創辦人曾在對沖基金工作，希望運用自身專業，建立「創投式慈善機制」來對抗貧窮議題，並在撥款過程中，應用了財務投資的原則。基金會每年會審視本身所資助的組織或專案，並停止資助SROI表現屬於最低百分之五到百分之十之列的組織或專案。

以圖表7-4為例，基金會在某一專案提供職業訓練予中輟青少年或街友，該專案評估某一年所有受訓者因此可增加的個人收入（因獲得工作機會）與家庭收入（因工作收入得以讓下一代接受教育、獲得較好社經地位）共二百九十萬美元，扣掉外部因素（如受訓者所獲得其他社福協助），基金會認為其對於「受訓者收入增加」此效益的貢獻度約為五成，計一百四十五萬美元，再除以基金會投入成本二十萬美元，計算出成本效益比例為七點二五，亦即基金會每投資一塊錢在此專案，便可幫助專案服務對象收入增加七塊錢。

衡量社會績效與影響並不簡單，建議在專案規劃時，便將衡量機制納入考量與設計，建議先將資源集中在追蹤、衡量可提供實際證據支持社會影響的資訊上，建立一小組最新、最相關的指標，並與利害關係者分享，確定他們也認同欲衡量的改變及相關指標，執行過程中再慢慢調整機制，使其更完善、準確。

重·點·複·習

社企創業實戰 Step 7

社會績效衡量

1. 個人或組織參與社會公益的概念，已經從出於信任演變為追求責信。
2. 社會企業的績效衡量，除了組織財務、營運績效的檢驗，亦包含社會效益與影響力的衡量。
3. 衡量社會影響力難度高，因為：
   - 量化或賦予貨幣價值有難度
   - 長時間才看得到改變或效益
   - 不同領域衡量標準不一
   - 不同利害關係者關切點不一
4. 建議建構產出指標和效益指標來衡量，並考慮外部因素的影響。
5. 可用社會投資報酬率（SROI）做為評估工具。
6. 在專案規劃同時，便一併設計社會績效衡量機制，執行過程中再慢慢調整到完善。

計義也要計利

文／鄭志凱 活水影響力投資共同創辦人暨董事長

資本主義兩百年有成，公司的組織架構厥功至偉。營利導向的公司組織將所有權與經營權做了完美的分工，不僅局限了投資人的風險，也責成經營者必須以股東的利益為最終的經營目標。雖然近三十年來，管理學者擴大公司存在的宗旨，含括了員工和客戶的利益，甚至加入企業社會責任的概念，但是因為股東當初投資的目的是為了獲取利潤，為股東謀取最大利潤自然是經營者的天職，而衡量經營者績效的標準，也化約成簡單的投資報酬率（ROI）。

傳統組織與績效不適用社會企業

對社會創業者而言，傳統的公司組織架構造成根本的困難，因為股東畢竟是公司的擁有者，股東既有權更換經營者，也可能以追求利潤為由，修改甚至否定公司創立時的社會理想；投資社會企業的投資人既不以賺錢為目的，傳統的投資報酬率失去參考價值，卻沒有其他量化指標可以取代，因此不知如何有效評估經營者的績效。

而行之有年的非營利組織機構，因為享有免稅資格，政府訂下重重法令加以管制；同時因為不像營利組織具有所有權的概念，也就無法轉讓、分割或合併；經營者雖然有董事會監督，但是董事會卻不必向股東負責。

組織變革：服務為主，用利潤求永續

英美國家近年由於政府經費拮据，社會救濟需要卻日益殷切，有識者意識到必須借重社會創新來激發出非政府部門的能量。針對以上傳統公司或慈善組織的困難，英國官學界經過十餘年的思考，於二〇〇五年立法，提出一種新型的法人組織結構——「社區利益公司」（簡稱CIC）；美國也不落其後，推出所謂「低利潤責任有限公司」（簡稱L3C），或是公益公司的法人組織。

CIC基本上是一個公司組織，必須向政府繳稅，最大的差別是，CIC的經營目的在服務某一項社區利益，而非為股東製造利潤；但可以合法地追求利潤，以利潤來擴充組織，進一步擴大服務的對象，因此它比非營利組織多出許多彈性。例如它可以從事商品買賣，或者對提供的勞務收費，一如其他商業行為牟取正當利潤，有了利潤，CIC得以累積資源，永續經營。它也可以發行股票，募集資金，尋求新的投資人，甚至進行借貸，以應付組織擴充的需要。由於具有這些優點，幾年之間，英國已經有超過六千家CIC登記立案。

無論是CIC、L3C或公益公司，仍然面臨如何評估經營績效的挑戰。經過多年省思，英美的思想先驅大力推廣「社會投資報酬率」（SROI）的觀念。

績效計算：將利益量化

傳統的社會企業，往往以募款金額、義工人數、服務小時或救濟人數來衡量績效，而SROI更著重計算為社區帶來的實質利益。許多精神利益雖然無形，難以金錢估計，但是概略地計算，總是比不做任何估算準確。傳統的ROI計算利潤（profit），SROI 計算利益（benefit）。要計算利益，先要定義有哪些受益者，然後分析所從事的社會服務需要哪些資源輸入，以及可能產生的利益輸出，再盡可能將輸出量化，賦予金錢價值。這一步也許最為困難，也難免落於過度主觀判斷，但如果社會創業者和投資人事前能夠達到共識，也不妨做為事後衡量的基準。

台灣是一個充滿愛心的社會，雖然沒有如CIC或L3C等法人組織，卻依然有相當多令人感動的社會企業，喜憨兒烘焙餐廳便是一個成功的例子。喜憨兒烘焙餐廳是喜憨兒基金會創辦的事業之一，除了餐廳收入之外，基金會也接受捐款和政府補助。由於歷年營運都有結餘，所以陸續成立喜憨兒農場、庇護工場等事業。如果用SROI來評估喜憨兒基金會的收益，喜憨兒本人的身心健康、家庭的經濟負擔、社會對喜憨兒的正確認知，這些效益適當量化後，社會大眾必然更加感謝基金會創辦者經營的用心。

孟子當年勸告梁惠王何必曰利，曰義才是上乘。只是，在資本主義社會裡，利究竟是普世共同的語言。要能釋放社會創新的能量，應當檢討合宜的社會企業組織形式，畢竟社會企業要可長可久，計算利益終究不得不爾。

Step 8

做好你的財務管理：錙銖必較，量入為出

文／林祖儀、林以涵

經營任何一家企業，若想要永續經營，必須做好財務管理，其核心即為財務決策，而財務決策必須以財務預測為依據。「財務預測」就是財務人員用企業過去的營運結果，考量現正面對及即將面對的各種變化因素，來推估未來資產及負債變動的方法。

為什麼需要財務預測？

進行財務預測的目的，是為了幫助經營者、投資人與財報使用者去認識該組織未來可能的財務情況及價值，是否可能會有資金缺口，其手頭上的現金是否可以支應組織資金未來的波動，以及產品與服務的訂價是否可以讓收支平衡等。

有了對於未來財務狀況的認知，經營者可以及早對未來的資金缺口去做資金調度的動作，並對可能的現金流波動準備足夠現金來因應，還可以給產品與服務的訂價訂出一個可行的範圍。

財務預測的時間跨度

財務預測按所跨越之時間長度，又可以分作長期、中期、短期的預測。長期是指五年以上的財務預測，而中期則是介於一年到五年的財務預測，短期是一年以下的財務預測。

一般而言，財務預測的精準度會隨著時間跨度的增加而下降，因為時間跨度越長，所面臨的不確定性因素就越多，能藉由財務預測得來的資訊就越不精準。不精準的財務預測，可能會導致不正確的財務決策，所以用在財務預測上，其實是一個不斷變動的過程，隨時根據所取得的不同資訊、影響財務數字的情況而去修改。

在實務上，通常都只會使用短期跟中期的財務預測去做決定，因為長期的財務預測的精準度實在太差。不過只要是預測都會跟實際的數字有所出入，因此也不能太過依賴財務預測。

認識財務管理工具：會計三大報表

會計三大報表分別是資產負債表、綜合損益表及現金流量表。三張報表在編制上是相對獨立的，而在財務分析時卻相互依存、相互影響。

一、**資產負債表**：反映組織在某一會計期間期末的財務狀況和資本結構的報表，主要分成資產、負債和股東權益（非營利組織稱為基金暨餘絀）三個部分，彼此間的關係是「資產＝負債＋股東權益」，等號左右邊的數字必須相等，稱為會計恆等式。此表可以觀察到企業的資本結構、償債能力、流動性狀況、以及對股東的盈利貢獻能力，可視為組織的健康檢查表。

二、**綜合損益表**：反映組織在報告期內經營狀況和盈利能力的報表，其中包括收入、成本與費用的來源和多寡，以及最終組織的利潤狀況。若是營利公司，則綜合損益表可以視為企業的成績單。而對於非營利組織而言，其重視之社會影響力未必反應在綜合損益表上，所以綜合損益表通常僅用於參考該組織之經營效率，但並無追求綜合損益表裡的淨利極大。

三、**現金流量表**：反映報告期內，現金及現金等價物的變動情況。若組織握有現金越多，代表資金調度能力越好，也有較好的償債能力。由於現金流量表記錄企業真實現金往來的情況，且經營活動現金流一般不受會計估計和判斷的影響，因此難以造假，也成為投資者考察企業盈利品質優劣的重要依據。

財務預測的種類與流程

財報預測，大概可以分為營業收入預測、成本和費用預測、利潤預測、流動資產負債預測和資金預測。不過這些項目大抵都是建基於三大財務報表之上，所以財務預測的一個重要階段性目標即為製作出三大財務報表未來幾年的預測。

以公司為例，財務預測的流程如下所示：

一、**歷史會計資料蒐集**：先取得公司過往的三大會計報表資料，方得以其作為基礎去進行財務預測。

二、**公司背景資料蒐集**：從了解總體經濟面的情況開始，到公司所屬產業目前發展現狀，以及公司目前的經營狀況、生命週期等。

三、**營收成長率設定**：依據歷史會計資料及公司的背景資料，試著設定財務預測中最為重要的數字：營收成長率。營收是公司的收入來源，也是對公司營運最為重要的指標之一，營收的成長率可以看出公司業務的擴張情況。對於草創期的公司而言，營收成長率動輒五〇％、一〇〇%都不足為奇，然則對處於成熟期、衰退期的公司，可能五%的營收成長率都是過於樂觀的數字。

四、三大報表預測：三大財務報表的預測順序，是從綜合損益表的營收預測開始，利用去年的營收數字乘上（1＋所預估的營收成長率），即可得到營業收入預測。銷貨成本的預估應利用營收成長率，反推得到出貨量，並利用每件貨物的進貨成本，調整可能的價格變動後乘上出貨量即可得到銷貨成本；而營業費用的調整則端視各類費用是否隨營業收入成長而成長，會有不同的假設，基本上就是費用項目去年的數值乘上（1＋營業收入成長率×調整項），此即成本和費用預測。根據營收預測及成本和費用預測的結果，再調整營業外的收入和費用預測，即可得到利潤的預測。此外也可以利用往年的利潤及現在總體經濟及行業發展，預測出未來一年的利潤應會落在哪個區間，來得到利潤預測。

接下來要調整的是資產負債表。流動資產負債預測，探討的比較多為應收帳款、應付帳款及現金的預測。一般會以營收成長率為應收帳款、應付帳款的成長率，再調整行業變動及公司議價能力變動。而現金的部分則是等到所有資產負債表項目調整完後，才去做手頭現金的調整。資本支出的預測，則端視公司未來營運上是否有要添購機器設備、廠房、土地等來進行預測，有時也會看行業平均去做調整。在調整完資產的變動項後，繼續看企業是否有舉借債務的打算，調整負債的部分。而股東權益的預測，則跟利潤預測有著比較高度的相關性，因當年度的獲利會直接影響到公司的股東權益大小。

最後，即可著手未來現金流量表的編制動作。此部分的計算比較沒有假設的部分，所有的項目皆可從資產負債表及綜合損益表中找到，只是要把營運活動的現金流量，再調整投資活動及融資活動的部分，以取得真實的現金流量。而由現金流量的預測，我們即可得出未來哪些時間點的資金可能有所短缺，會有資金的需求。

五、預測分析與決策制定：預測分析，最常見的即採用敏感性分析，針對幾項常見的重要數據如營收成長率、利潤率、資本支出數字、應收帳款增長率等，上下調整幾個百分比，來看公司營運狀況會如何變動，做為營運及財務決策之依據。看到敏感性分析後會出問題的財務數字，如營收成長率一調低，即出現虧損可能代表產品價格訂的太低，壓縮到公司獲利能力，可能需上調公司產品價格等，這方面屬公司營運決策的部分。財務決策則是涉及籌資、管理營運資金、選擇投資計畫等決策。

籌資的決策，多是以現金流量表的預測來做決定。看未來年度現金流量的流出與流入，若是有資金缺口，則代表公司有籌資需求，這時就要決定要以何種方法來籌資，並籌措多少現金等。營運資金即所謂的流動資產，此部分的管理看的是資產負債表的預測，可以從未來的流動資產減去流動負債得出相應的淨營運資金，再依屆時的營運資金投資政策與融資政策去做調整。如果未來的現金流量表長期都是正數，又沒有重大的資本支出及還款需求，則可以考慮將手頭的現金發還股東，降低未來手頭資金水位。亦或是考慮把資金投入於可貢獻回報的投資計畫中，以賺取報酬。

對於非營利組織而言，進行財務預測的方式與企業類似，只不過並非重視利潤最大化，其決策方向更重視社會影響力與永續經營能力。

永續經營的基礎：現金流的重要性

現金流是指一段時間內企業現金流入和流出的變化量情況。企業在銷售、服務及借貸時產生現金流入，在採購、支付薪酬、償還債務等活動時則會產生現金流出。

從企業的長期發展來看，關注現金流比關注利潤更加重要，因為它貫穿於企業經營的每個環節，也反映企業經營管理能力的高低。在實際經營中，有些企業雖然盈利豐厚，但是卻因為現金流斷裂而倒閉，有些企業雖然長期處於虧損狀態，但是卻可以依賴良好的現金流管理得以生存下來。

要做好現金流管理，需要注意以下兩個方面：一是預測，現金流預測的主要目的是確保企業在需要時，可以接受的成本籌集到足夠的現金，這就要求企業管理層和財務長對企業全面的經營情況有所瞭解，要根據實際情況做出相應的計畫。對企業整體支出進行優化，否決不必要的支出。

二是控制，現金流量控制是管理企業現金收入、企業內部各部門之間現金周轉，以及企業現金支出的技術，需要一個強有力的部門進行控管，並且需要一個穩固的實施計畫。

重·點·複·習

社企創業實戰 Step 8

做好你的財務規劃

財務決策的核心即為財務預測，妥善規劃才能永續經營。

- 一般以短中期的財務預測做決策。
- 看懂會計三大表：資產負債表、綜合損益表及現金流量表。
- 透過財務預測規劃未來幾年的三大財務報表。
- 企業想要永續經營，現金流管理比高利潤更重要。

財務管理，是新創社會企業的成敗關鍵

文／吳惠蘭 安侯建業會計師事務所執業會計師

依照我這麼多年的工作觀察，造就一個企業成功的是資金、團隊、產品／服務與業務！

但讓企業得以在創業初期耐活、成長階段順利成功、步入成熟階段永保基業不衰敗的，卻是強烈的永續經營管理意識，因此，只有重視管理的經營團隊才能找到自助人助的契機。諸多管理項目中又以財務管理最重要，因為，不良的財務管理對企業營運可能造成一劍封喉的致命影響，不可不慎。

然而，在談財務管理之前，幾個重要的觀念是創業團隊不能忽略的：

一、管理靠數據，數據靠會計，亦即，管理所憑藉的財務數據必須以正確處理的帳務資訊為基礎。

二、帳務處理的基本資料要建構在有系統、有邏輯的作業制度上。在考量效益與成本之下，創業初期可建立幾個核心作業流程的管理制度即可，例如銷售、採購及成本分攤等流程的相關制度。

三、帳務處理要依循的是一般公認會計原則，而不是稅法。一般公認會計原則與稅法規定之間的差異一般稱之為財稅帳差異，可於申報營利事業所得稅時採行調整課稅所得的方式處理，換言之，企業不必要存在兩套帳。

四、不正確的帳務處理，除嚴重損傷社會企業的公益形象外，其他可能衍生的弊端包括：

- 無法取得投資人或銀行的信賴，造成企業增資或融資上的困難。
- 無法合理估計公司價值，造成引資協議的障礙。
- 不正確的會計資訊可能導致嚴重的管理決策錯誤，例如報價，也會讓績效衡量失之偏頗。
- 產出不實財務報表，除有補稅、罰款等稅務風險外，對財報使用者也須承擔不誠實的法律責任。
- 錯誤的財務資訊除可能導致營運資金的財務管理不良外，其他重要資產的管理，包括應收帳款、存貨、固定資產、無形資產也可能徒勞無功。

綜上，管理就像一種助燃物，本身雖然沒有單獨存在的價值，但要順利取得營運資金、留住人才、開發有競爭力的產品或服務、訂定業務拓展策略在在需要有效的管理支援，對企業永續經營的重要性不言而喻！

Step 9 募集你的資金：為社企注入源頭活水

文／林以涵

社會企業雖不以營利為首要目標，但良好的財務與資本是讓組織能穩定營運、並創造社會效益的重要基礎，不可小覷。此章節介紹各種募資管道——從外部資本市場、內部財務調度、到新興集資機制，以及組織該如何決策。

募資管道①外部資本市場

社會企業因具有「創造社會與環境價值」的競爭優勢，加上可以以公司、協會、基金會等不同形態存在，因此資金來源也十分多元——從純商業的貸款、股票、風險投資等機制，到具公益性質的社會投資、慈善捐款、甚至政府補助等，皆有可能成為選擇。

一、**傳統融資**：包括親友融資（通常創業初期的第一桶金多半來自於此）、股權融資（代表個人或組織的投資者，投入資金以換取公司部分股份）、債權融資（向政府或銀行、風險創投基金等私人機構借貸）、證券融資（即公開發行股票，進入證券市場集資）等四種管道。許多社會企業創業者或經營者認為他們不適合傳統融資，也不知道如何申請，其實傳統資本市場因規模龐大，仍是最大機會，不妨多研究與考慮。

二、**社會投資**：對於運用資本創造社會、環境等影響的天使投資者益發增加，此概念被通稱為社會投資（Social Investment）、影響力投資（Impact Investment）、社會責任型投資（Socially Responsible Investing）、耐心資本（Patient Capital）、或慢錢（Slow Money）。社會投資者在運用資本時，除了考慮其財務報酬率也看重「社會投資報酬率」——亦即資金能為社會與環境帶來正向改變的程度。除了個別的天使投資者，近年來社會企業創投機構（Social Venture Capitalist）也陸續成立，如在歐美營運的聰明人基金（Acumen Fund）與阿育王（Ashoka）、施瓦布基金會（Schwab Foundation）、新加坡的亞洲社會效益投資交易所（Impact Investment Exchange Asia）、中國大陸的LGT公益創投、香港的社會創投基金、以及台灣的活水社企開發，這些組織以傳統風險創投概念為基礎，並架構創新股權、債權、獎金等融資機制，為社會企業提供資金。

三、**慈善與政府資金**：對以協會、基金會、合作社等非營利組織型態存在的社會企業而言，慈善與政府資本也是組織收入的可能管道。慈善資本包括個人或組織捐款，但十分競爭且不穩定；政府資本則包括獎金、補助案、標案等，組織需投入相當成本處理與政府合作需要的行政程序。

四、**群眾募資**（Crowd-funding）：這是近年來新興的集資機制，透過網路平台，串連有好點子但缺乏啟動資金的提案者、以及有興趣提供小額支持的群眾，涵蓋領域廣泛，因此成為許多社會創新提案或社會企業創業者找尋第一桶金的另一管道。美國Kickstarter網站為全球最大的群眾募資平台，台灣則有flyingV、嘖嘖等平台推動此概念。

五、**競賽獎金**：全球各地支持社會企業發展的競賽或獎學金種類繁多，因此在專案或組織草創期，將改善社會的好點子寫成一份完整企畫書，亦有可能從此管道獲得啟動資金，以及創業輔導、人脈資源等非金錢資源。

六、**社會效益債券**（Social Impact Bond）：社會效益債券並非傳統意義上的債券，而是一種連結政府、社會企業（或非營利組織）、和投資者等多方參與者的夥伴關係。政府會訂定一個欲被改善的社會問題及解決專案，並招募與委託有能力的社會企業或非營利組織來執行，專案執行成本由投資人購買社會效益債券來支持。若執行組織成功達到或超越政府設定目標，則投資者可拿回全數投資、甚至得到額外分紅。因此社會效益債券也稱為「績效給付債券（Pay-for-success Bonds）」，因為社會效益投資者的獲利報酬，取決於投資專案最終達成的社會成果。例如二〇一二年八月，美國紐約市市長彭博宣布該市將發行美國第一份社會效益債券，將由高盛集團發行九百六十萬美元的社會效益債券，投資一項為期四年、降低紐約市青少年重複入獄率的方案，便是藉由這項創新金融商品，更有效地利用資源，使用預防性干預，來達到更好結果。

募資管道②內部財務調度

除了外在的融資機制，創業家也可透過控制組織支出、改善現金周轉率，或活用組織資產等策略來產生金流。

一、**應收帳款快快收**：應收帳款為客戶提供商品或服務後待收的款項，其總額越低，表示組織手中能運用的現金越高，因此可設計機制，在報價單或合約中明示，鼓勵客戶盡速付款。

二、**應付帳款慢慢付**：應付帳款指的是因購買原料或接受勞務供應等而須付給供應商的帳款。進貨之後必須支付的帳款越晚付、出貨之後能夠收取的帳款越早到，組織在手上可運用的現金越多、資金週轉狀況會越好。

三、**活用資產**：檢視組織既有資產，如軟硬體設備、資本等，並運用巧思來活用這些資源，如分租辦公設備給其他團隊、將公司暫時不會動用到的資金轉為定期存款以賺取利息等，「開小差」為組織創造另類財源。

融資管道比較

財務選擇	花費時間	金額高低	穩定度	與組織社會使命的關聯度
傳統融資	中等	中等	中等	低
社會投資	高	高	高	高
政府合約	高	高	低	中等
群眾募資	低	低	中等	中等
組織調度	低	低	中等	不適用

找出最適合的融資策略

以上介紹了許多融資管道，魚與熊掌不能兼得，每個融資管道各有優劣，必須做出取捨。銀行貸款管道多元，創業家較容易申請，但資金對增強社會企業使命毫無助益；社會投資者（或機構）與社會企業共享相近價值觀，亦可能帶給組織更多非金錢資源，但須長期相處與合作以建立信任關係；群眾募資具成本效益，但募資金額不高且需投入宣傳資源；內部財務調度可在短期內產生效果，但金額不高。建議綜合個人偏好、組織特質、取得難易度等要素考量後，找出合適選擇。

以下建議可作為籌募資金之際的參考：

一、**了解出資者所重視價值、決策要素**：換個角度從出資者角度出發，思考什麼對他們而言是重要的、什麼會影響他們做決定。了解出資者的語言，例如向銀行介紹組織的「價值主張」、「投資報酬率」、「債權架構」等資訊，會比單純講述組織的起心動念、社會影響更能吸引目標聽眾的注意力。

二、**建立長遠網絡**：天使投資者或一些融資管道需要人脈推薦、以及長期相處與合作以建立信任關係，找出並參與有興趣的社會企業創業／經營者社群，也許從中可認識未來投資者、創業夥伴等志同道合的朋友。

三、**建立信用紀錄**：向銀行貸款或與政府建立契約時，對方都會評估組織財務及業務往來狀況、以及創業家個人信用紀錄，因此建立良好的信用紀錄十分重要，且非一蹴可幾。

四、**整頓組織裝備**：出資者在評估一個組織時，會檢視其不同面向——有經驗的經營團隊、透明的公司治理、清楚帳務、獨立審計、完整的商業計畫書等等，越早建立起這些組織「裝備」並具體落實，組織便越有可能獲得出資者青睞。在公開市場募資時，由於外部投資人對公司的情況並不了解，則更重視綜合損益表、資產負債表等等能夠表示公司計量化後資產價值之財務報表，作為基本面的衡量，以及透過技術分析、籌碼面、消息面等股票投資技術決定是否購買公司股票。

五、**建立備選方案**：別把雞蛋放在同一個籃子裡，保有未雨綢繆心態，別將所有資源投注於爭取單一資金來源，建議選擇兩到三個管道，並有備選方案，降低募資相關風險。

重·點·複·習

社企創業實戰 Step ❾
尋找資金募集管道

妥善利用各種資金募集管道，以支持社會企業穩定運作，並創造更大價值。

- 從外部資本市場找資金：包括傳統融資、社會投資、慈善與政府資金、群眾募資、競賽獎金、社會效益債券。
- 發揮內部財務調度效益：應收帳款快快收、應付帳款慢慢付、活用既有資產。

專·家·觀·點　資金募集管道

今天我們談影響力，不談ROI

文／鄭志凱　活水影響力投資共同創辦人暨董事長

當一九六〇年代起，企業社會責任CSR逐漸排上各公司董事會的議程之後，許多投資者也開始反思：投資的目的在追求資本利得之外，是否也應該考慮社會責任？

美國和台灣資本市場一個很大的差別是，美國以法人投資機構為主，而台灣散戶占股市八成以上，雖然兩者逐利的目的為一，投資行為卻有很大的不同。美國許多法人投資者將社會責任列為選股條件，甚至各種社會責任投資基金紛紛成立，有的明確表態不投資菸酒、武器製造、賭場等，有的專注於環保、綠能或潔淨科技等領域。經過二十年的發展，社會責任基金已占全美國基金總資產額的十一%，並且還在持續成長。而在台灣的散戶投資人因為以個人價值取向為主導，少見將社會責任列為選股的考慮因素。

正如社會企業不同於施行CSR的一般企業，「影響力投資」是一種新的投資觀念，與上述社會責任投資（SRI）不盡相同，其細微但重要的差別在於，後者以社會責任為手段，賺錢為目的，前者卻以賺錢為手段，社會責任為目的。

雖然最近社會企業在台灣受到許多關注，然而各種觀念、實務、制度仍在起步階段。在推動社會企業的整體生態環境中，還有幾個關節需要打通，首先是台灣迫切需要原生型、多樣化的社會創新，其次是公益公司的立法，而更重要的可能是計較影響力而非投資報酬率（ROI）的投資風氣。巧婦難為無米之炊，沒有追求社會價值的影響力資金，空有再多的愛心或創意也無法成為企業。

影響力投資：介於捐獻與投資之間

任何運作良好、永續經營的企業本來就能為社會帶來許多正面影響，但影響力投資特別注重對社會或環境問題的解決方案。依在麥可阿瑟基金會服務、掌管三億美元基金的Debra Schwartz的經驗，她用五個P來匯總影響力投資對社會企業的貢獻。

- Price：影響力投資基金可以接受較低的投資報酬率。
- Pledge：社會企業向銀行貸款時，影響力投資基金願意提供擔保。
- Position：影響力投資基金提供貸款給社會企業時，願意接受較低的還款順位。
- Patience：可以接受較長的投資退場時間。
- Purpose：任務導向，依企業需要提供富有彈性的投資或借款方式。

因此從本質來說，影響力投資是一種介於捐獻和普通投資之間的投資行為。雖然美國也有許多影響力基金號稱投資報酬率不比一般投資遜色，但如果影響力投資遵從5P原則，風險較一般性的基金為大，報酬不見得較高，平均ROI自然較低。難道會有投資者願意犧牲ROI嗎？我們不難想像，只要一個人有捐獻的習慣，他便可能考慮ROI雖然較低，但能產生社會效益的投資機會。

跟捐獻相較，影響力投資吸引投資人的原因之一是可以取回本金，循環使用，投入下一個社會企業。同時捐獻給人授人以魚的印象，影響力投資則彷彿授人以網，使初創的社會企業在進入經營常軌後便可以自力更生，不必持續倚賴資本挹注。

以投資放大影響力

一般現代人若經濟上略有餘裕，基本上多數都會一面積極理財，進行傳統投資，追求最大的投資報酬，一面也熱心捐獻，雖然整體財富的ROI因而降低，但精神層面的滿足也是一種無形的報酬。

以下用一個極度簡化的例子來說明影響力投資如何可能左右現代人對投資與捐獻之間的分配。

假設某人有一百萬美金可用資金，他將九十五萬元投入常見的一般性投資，每年有一〇％的ROI，另外五％無償捐獻給各公益組織，平均下來他每年的ROI將為四．五％。

假設影響力投資也是一個選項，他可以將捐獻的金額降低為四％，另外投資四％在追求影響力的項目，其餘九十二％繼續投入傳統投資。傳統投資的ROI仍然是一〇％，影響力投資的ROI較低，只有五％，結果在這些假設條件下，他每年的ROI將會是五．四％。投入公益增加了，ROI卻不見得降低。

這個例子裡ROI高低多少並不重要，更重要的是原來他只有五％的公益預算，透過影響力投資，他可能將預算擴大為八％或更高，換句話說，他對社會公益的貢獻（或是影響力）從五％增加到八％。如果這個人代表社會多數人，便有六〇％更多的資金流入社會公益領域，這是何等可觀的力量。

台灣以愛心充沛聞名國際，遇有緊急災難時捐獻向來不落人後，發展社會企業的遠景令人期待。上述的三個關鍵環節：創意、制度、資金，缺則事倍功半，全則事半功倍，影響力投資要能普遍，需要開發觀念，制定相關制度，以及有心、有能力人士的實際參與。

Step 10 做好你的創業心理準備

文／林以涵

對於想要採取行動、創立社會企業的人，前面九個小節提供了技術層面的重要資訊供參考，然而最後、也是最重要的環節，便是檢視心理層面——你準備好要創立社會企業了嗎？

創業需要專心致志，需要時間、心力、金錢與勇氣，這個決定可能與你人生過去任何決定都相差甚遠，更重要的是決定創業後，你就是自己的老闆，沒有其他人能夠幫你決策、替你出面或讓你躲藏。本節將忠實呈現創立社會企業會經歷的甘苦，期望幫助你反思，衡量自己是否準備好要踏上創業之路。

釐清動機，創業馬拉松才走得遠

創立與經營一個事業光憑靈光乍現不足以成氣候，只有少數人能將絕佳點子和執行技術相結合。有一半以上的創業在前三年會失敗；撐過前三年而存活下來的，在接下來兩年中也有三到四成會失敗。

每個人決定創業的原因不盡相同，常見原因包括想自己當家作主、想賺錢、想抓住市場機會、想改變世界等。釐清自己的動機非常重要，選擇創立社會企業，除了面臨與創立一般企業同樣的獲利挑戰外，還要能夠證明自己正在為社會、環境創造正向改變（這點有可能降低財務報酬），以及經營廣泛而多元的利害關係者社群，因此難度往往較高。

而投入這麼多心血，社會企業卻可能需要較長時間才能達到損益平衡，也很難讓創辦人變成億萬富翁，因此若創立社會企業的動機，只是單純想不到其他事情做或想賺大錢，很難持續背負創業的壓力。成功的社會創業者，更多的動機是來自對嘗試創新、擁抱變革、創造社會公益、改善既有服務等價值的追求，而不僅是財務報酬。此外，其他社會創業者可能面臨類似挑戰，更能相互支持彼此。社會創業家們協力開創新局面及永續環境的「同舟共濟」，也是投身此領域的另一動機。

有捨有得，創業風景大不同

創業需要投入相當高比例的時間與心力，也代表在金錢、健康、生活等面向可能有所取捨。

在時間方面，創業剛開始總是跌跌撞撞，找到符合市場需求的產品需要耐心，醒著的每一分鐘也都在想如何讓事業走得更穩更好，隨時保持正面心態來迎接下一個挑戰，別讓自己身心耗弱非常重要。在財務方面，創業第一桶金通常出於自己、家人與朋友，建議確認此時沒有高額財務負擔，避免因創業初期的收入匱乏或不穩定影響到償還債務的能力；向家人與朋友借款時也要明確評估與溝通，避免因創業失敗而破壞長久情感關係。在健康生活方面，創業伴隨著冗長的工作時數與持續的工作壓力，常導致創業者飲食作息不正常與社交孤立，不自覺減少與家人朋友的相處時間，建議仍要盡可能維持工作與生活的平衡。在個人發展方面，工作之餘別忘了留心各項嶄新發展，科技、金融、政治、社會變遷等趨勢，可能會影響你及所創立事業，作為組織領導者也需不斷增進自己相關技能。

鑑往知來，參考社會創業家的共通特質

成功不能複製，但可以模仿學習，以下整理歸納普遍被認為有成就的社會創業者的共有特點供參考。

- **相信自己：**對自己及所做之事的強大信念，是讓創業起飛的第一步，真心相信自己能達成願景。
- **充滿熱忱：**對於想改善的社會議題充滿熱情，是啟發、邀請更多夥伴加入或提供資源的關鍵。
- **把握機會：**遇到問題不是怨聲載道，而是能看到、把握其他人所忽視的機會。
- **勇於創新：**不安分於現況，不妥協於限制，以更新更好的解決方案回應社會與環境問題。
- **結果導向：**透過創新解方，在有限資源下創造能改善社會、可被衡量、具永續性的務實變革。
- **從做中學：**摒棄「準備好就創業」的等待心態，從實作中學習面對創業過程中的機會與挑戰。
- **自主管理：**化被動為主動，自我約束、控制能力高，推動組織不斷發展前進。
- **專心致志：**面對挑戰不輕言放棄，被挫折擊倒時迅速爬起，將不順遂拋在腦後，整裝再出發。
- **謹慎冒險：**了解如何計算風險與報酬，承擔風險，且從中取得平衡，謹慎決策。
- **成為行家：**成為自己所耕耘之社會議題、關注領域、營運地區與產業的專家，有能力策動改變。
- **善於溝通：**能清楚向他人表達自己創業的願景使命，從中啟發他人，取得跨界支持。
- **富於機智：**知道為事情輕重緩急排序，並擅長調動人力、

財務、政治等資源來解決事情。

- **領導有方**：能夠領導與激勵夥伴向創業者看齊，懂得適才適用，讓每位夥伴一步步實踐使命。
- **以終為始**：富有遠見，以清楚、明確的結果為目標，來決定現在要做的每一件事。
- **擁抱失敗**：勇於討論失敗的原因、程度及形貌，汲取前車之鑑，作為讓組織更進步的基礎。

你可以當社會企業從業者與起業者！

你也許覺得創業對你而言還太遙遠，或者心生恐懼。其實，本來就不是人人都適合當創業者，以創業風氣最盛行的美國為例，過去五年創業人口占全美就業人口的平均比例約一成，換言之，其他九成人口，絕大多數是受僱於企業或機構的從業者。

全球知名品牌維京集團在二〇〇六年成立「維京燃料」（Virgin Fuels），投入生質燃料的研發與使用，希望降低燃燒石油所產生的二氧化碳排放量。集團創辦人布蘭森（Richard Branson）常提到，他最擅長且得意的不是自身執行力，而是找到合適的專業經理人團隊來管理各事業體，這比他事必躬親來得更有效率，也讓他能無後顧之憂地發想新的創業靈感。

具備專業能力的「社會企業從業者」（Social Enterprise Practitioner），使得社會創業者找到夥伴、形成團隊。創業者從零開始、獨具遠見的開創能力，搭配從業者實事求是、化繁為簡的執行能力，兩者互補可讓組織運作蒸蒸日上。

全球近年來也吹起「社會起業家」（Social Intrapreneur）風潮，透過所屬組織支持，結合企業核心能力與社會貢獻使命，從內部找尋靈感，思考策略，建立新業務項目，如同在組織中經營自己的「社會企業」。例如日本宅急便公司大和運輸株式會社員工，想出一套結合宅配服務、老人關懷與基本健康諮詢的服務，降低獨居老人發生危難時無人照應的機率，爭取兩年後獲公司支持，現已在日本五個城鎮實行。

重·點·複·習

社企創業實戰 Step ⑩

做好創業的心理準備

從心理層面，檢視自己是否已經準備好要創立社會企業。

- 你創業的動機是什麼？是否強大到讓你願意持續背負創業的壓力？
- 你能否在時間、金錢、健康、生活型態、個人發展等面向，面對得失取捨的挑戰，找到平衡？
- 你擁有成功社會創業家共通的一些特質嗎？

如果自己不適合創業，當個社會企業從業者與起業者，一樣能成就公益精神。

社會起業家並沒有離開原本的工作而創業，也不似社會創業家易受到外界矚目，然而他們擁有組織的專業資源、對社會議題的熱忱，以及勇於創造與爭取主管支持的努力，甚至能夠開創所屬組織與社會企業合作的新局面。這樣的寧靜革命，將創業家精神帶入平日生活中，一樣值得持續鼓勵與關注。

專·家·觀·點　個人職涯考量

創立社會企業，你準備好了嗎？

文／陳冠學　前社會企業創投諮詢顧問

從台灣逐年增加的青年國際志工人次，可以看見越來越多基本需求無虞的青年，對於弱勢、環境與社會的關注。每個人投身公益的理由各不相同，也許是因為有過不願別人再經歷的創傷，也許生下來就有悲天憫人的心腸，甚至是因為個人志趣，都可能讓我們年輕的世代思索，與其順著傳統價值觀，拿個不上不下的薪水、追逐永遠無法追上的房價、日後讓自己也入籍成為網路世界的「魯國人」（台灣網路鄉民常稱自己或某些人為魯蛇，即Loser諧音，意指薪水不高、在社會夾縫中求生存的一群人，因人口龐大亦戲稱為「魯國」），不如過點更有意義的人生，投身公益，協助弱勢，對這個鬼島下戰帖。

許多年輕人在考慮投身公益領域的時候，想到的常常都是要如何幫助別人，無論是弱勢族群或環境議題。然而，幫助別人，不代表解決問題。就像你也曾捐贈物資到資源缺乏的國家，你很可能暫時幫助到當地的小朋友了，但不代表你真的解決了貧窮的問題。

然而，就算你想到了解決方案，也不代表你能夠讓這個方案自給自足，甚至成為具有規模的社會企業。你只是知道鑰匙應該怎麼打造，但你還是需要一筆錢去找鎖匠。社會企業聽起來很酷，但不是所有社會問題的解決方案，都能夠建立在社會企業的模式上。

拿出追求一流的創業企圖心

要提供一個能夠建立在社會企業模式的解決方案，也就是自給自足的持續性模式，來打造解決問題的鑰匙，除了商業模式、創新，還需要對於企業整體品質與競爭力的要求。若對社會企業工作者來說，那是社會創業家的企圖心。

許多公益組織，並不是沒有打算運用商業模式來解決對於捐贈與補助的需求，例如現在每逢傳統重要年節，企業都會購買贈品做商業往來用途，不少公益組織看見這樣的機會，便開始製作並行銷自己的糕餅產品，這也讓越來越多的個人或企業，將這部分年節禮品的預算，轉移到這些公益組織的產品上。

這樣的風氣開始了幾年，我也吃過許多家公益組織的糕餅了，但我卻從來沒有品嚐過讓我覺得有特色或品質真正超群的產品。這些產品的質量其實不差，不過他們和一般糕餅品牌的差距，實在如同韓國女子團體整形藝人之間的差異一樣微小。

說穿了，這些企業、個人，之所以會買這些品牌，很大部分是出自好心與善意。若是去除了這些公益色彩，你很可能從不會認識這些產品。

不能只賣同情，更要創造價值

台灣是一個過度良善的地方，很多人覺得做公益就是在幫助別人，所以商品或服務的本身，就不該那麼被計較，也不需追求差異化，但這樣的觀念卻會阻礙一個優秀社會企業的產生。因為你是在販賣感覺而非為顧客創造「價值」，你幫助別人所以自我感覺良好，然後你將這種感覺再轉售給終端的顧客，他們購買你的服務或商品之後，也覺得自我感覺良好，雖然產品使用後，其實感覺真的還好。

我並不是說，當你看到市場附近辛苦賣豆花的八十歲婆婆，如果賣的豆花沒有比附近的豆花店好吃，就不應該去買。顧客當然可以支持弱勢的就業者，但是社會創業家的標準卻不能只在這個高度。

TOMS是一個許多台灣年輕人都知道的美國休閒鞋品牌，過去台灣沒有直接經銷，許多人甚至會請人在國外代購，可見其吸引力。然而很多台灣的顧客並不知道，TOMS其實也具有社會企業的精神，製鞋銷售也同時捐鞋給貧窮地區的孩童。但假若TOMS創建的時候，只想憑這種公益的訴求，而沒有非常努力地讓其商品差異化，給予顧客最好的實質價值，我想TOMS不會有今日的成功。

創建社會企業應該要有做一流企業的野心，也許因為社會企業本身成立的宗旨，而導致資源與市場的侷限，所以很難在一般商業市場競爭，我們當然可以在創造價值與創造「公益的感覺」之間求得平衡，但是這種追求一流的態度不可缺少。不能因為你幫助了人，就可以不用做到最好，甚至只是和別人一樣好。社會企業若要走得長久，要讓自己超越同情的水平，建立在「市場」的基礎上。

建立社會企業，我們對社會問題與對象要謙卑，但是對品質與服務的要求卻要非常驕傲。社會企業，也應該是一流的企業。

本書共同作者簡介

（依姓名筆劃順序排列）

余昌柔	美國加州大學洛杉磯分校英文系畢，研究興趣為歐美文化，熱愛思考及創作。
林子豪	美國愛荷華州立大學資訊科學研究所畢，現從事有關網路入侵防護的研究工作。
林以涵	美國德州大學奧斯汀分校公共事務研究所畢，社企流共同創辦人、執行長。
林祖儀	財金博共同創辦人、PTT官方粉絲團主編。學生時期便致力於財金教育推廣。
林冠廷	台灣念社會學，比利時取得財務碩士，在比利時的阿育王工作過，現於台灣奮鬥。
邱韻芹	台灣大學財金、社會系畢，曾任社企政策研究助理。現於美國攻讀國際關係碩士。
金靖恩	台灣大學工商管理系畢，社企流共同創辦人，負責網站編輯與行銷事務。
柯振原	東華大學生命科學系畢業，熱愛海洋，關心環保議題。
張簡如閔	台灣大學政治系畢，熱衷跨領域學習與思辯，關注媒體與公共議題。
梁淳禹	台灣大學工商管理系畢，喜學習新知與交朋友，現推廣食農教育與樸門永續概念。
郭又甄	政治大學新聞系畢，熱愛美食，嚮往半農半X的生活，現於義大利就讀慢食碩士。
陳玟成	政治大學公共行政系畢，社企流共同創辦人，負責教育訓練和活動專案。
黃重豪	政治大學公共行政研究所畢。現為獨立記者。喜聽別人的故事，以補自己的淺薄。
黃紹航	美國杜克大學工業管理研究所畢，戮力連結亞洲與矽谷，探索社會創新的可能。
黃菁孅	台灣大學國際企業系、政治系畢，《史丹佛改造人生的創意課》共同作者、自由作家。
楊昌儒	台灣大學農業經濟系畢，現任職於顧問業，關注農業、教育議題。
葉孟靄	政治大學公共行政研究所畢，現為社企流資深編輯。
虞佳媛	就讀政治大學會計學系，熱愛志工服務，關心貧窮問題。
蔡業中	台灣大學外文系畢，相信世界從未巨大到人能漠然以對。
鄭全智	比利時Vlerick商學院商業管理研究所畢，曾任職於運動彩券，關心貧窮消弭議題。
賴菘偉	加拿大多倫多大學企業管理研究所畢，曾任職於外商藥廠，現經營診所。
繆　葶	政治大學新聞系畢，視運動如命，更希望自己能為社會做些什麼。
簡佩吟	美國德州大學奧斯汀分校社會學研究所畢，關心流浪動物與性別、移民議題。

特別感謝英國頂尖社會企業培育組織UnLtd，授權本書第七章使用「社會企業創業工具箱」（Social Entrepreneurship Toolkit）內容。

組織簡介：UnLtd致力為英國的社會企業創業家提供彈性的、個人化的服務，為其量身打造募資、諮詢、資源網絡等多樣化的支持。協助他們在創立社會企業時建立必要的信心、技能、承諾與網絡，進而實踐其創新想法並對社會帶來正面改變。UnLtd提供的支持，包括社會企業的啟動、規模化、成長、育成與創新等各方面的經驗。其使命，是為想要改變世界的社會企業創業家提供他們需要的連結與能量。請參閱 http://unltd.org.uk。 UnLtd for social entrepreneurs

社企力

台灣第一本「社會企業」實戰聖經！做好事又能獲利，邁向永續的社會創新工程

【社企流系列1・暢銷經典版】

作　　者　社企流
執行編輯　吳佩芬
美術設計　呂德芬
內文排版　簡志成
行銷企劃　陳慧敏、蕭浩仰
行銷統籌　駱漢琦
業務發行　邱紹溢
營運顧問　郭其彬
果力總編　蔣慧仙
漫遊者總編　李亞南
出　　版　果力文化 / 漫遊者文化事業股份有限公司
地　　址　台北市松山區復興北路331號4樓
電　　話　(02) 2715-2022
傳　　真　(02) 2715-2021
服務信箱　service@azothbooks.com
網路書店　www.azothbooks.com
臉　　書　www.facebook.com/azothbooks.read
營運統籌　大雁文化事業股份有限公司
地　　址　台北市松山區復興北路333號11樓之4
劃撥帳號　50022001
戶　　名　漫遊者文化事業股份有限公司
二版一刷　2022年10月
定　　價　台幣500元

ISBN　978-626-96380-2-4

國家圖書館出版品預行編目 (CIP) 資料

社企力 : 台灣第一本「社會企業」實戰聖經！做好事又能獲利，邁向永續的社會創新工程
/ 社企流著. -- 二版. -- 臺北市 : 果力文化, 漫遊者文化事業股份有限公司出版 : 大雁文化事業股份有限公司發行, 2022.10
面； 公分. -- (社企流系列 ; 1. 社會企業實戰聖經)
ISBN 978-626-96380-2-4(平裝)
1.CST: 社會企業 2.CST: 創業
547.9　　111015791